地方創生への挑戦

熊本県立大学　総合管理学部
COC事業プロジェクトチーム 編

中央経済社

刊行にあたり

　熊本県立大学は，平成26年に『文部科学省：地（知）の拠点整備事業（大学COC事業）』に採択され，このCOC（Center of Community）事業の1つとして，本プロジェクトは，自治体および研究所，地域の方々との連携で，地域を志向した教育・研究を進めてきました。

　熊本県立大学総合管理学部のCOC事業プロジェクトの各メンバーは，大学が社会の課題解決に資するための地域コミュニティの中核的存在としての役割を果たすために，どのような教育と研究が求められるかを模索しながら，教育と研究を進めています。

　このプロジェクトは，熊本県庁，熊本市都市政策研究所，地方経済総合研究所の方々の協力のもとで，地域のテーマについて，互いの立場から意見交換をしながら，時には非営利法人研究学会九州部会との合同研究会を定期的に開催して，研究発表をしてきました。その研究成果を地域活性化および大学教育に役立て，一層各メンバーの研究領域を拡げていきたいと考えています。

　また，この地域研究の成果は，各年度ごとに学生とともに，地域の人々に公表するために，平成27年度第1回シンポジウム「行財政改革が地域に及ぼす高齢化社会に向けた医療，福祉及び介護についての展望」は，環境共生学部と総合管理学部の教員が合同で開催をしました。そのシンポジウムでは，学生とともに，地域の方々へ，また医療福祉関係者へ研究成果を発表しました。それには本学部の卒業生の協力もありました。今後も大学あるいは学部の垣根を超えたCOC事業の目的である教育への浸透をめざしていきたいと考えています。

　さらに平成29年度第2回シンポジウム「わが国の財政と地域の少子高齢化社会への対応」（平成30年3月開催）は，熊本県立大学が，熊本女子大学から開学して，平成29年に創立70周年を迎えたことを機に開催することになりました。本書の内容を基盤として，午前の部は，九州財務局長　佐藤正之氏，熊本赤十字病院長　平田稔彦氏，熊本県立大学学長　半藤英明氏の協力を得て，財政・医療・教育の領域からの基調講演を開催します。午後の部では，本学の総合管理学部，環境共生学部の各教員が，行政，企業，研究所等の協力を得て，平成29

年度第2回パネル・ディスカッション「地方創生：地域の高齢化社会における経済活性化——農業県熊本に向けた挑戦」を開催する運びとなりました。

　まだ最終的な研究結果は得られていませんが，これまでの調査研究の成果を『地方創生への挑戦』と題した本書の公刊にあたり，我々の教育と研究成果に，多くの方々の助言を賜ることができれば幸甚です。
　各章は，各行政，病院，地域団体等からの協力を得ており，また科学研究費助成事業（日本学術振興会）等による研究成果でもあります。本書は3部構成からなり，各編の概要は，国および各自治体の制度および政策に対して，地方はどのような現状と課題があり，その現状と課題を踏まえて，地方創生にはどのような挑戦が必要であるかを探る方向性を示す内容となっています。各章では，それぞれの研究アプローチから研究に取り組んでいます。
　各章の要約は，以下のようになっています。

第Ⅰ編　高齢化社会に向けた地方創生——医療および福祉・介護からのアプローチ

第1章　地方創生をどう捉えるか
　　　　——人口動向と自治体の現状を踏まえて　　　　（澤田　道夫）

　現在，多くの地方都市で人口減少と少子高齢化が進んでいる。この状況に対処すべく各地で進められているのが「地方創生」の取り組みである。地方創生を実現していくためには，自治体の「消滅可能性」に一喜一憂するのではなく，人口ビジョンを踏まえ自らの特長を伸ばすための中長期的な戦略を持つことが重要となるであろう。

第2章　財政健全化を基盤とした公立病院の役割
　　　　——「独立採算の原則」と「経費負担の原則」　　（森　美智代）

　将来も少子高齢化による社会保障費の増大が見込まれ，各自治体の財政健全化の対象となっている「公立病院」の改革を取り上げている。国民皆保険制度のもと，不採算医療，へき地医療等を担う公立病院は，「独立採算性の原則」と「経費負担の原則」の会計システムをとる。総務省によって経営改善の目標数値が設定されているが，民間病院との経営比較には限界がある

「公立病院の役割」を会計の観点から論究する。

第3章　医療機関の法的形態における非営利の意義　　　（吉村　信明）

　獲得した利益を構成員に分配するのが営利法人である。医療法人（民間病院）は，営利法人だと利益を追求し必要な医療が行われなくなる懸念があるため非営利法人である。しかし，民間病院でも不要な検査や投薬等による医療費増加の問題があり，今後の地域医療での役割を考えて医療法人を非営利法人に限定する規制について再検討する必要がある。

第4章　医療計画策定実務に対する公法学的検討　　　（佐藤　雄一郎）

　医療法では，医療提供体制の確保を図るために各都道府県が医療計画を定めることになっているため，地域医療において医療計画が果たしている役割は極めて重い。そこで本章では，行政訴訟のなかで医療計画の違法性が問われる事態を公法学的観点から検討し，医療計画策定にあたって実務担当者が理解しておくべき点を指摘した。

第5章　国民皆保険制度の将来
　　　　　——米国と日本　　　　　　　　　　　　　　　（天野　拓）

　米国では2010年3月，歴史上初めて国民皆保険制度の実現を目指す改革が成立した。しかし今後も，①無保険者問題と②医療費高騰問題という2つの課題を抱え続けることになる。他方，日本では早くから国民皆保険制度が実現し，こうした問題からは相対的に無縁だった。しかし現在，米国と同じ課題に直面しつつある。今後，日本が国民皆保険制度を持続可能なものとできるか否かは，この2つの問題を解決できるか否かにかかっている。

第6章　地域の医療および福祉・介護の連携の可能性
　　　　　——ドイツの事例を踏まえて　　　　　　　　（森　美智代）

　わが国の医療政策は，地域医療構想，地域包括ケア，在宅医療等の「地域完結型」医療をめざし，それを地域支援病院が支える。しかし医療と介護がそれぞれ分離した形態の連携にある。他方ドイツでは，わが国と同様に医療保険制度が義務づけられ，少子高齢化社会の現状において，各州で医療，リハビリ，老人施設，介護のネットワークが整備されている。わが国でも，近

年の医療法人および社会福祉法人制度改正は医療および介護の連携に進む傾向にある。

第Ⅱ編　地域における経済活性化——地域マネジメントからのアプローチ

第1章　第1次産業の6次産業化への展開　　　　　　　　　　（望月　信幸）

　本章では，熊本県における農業の特徴を示すとともに，熊本県の農業が抱えている課題である農業従事者不足，および農業所得の伸び悩みについて，現状と県による改善に向けた方策を検討する。また，それらの課題を解決するための1つのアプローチとして，農作物の生産・加工・販売を行う6次産業化に向けた取り組みを考察する。

第2章　農業における株式会社化の展開　　　　　　　　　　（伊佐　淳）

　本章は，農業分野における企業（主として株式会社）の参入促進政策（平成21年改正農地法，農林水産業・地域の活力創造プラン，平成27年改正農協法等）の展開と公表データをもとにした企業による農業参入の現状を中心に概観する。

第3章　官民協働による農業発展の可能性
　　　　　——指定管理者制度の事例を題材に　　　　　　　　（望月　信幸）

　6次産業化による農作物の高付加価値化を実現するにあたり，農業従事者だけでは実現が困難であるという状況を鑑み，官民協働による6次産業化の推進について検討する。特に指定管理者制度を活用した6次産業化の実現可能性とその影響について，大分県宇佐市の大豆加工センターによる事例をもとに考察する。

第4章　農業に潜在する富の源
　　　　　——事例をとおして　　　　　　　　　　　　　　　（宮野　英樹）

　熊本県が創造的復興に取り組むにあたっての参考として，中越地震による被災を契機に集積する食品メーカーの加工技術を活かして「災害食」の研究を展開している新潟県の取り組みについて紹介し，食の視点から市場ニーズのみならず社会ニーズにも対応する企業の役割について考察した。

第5章　日本産農産物の輸出可能性
　　　——貿易理論・実証に基づく考察と食の安全性　　（本田 圭市郎）

　本章では，日本が農産物の輸出を拡大する手段として，安全性の高さを外国産農産物との差別化のポイントとすることを，貿易理論・実証研究に基づき議論している。また，安全性の向上を需要拡大に繋げるための取り組みとして，グローバルGAP認証の取得などによるアピールが重要であると主張する。

第6章　地域農産物のブランド化への挑戦
　　　——二代目イモセガレブラザースの取り組みをとおして　　（丸山 泰）

　農業における地域活性化への挑戦として，熊本県大津町で，小規模農家の若者世代がユニークなユニットを結成し，情報発信，商品開発やブランド作りにチャレンジしているケースを紹介し，小さくても質や独自性でアピールする新しいアプローチを提言する。

第Ⅲ編　地域活性化に向けての情報化と都市計画——行政・企業・住民の協働

第1章　地方創生と自治体の政策
　　　——熊本県内情報公開条例の比較分析　　（上拂 耕生）

　情報共有原則は自治体行政ないしまちづくりの基本理念であり，その最も重要な手段が情報公開制度である。本章では，政策法務の観点から，情報公開制度について，主に熊本県内の情報公開条例の規定内容を比較分析することをとおして，分権時代における自治体の法政策について考察する。

第2章　地方創生時代における行政の組織編成　　（井寺 美穂）

　効果的かつ効率的な地方創生の取り組みを実現するためには，組織の構造や編成，組織活動に対する検討が必要である。本章では，法制度および組織マネジメントの観点から，行政組織の特徴に焦点を当て，地方創生の担い手としての組織のあり方について論じる。

第3章　行政における情報マインド
——計画業務に適用する問題解決フレームワーク　　　（三浦　章）

　今日の行政において，施策を計画・実行する際には効率的・合理的な業務遂行が期待される。単に，前例・経験・忍耐力・体力にものをいわせた試行錯誤では効率向上や正確性は望めない。そこで，本章では，"問題の本質"を捉え，業務を効率的に遂行するための方法としての「問題解決フレームワーク」を概説する。

第4章　ルーラル地域における通信環境整備
——課題と提案　　　（藤井 資子）

　本章では，公共サービスではないものの，極めて公共性の高くなってきたブロードバンド通信環境を，ビジネスベースであまねく広く整備・維持する方法を提案する。具体的には，過去のブロードバンド整備事例をもとに，現在における課題の整理と提案を行う。

第5章　情報メディア技術と地域との関わり
——アートおよびエンタテインメント分野の可能性　　　（石橋　賢）

　情報メディア技術は，日常生活でも多くの人々が活用している。一方で，アートやエンタテインメント分野では，都市部と比べ地域との関わりが希薄である。それは，地域の持つ課題とその対策を講じていない現状が一因だといえる。本章では，課題解決に向けた条件を提示し，情報メディア技術による地域おこしの可能性を論じる。

第6章　熊本市中心市街地の再開発と近未来
——都市社会学の観点から　　　（三田 知実）

　熊本市中心市街地の再開発と近未来について，都市社会学の観点から批判的に考察した論文である。桜町の再開発事業や，熊本城の修復工事，JR熊本駅の再開発という熊本の都市社会における最先端を紹介しながら，それらが市民のための開発であるかどうか常に考えていくことが求められていると結論づける。

以上の各章からなる本書は，COC事業助成金，熊本県立大学出版助成金によって出版できましたことに感謝申し上げます。
 これまでのCOC事業の活動および報告書を出版することができることになった背景には，中央経済社 代表取締役社長 山本 継氏ならびに取締役専務 小坂井和重氏による支援があったことはいうまでもありません。中央経済社の方々には深く感謝申し上げます。

 2018年2月

著者一同

目次

刊行にあたり　*i*

第Ⅰ編　高齢化社会に向けた地方創生
―― 医療および福祉・介護からのアプローチ

第1章
地方創生をどう捉えるか
―― 人口動向と自治体の現状を踏まえて

　　はじめに　*3*
　　第1節　人口減少社会　*4*
　　第2節　「消滅可能性都市」　*8*
　　第3節　国と自治体の対応　*11*
　　第4節　「消滅可能性」を超えて　*13*
　　　　　1　増田レポートの課題と意義　*13*
　　　　　2　消滅可能性をどう捉えるか　*14*
　　　　　3　それぞれの地方創生　*17*
　　おわりに　*20*

第2章
財政健全化を基盤とした公立病院の役割
―― 「独立採算の原則」と「経費負担の原則」

　　はじめに　*23*
　　第1節　公立病院改革の背景　*24*
　　第2節　公立病院改革の基盤となっている法適用と会計の関係　*26*

第3節　公立病院の経営改善のための指標　29
　　　第4節　公立病院の決算書にみる現状　32
　　　第5節　「地域医療構想」の方向性と課題　36
　　おわりに　37

第3章
医療機関の法的形態における非営利の意義

　　はじめに　39
　　　第1節　医療法人制度の変遷　40
　　　　　1　「医制」発布　40
　　　　　2　「医療法」制定　40
　　　　　3　医療法人制度　41
　　　第2節　医療法人の営利性と非営利性に関する議論　42
　　　　　1　株式会社の営利性　42
　　　　　2　営利法人による病院経営　42
　　　　　3　医療法における営利性　44
　　　　　4　営利法人による病院経営に対する批判　45
　　おわりに　47

第4章
医療計画策定実務に対する公法学的検討

　　はじめに　49
　　　第1節　医療法上の医療提供体制　49
　　　　　1　医療計画導入の背景　49
　　　　　2　医療計画の具体的内容　50
　　　　　3　医療計画における病床規制に対する評価　51
　　　第2節　医療計画に対する司法審査　52

        1　医療計画の違法性を争う訴訟形式　*52*
        2　医療計画の処分性　*52*
        3　原告適格　*53*
        4　計画裁量に対する司法審査　*53*
        5　実体的判断過程統制　*54*
        6　判断過程の過誤欠落審査　*57*
    おわりに　*59*

第5章

国民皆保険制度の将来
── 米国と日本

    はじめに　*61*
    第1節　米国オバマ政権の国民皆保険制度改革　*62*
    第2節　改革以降も残存する問題①：無保険者問題　*63*
    第3節　改革以降も残存する問題②：医療費の高騰問題　*65*
    第4節　日本の国民皆保険制度の現状　*67*
    第5節　空洞化する日本の国民皆保険①：無保険者問題　*68*
    第6節　空洞化する日本の国民皆保険②：医療費の高騰問題　*70*
    おわりに　*72*

第6章

地域の医療および福祉・介護の連携の可能性
── ドイツの事例を踏まえて

    はじめに　*75*
    第1節　医療と福祉・介護の連携の必要　*76*
    第2節　ドイツの医療と福祉・介護の連携　*78*
        1　ビバンテス健康有限会社ネットワーク　*81*

            2　ヘリオス総合病院有限会社　*81*
            3　レーン総合病院株式会社　*82*
    第3節　わが国の医療と福祉・介護における新しい動向　*83*
            1　経営情報の開示の制度化　*85*
            2　組織内のガバナンス　*86*
            3　医療の質評価と保証　*86*
            4　環境保護に向けた取り組み　*87*
            5　雇用環境の整備に向けた取り組み　*87*
            6　医療と社会福祉施設の連携による経済効果　*87*
    おわりに　*88*

第Ⅱ編　地域における経済活性化
── 地域マネジメントからのアプローチ

第1章
第1次産業の6次産業化への展開

　　はじめに　*93*
　　第1節　熊本県における農業の特徴　*94*
　　第2節　熊本県の農業が抱える課題　*96*
　　　　　　1　農業従事者の減少　*96*
　　　　　　2　農業所得の確保　*96*
　　第3節　熊本の農業を改善する方策と稼げる農業の加速化　*97*
　　第4節　6次産業化の推進　*99*
　　　　　　1　6次産業化の概要　*99*
　　　　　　2　熊本県における6次産業化の現状　*100*
　　　　　　3　6次産業化の取り組みに対する支援　*101*
　　おわりに　*102*

第2章
農業における株式会社化の展開

はじめに　*105*

第1節　平成21年改正農地法の概要　*106*
　　1　農地法の改正点　*106*
　　2　農業基盤強化促進法の改正点　*110*
　　3　農業振興地域の整備に関する法律の改正点　*110*
　　4　農業協同組合法の改正点　*110*

第2節　平成27年改正農協法等の概要　*111*
　　1　農協法の改正点　*111*
　　2　農業委員会法の改正点　*112*
　　3　農地法の改正点　*113*

第3節　農地中間管理機構　*114*

第4節　企業による農業参入の状況　*115*

おわりに──残された課題　*118*

第3章
官民協働による農業発展の可能性
──指定管理者制度の事例を題材に

はじめに　*121*

第1節　指定管理者制度と官民協働　*122*

第2節　6次産業化の課題と指定管理者制度　*123*
　　1　事業者同士の連携の不足　*123*
　　2　地方公共団体による支援とその課題　*124*
　　3　指定管理者制度による6次産業化の促進　*124*

第3節　指定管理者制度の活用と採算性・公共性　*125*

第4節　宇佐市大豆加工センターの事例　*126*

         1　大豆加工センターの設置目的　*126*
         2　大豆加工センターの運営　*127*
　　第5節　指定管理者制度の導入と6次産業化への影響　*128*
　おわりに　*129*

第4章

農業に潜在する富の源
——事例をとおして

　はじめに　*131*
　第1節　熊本県の農業と食品製造業を取り巻く環境　*131*
         1　熊本地震の影響　*131*
         2　新潟県との比較　*133*
　第2節　災害食の取り組み　*135*
         1　災害食　*135*
         2　新潟県における取り組み　*137*
         3　災害食の可能性　*138*
　おわりに　*141*

第5章

日本産農産物の輸出可能性
——貿易理論・実証に基づく考察と食の安全性

　はじめに　*143*
　第1節　農産物輸出の現状と貿易理論　*144*
         1　農産物輸出の現状　*144*
         2　伝統的貿易理論と新貿易理論から見る農産物貿易　*146*
　第2節　農産物の差別化と安全性　*147*
         1　農産物における差別化　*147*

2　国際貿易と食の安全　*148*
　　　3　需要拡大につながる認証制度の利用　*149*
　第3節　農産物の「安全性」を含む個別農家の「生産性」　*150*
　おわりに　*151*

第6章
地域農産物のブランド化への挑戦
―― 二代目イモセガレブラザーズの取り組みをとおして

　はじめに　*155*
　第1節　ケース：二代目イモセガレブラザーズ（熊本県大津町）の挑戦　*156*
　　　1　大津町の地域色　*156*
　　　2　大津町若手農家の思いと悩み　*156*
　　　3　地元の活性化を考えるフークショップ　*159*
　　　4　ユニット：二代目イモセガレブラザーズ結成と活動のスタート　*160*
　　　5　二代目イモセガレブラザーズの2つの挑戦　*160*
　　　6　大津産貯蔵熟成カライモを活用した菓子開発に挑戦　*162*
　　　7　大津産貯蔵熟成カライモの海外展開（台湾進出）への挑戦　*163*
　第2節　考　察　*164*
　　　1　小規模農家の戦い方に関する考察　*164*
　　　2　地域の農産物のブランド化に関する考察　*166*
　おわりに　*167*

第Ⅲ編　地域活性化に向けての情報化と都市計画
　　　　──行政・企業・住民の協働

第1章
地方創生と自治体の政策
　──熊本県内情報公開条例の比較分析

　　はじめに　*171*
　　第1節　自治体の政策と情報公開　*172*
　　　　　1　自治と情報共有原則　*172*
　　　　　2　国・自治体の情報公開法制　*173*
　　　　　3　法律と条例との関係　*173*
　　第2節　熊本県内の情報公開条例の比較　*175*
　　　　　1　開示請求者　*175*
　　　　　2　対象機関　*175*
　　　　　3　対象文書　*177*
　　　　　4　不開示情報　*179*
　　　　　5　開示請求の手続　*181*
　　おわりに　*183*

第2章
地方創生時代における行政の組織編成

　　はじめに　*185*
　　第1節　地方政府における行政の組織編成　*186*
　　　　　1　法制度的アプローチ　*186*
　　　　　2　組織マネジメント的アプローチ　*188*
　　第2節　地方創生時代における行政組織　*191*
　　　　　1　行政組織の実態　*191*

　　　　2　地方創生時代における行政組織　*194*
　おわりに　*195*

第3章
行政における情報マインド
――計画業務に適用する問題解決フレームワーク

　はじめに　*197*
　第1節　問題解決の道筋　*198*
　第2節　MECE　*199*
　　　　1　樹形図を用いる方法　*200*
　　　　2　集合の図を用いる方法　*201*
　　　　3　不等式を用いる方法　*202*
　　　　4　数式で表す（要因に分解する）方法　*203*
　第3節　フェルミ推定　*203*
　第4節　意思決定マトリックス　*207*
　第5節　WBS　*208*
　第6節　ガントチャートとマイルストンチャート　*210*
　　　　1　ガントチャート　*210*
　　　　2　マイルストンチャート　*210*
　おわりに　*211*

第4章
ルーラル地域における通信環境整備
――課題と提案

　はじめに　*213*
　第1節　過去のブロードバンド整備事例　*213*
　　　　1　地域における通信環境整備の工夫――官民連携　*214*

2　地域における通信環境整備・維持のための課題　*216*
　第2節　地域における通信環境整備状況　*217*
　第3節　地域において通信環境を整備する意義　*218*
　第4節　デジタル・デバイド・ゼロに向けた提案　*219*
            1　「在る物」の徹底的活用──複数のアプリの相乗り　*219*
            2　通信環境整備と地域振興の同時進行　*221*
            3　知（無形資産）の蓄積　*222*
　おわりに　*222*

第5章

情報メディア技術と地域との関わり
──アートおよびエンタテインメント分野の可能性

　はじめに　*225*
　第1節　情報メディア技術と地域　*225*
            1　情報メディア技術によるアートおよび
              エンタテインメント　*225*
            2　情報メディア技術の浸透　*226*
            3　地域との関わり　*226*
　第2節　アートおよびエンタテインメント　*227*
            1　近年のアートおよびエンタテインメント　*227*
            2　情報メディアが提供する新しい体験　*228*
            3　エンタテインメント産業　*229*
　第3節　地域の特性と課題　*230*
            1　都市部と地域との違い　*230*
            2　地域における特性　*231*
            3　地域での活動における条件　*233*
            4　地域おこし　*235*
　おわりに　*236*

第6章
熊本市中心市街地の再開発と近未来
──都市社会学の観点から

はじめに　*239*

第1節　本章の目的　*239*

第2節　調査対象と調査方法　*243*

第3節　熊本の地理的位置・人口・産業　*244*

　　　1　熊本の地理的位置　*244*

　　　2　熊本の人口構造　*245*

　　　3　熊本の県内総生産の割合　*247*

第4節　熊本の二大商店街──上通・下通　*249*

第5節　桜町再開発事業　*250*

　　　1　旧・交通センターの時代　*250*

　　　2　桜町再開発事業　*252*

第6節　結論──本稿の考察　*253*

おわりに　*256*

■索　　引　*259*

第Ⅰ編
高齢化社会に向けた地方創生
──医療および福祉・介護からのアプローチ

第1章

地方創生をどう捉えるか
―― 人口動向と自治体の現状を踏まえて

はじめに

　本書は，地域産業の振興によって雇用を創出するとともに若い世代の定住や子育て支援を通じて地方の人口減少に歯止めをかけることを目指したさまざまな取り組み――いわゆる「地方創生」――についてさまざまな角度から考察を行い，そのあるべき姿を明らかにしようとするものである。冒頭となる本章では，続く各章で行われる議論への理解を深めることを目的に，本書の統一テーマである「地方創生」の概要を論じ，方向性の整理を行うこととする。

　現在，東京都市圏を除く多くの地方で人口減少と少子高齢化が急速に進んでいる。この状況をそのままにしておけば，地方から次第に若年人口が流出していき，やがては地方におけるインフラ整備や公共サービスの維持すらも困難となるだろう。このような課題に対処するため，全国各地で進められているのが地方創生の取り組みである。

　地方創生の始まりは，民間の研究機関「日本創成会議」が2014年に出した一連の報告書，通称「増田レポート」にある。このレポートのなかで，日本全国の市区町村の半数が名指しで「消滅可能性都市」であるといわれたため全国の自治体に動揺が走ることとなった。これまで見過ごされ続けてきた人口減少という問題が，にわかに政策課題として浮かび上がることとなったのである。この事態に対し，国は地方の人口減少に歯止めをかけ地方への人の流れをつくることを目的とした「まち・ひと・しごと創生総合戦略」を策定し，地方の活性化に乗り出した。同時に，各自治体に対しても人口ビジョンと地方版総合戦略の策定が要請され，さまざまな地域活性化の取り組みが動き出すこととなった

のである。

　地方創生について考えるためには，増田レポートによって「消滅可能性都市」と呼ばれた市区町村が，なぜ「消滅可能性」であるのかを知らなければならない。その原因をしっかりと見極め適切な対応策を構想していかない限り，地方創生は国の補助金に依存した旧態依然の公共事業型地域振興策で終わってしまうこととなるだろう。さらに，各々の自治体が増田レポートで示された「消滅可能性」を超えて，どのように自分たちの未来を描いていくかも非常に重要となる。自らの地域の特性を知り，その強みを活かしていくためのビジョンを持って地方創生に取り組んでいくことが望まれる。

第1節　人口減少社会

　今，日本全国の市町村において，「地方創生」と呼称される地域活性化のためのさまざまな取り組みが進められている。この取り組みは，地方自治体が自らの地域をどのように維持していくか，いわば自治体の将来を「創り生み出す」ための試みである。過去に実施されたこのような地域活性化策の最も代表的な例は，1980年代後半に行われた「自ら考え自ら行う地域づくり事業」，いわゆる「ふるさと創生」の取り組みであろう。この事業は，全市町村に一律1億円を交付し，地域活性化のためならばその使途を問わないというものであった。「バラマキ」であるとの批判を受けたものの，東京への一極集中によって過疎化が進む地方の市町村が自ら地域活性化のための政策を考える大きな契機となったとされる[1]。今回の地方創生においては，この地方が「自ら考え自ら行う」という側面がさらに強調されているといってよい。自治体がどのようなビジョンを持ってどのような政策を展開するか，首長や職員の力量がまさに問われているのである。

　そもそも「地方創生」とは，国が進めている地方活性化の取り組みの通称[2]

1）西尾勝編［1993］『コミュニティと住民活動』ぎょうせい，75-78頁。なお，本事業を行うにあたって，92.7％の市町村がアンケート等により住民の声を聞いている。このような住民参加による政策形成が行われるきっかけとなったことこそ，ふるさと創生事業の最大の成果であろう。

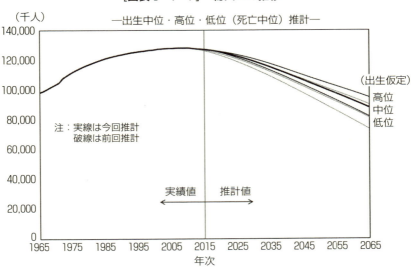

[図表Ⅰ-1-1] 総人口の推移
―出生中位・高位・低位（死亡中位）推計―

（出所）国立社会保障・人口問題研究所ホームページ（http://www.ipss.go.jp/）。

である。その大きな目的は、「人口急減・超高齢化というわが国が直面する大きな課題に対し、政府一体となって取り組み、各地域がそれぞれの特徴を活かした自律的で持続的な社会を創生することを目指[3）]」すことにある。また、この目的を達成するための基本的な視点として、①「東京一極集中」の是正、②若い世代の就労・結婚・子育ての支援、③地域特性に即した地域課題の解決が挙げられている。

それでは、地方創生の課題とされている人口減少はどのように進んできたのであろうか。それを示すのが**図表Ⅰ-1-1**である。同図の示すとおり、日本の人口は第2次大戦後一貫して増え続け、1億2,800万人に到達した。2005年に

2）法律上の名称は「まち・ひと・しごと創生」であり、国の省庁における正式表記もそれである。ただし、国の公式な会議の資料等においても「地方創生の推進」や「地方創生担当大臣」等の文言は当たり前に使用されている。たとえば、内閣府「国と地方の協議の場」平成26年10月21日以降の資料を参照（http://www.cas.go.jp/jp/seisaku/kyouginoba/）［2017年9月10日］。本章においても、すでに人口に膾炙している「地方創生」の文言を使用する。

3）首相官邸「まち・ひと・しごと創生」。（http://www.kantei.go.jp/jp/headline/chihou_sousei/）［2017年9月10日］より。

[図表Ⅰ-1-2] 2010年の人口ピラミッド

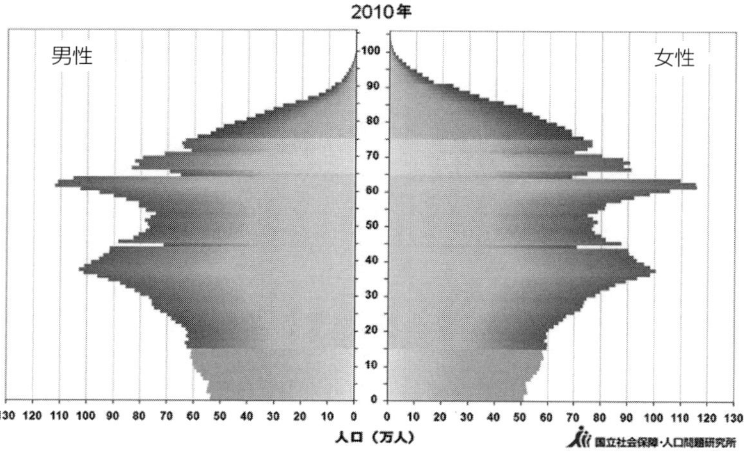

資料：1920～2010年：国勢調査，推計人口，2011年以降：「日本の将来推計人口（平成24年1月推計）」。
(出所) 国立社会保障・人口問題研究所ホームページ（http://www.ipss.go.jp/）。

初の人口減少を記録したものの，その後人口は持ち直し2010年まで安定して推移した。そのため本格的な「人口減少社会」に突入したのは2011年頃とされる[4]。立ち向かうべき課題である人口減少が顕在化したのは，意外に最近のことなのである。

図表Ⅰ-1-2は2010年における人口ピラミッドである。「ピラミッド」という，下部（若年層）が大きく上部（高年齢層）にいくにつれて少なくなっていくというイメージとは裏腹に，上部が大きく下部が少ないいびつな形となっている。60歳～65歳くらいの非常に人数が多い部分が団塊の世代であり，その下の40代前後が団塊ジュニア世代である。しかし，出生率の低下により「団塊の孫世代」はついに現れないままであった。そのため，若い世代よりも高齢者の方が多いという人口構造になっている。先述の2010年までは安定していたという人口も，その内実は，次第に減少していた出生数を高齢者の平均寿命の伸びが補って見かけ上の人口が維持されていたにすぎない。これが，現在の日本が

---

4) 総務省統計局「統計 Today」No.35（http://www.stat.go.jp/info/today/）[2017年9月1日]。

置かれている状況なのである。

　図表Ⅰ-1-1の総人口の推計に示したとおり，今後日本の人口は急激に減少していくこととなる。この推計が外れて日本の人口が再び上昇に転じてくれるのであればよいが，困ったことに人口推計は——政府の公表する他の推計と違って——大きく外れる可能性は少ないとされる[5]。そのため，この推計に示された人口減少はある程度現実のものとなると考えざるを得ない。この推計自体は新たに発表されたわけではなく，以前から公表されていたものである。そのため，今後人口減少社会となっていくことは既知の事実だったということになる。それでも多くの国民は，そして政治家も行政も，人口減少社会の到来を遠い将来のことのように思い込み対策を怠ってきた。これはおそらく，現在働き盛りの40代〜50代の人たちの生まれ育ってきた時代がそのまま人口増加の時代だったことも理由の一因であろう。これらの世代の人々にとって，人口問題とは，「増えていく」人口をいかにして団地やマンションなどに収納していくかという問題であった。しかし，今や時代は逆方向に進み始めている。我々は，今まさに目の前に迫った人口減少問題に対して立ち向かわなければならない。

　人口減少問題の難しいところは，今手段を講じたとしても，その手段の効果が現れてくるのが数十年後だということである。たとえば医者や弁護士等，職業に関する不足については政策的に対処することが可能である。しかし人口については，「若い女性が少ないからもう少し増やそう」などということは到底不可能であろう[6]。その意味で，人口減少という問題は簡単には治癒しない「慢性疾患」に例えられる[7]。しかしながら，この問題に今手をつけなければ，日本の将来人口はますます減少し，地方の受けるダメージはますます大きくなる。地方創生を考えるにあたっては，単に地域活性化や産業振興を考えるだけではなく，将来人口をどのように維持するかという長期的な視野を持って取り組んでいくべき政策であることを念頭に置く必要があるといえよう。

　　5）増田寛也編著［2014］『地方消滅』中公新書，2頁。
　　6）無論，移民を大規模に受け入れるのであれば話は別であるが，現段階で移民問題への国民的合意も存在していないため，ここでは検討を行わない。
　　7）増田前掲書［2014］，14頁。

第2節 「消滅可能性都市」

　そもそもなぜこの地方創生の取り組みがスタートすることになったのだろうか。地方創生について考えるためには，「消滅可能性都市」と指摘された市区町村が，なぜ「消滅可能性」であるのかを知らなければならない。その原因をしっかりと見極め，適切な対応策を構想していかない限り，地方創生はかけ声だけの一過性かつ補助金に依存した旧態依然の取り組みで終わってしまうことになるだろう。

　地方創生が始まったきっかけは，2013年から2014年にかけて発表された一連の報告書にある。これらの文章は，増田寛也（元岩手県知事，元総務大臣）を中心とする民間の研究機関「日本創成会議」によって提示されたため，同氏の名前をとって「増田レポート」と呼ばれている。その報告とは，『中央公論』2013年12月号特集記事，2014年5月の日本創成会議レポート「成長を続ける21世紀のために『ストップ少子化・地方元気戦略』」，『中央公論』2014年6月号特集記事，そしてそれらの内容を取りまとめた増田編著『地方消滅』（中公新書，2014年）である[8]。

　このレポートのなかで増田らは日本の人口減少について警鐘を鳴らした[9]。国立社会保障・人口問題研究所（社人研）の推計によれば，2010年に1億2,800万人を超えていた日本の人口は，2048年に1億人を切り，100年後の2110年には，5,000万人を下回る。世代別にみると，14歳以下の「年少人口」や15歳〜64歳の「生産年齢人口」は一貫して減少し続ける一方，65歳以上の「老年人口」は2040年までは増加し，その後横ばい・微減となり，2060年以降減少していくという経過をたどる。そのため，日本の人口は2040年までは世代間のグラデーションを変えながら次第に少なくなっていき，2060年以降は急速に減少していくことになるのである。

　日本全体でのこの人口減少は，地方から大都市圏への「人口移動」によって

　8）小田切徳美［2014］『農山村は消滅しない』岩波新書，2-3頁。
　9）増田前掲書［2014］，15-16頁。

さらに地域ごとに格差を生み出す。特に2000年代以降，地方の経済や雇用状況の悪化によって，地方から東京圏への若年層の流出が続いている。これは，それまでの大都市圏の雇用吸収力の増大による「プル型」の人口移動と異なり，地方の経済・雇用力の低下が原因の「プッシュ型」の人口移動であり，「地方が「消滅プロセス」に入りつつあることを示している[10]」とされる。

　この人口移動で注目すべきは，地方から流出しているのが，将来子どもを産む若い世代であるという点である。地方は単に人口を減少させただけではなく，「人口再生産力」そのものを大都市圏に流出させることとなった。そのため，地方において加速度的に人口減少が進む事態となったのである。他方，大都市圏は若年層の流入で人口増となったものの，必ずしも若者にとって結婚し子どもを産み育てる環境としては望ましいものではない。晩婚化，晩産化，少子化という全国的な傾向に加え，非正規労働者の増加などの雇用面・生計維持の問題や，親類縁者からの子育て支援を受けづらい環境などの都市部におけるさまざまな制約により，東京圏における出生率は極めて低くなっている。ここでいう出生率（合計特殊出生率）とは，一人の女性が生涯に出産する子どもの数の平均を表す数値である。男性と女性がパートナーになり子どもが生まれるということを考えれば，一組の夫婦から2人以上子どもが生まれなければ人口は維持できないということとなる[11]。日本全体での出生率は2005年に1.26という最低値を記録し，その後すべての都道府県でやや上昇したものの，2015年時点でも1.45と人口を維持するには届かない数値となっている[12]。なかでも東京は2015年時点で1.24と，都道府県別にみても最も低い出生率となっているが，問題はこの出生率の低すぎる東京が，地方から多くの若者を吸い寄せているということである。地方は若年層が減るため人口の再生産力を失い，東京は東京で集まった若い世代が子どもを持つことが難しいために中長期的に人口が減少していく。このような，東京をはじめとする大都市がブラックホールのように地方から若年層を吸い寄せ消費していくという「極点社会[13]」の到来を増田

---

10) 同上，21頁。
11) 人口を維持することが可能な出生率の水準を「人口置換水準」と呼ぶ。2015年現在の人口置換水準は2.07となっている。
12) 厚生労働省［2017］「平成29年 我が国の人口動態」，11頁。

レポートは警告している。

　同レポートは，このような人口減少の展望に立って全国の各市区町村を分析し，「消滅可能性都市」を公表した。その具体的な推定方法は，次のとおりである。

　増田らが注目したのは，人口の再生産力を持つ世代の動向である。出産という人口の再生産（機械的な表現で恐縮であるが）を行うのは，やはり若年女性（20歳～39歳）が中心となる。この若年女性が地方から東京圏に流出し続けていることが，地方における人口再生産力をますます低下させることとなる。仮に若年女性がほとんど流出しない自治体であっても，人口を維持するためには出生率が2程度にならなければならないが，これが3割程度の人口流出があるケースになると，2040年には人口が半減することとなってしまう。このような地域は，いくら出生率を引き上げても，若年女性の流出によるマイナス効果がそれを上回るため，人口減少が止まらないため，「消滅する可能性があるといわざるをえない[14]」こととなる。増田レポートは，このような観点から社人研の推計をもとに各市区町村における20～30代の若年女性の2010年と2040年の数を比較した。そして，若年女性の数がマイナス50％を超える（半減する）自治体を「消滅可能性都市」と呼んだのである。仮に人口移動が収束しなかった場合，日本全国の1,800の市区町村のうちおよそ半数（49.8％）にあたる896の自治体が消滅可能性都市となる。いずれの市区町村が消滅可能性都市であるかについては，すべてのデータが日本創成会議のホームページ（http://www.policycouncil.jp/）からダウンロードすることが可能である。

　当然のことではあるが，増田レポートが発表された直後から全国の自治体は大騒ぎとなった。消滅可能性という「不都合な真実[15]」を突きつけられた自治体やその住民たちは一様に大きなショックを受けることとなったのである。

　もちろん，増田レポートは不安をあおるだけではなく，その処方箋についても論じている[16]。第一の処方箋は，現在の「人口減少」の動きを食い止め，

13）増田前掲書［2014］，31頁。
14）同上，24頁。
15）増田寛也・冨山和彦［2015］『地方消滅 創生戦略篇』中公新書，9頁
16）増田前掲書［2014］，41-43頁。

「人口の維持・反転」を目指すとともに，地方が持続可能性を有する人口・国土構造を構築するという「積極的政策」である。これには，①結婚，妊娠，出産，子育てに関する一貫した支援による「人口の維持・反転」政策，②大都市圏への人口流入の流れを変える「人口の再配置」政策，③一人ひとりの能力・資質を向上させるとともに海外の高度人材を獲得していく「人材の養成・獲得」政策がある。第二の処方箋は，人口減少に伴う経済・雇用規模の縮小や社会保障負担の増大などのマイナスの影響を最小限に食い止めるための「調整的政策」である。具体的には，①広域ブロック単位での地方中核都市を「防衛・反転線[17]」として「選択と集中」により資源を投下することで，これ以上の地方からの人口流出を防ぐ「止血政策」，②社会保障の効率化による現役世代の負担抑制などである。

第3節　国と自治体の対応

　増田レポートが出されてからの国の対応は迅速なものであった。経済財政諮問会議の報告書や「骨太方針2014」（経済財政運営と改革の基本方針2014）に増田レポートの内容が取り入れられ，そして2014年9月の安倍改造内閣において石破茂が地方創生担当大臣として任命され，安倍総理を本部長とする「まち・ひと・しごと創生本部」が立ちあがっている。そして，11月28日には「まち・ひと・しごと創生法」（以下，創生法）が制定され，それを受けて国の「長期ビジョン」と「総合戦略」が12月27日に閣議決定された。

　同12月27日，国は都道府県や市町村に対しても創生法9条および10条に規定する「地方人口ビジョン」と「地方版総合戦略」の策定を求める通知を行った。なかでも総合戦略については，これまで自治体で策定していた「総合計画」とは異なる点として，策定にあたってビッグデータ等を活用すること，KPI（Key Performance Indicators＝重要業績評価指標）と呼ばれる数値目標を設定しPDCAサイクルによる効果の検証を行うこと，策定にあたっては通常の「産・官・学」に加えて「金（金融機関）・労（労働団体）・言（メディア）」など

17）同上47-50頁。

の協力・参画を求めることなどが示された。また，策定の期日については，当該通知のなかで「遅くとも平成27年度中」とされた。

　国はまた，自治体の地方創生の取り組みを支援するため「財政支援」「情報支援」「人材支援」という「地方創生版三本の矢」を打ち出した。財政支援については，地方版総合戦略に基づく地方独自の取り組みを支援するための交付金として，①地域活性化・地域住民生活等緊急支援交付金（地方創生先行型・平成26年度補正予算），②地方創生加速化交付金（平成27年度補正予算），③地方創生推進交付金（平成28・29年度当初予算），④地方創生拠点整備交付金（平成28年度補正予算）など，さまざまな交付金が次々と予算措置されている。情報支援については，地方版総合戦略の策定やその後の政策立案を支援するためのツールとして，「地域経済分析システム」（RESAS）を2015年4月から稼働させている。RESASは，人口や産業構造，観光目的地分析等のさまざまなビッグデータを取り扱っており，それらのデータを簡易な操作で可視化することができるシステムである。利用は無料であり，誰でもRESASホームページ（https://resas.go.jp/）からアクセスすることができる。また，人材支援としては，地方創生コンシェルジュの設置，地域活性化伝道師の紹介等が行われているところである。

　2017年現在，すでに国の総合戦略の対象期間は半ばを過ぎ，折り返し地点に入っている。各自治体においても，策定された地方版総合戦略に基づきさまざまな政策が展開されているところである。そのなかには，国の交付金を活用することで地域活性化に高い効果を挙げているものもあれば，思うような成果の見られないものもあるだろう。いずれにしても，地方創生の取り組みはこれから先が正念場である。地方創生が一過性の打ち上げ花火で終わることなく，地方に雇用を創出し，若い世代の働く場，子育ての環境を確保できるかどうか，そして地方の人口減少に歯止めをかけられるかどうか，それらが今後長期にわたって自治体に問われ続けることとなるのである。

第4節 「消滅可能性」を超えて

　これまで増田レポートの内容と，それに対応した国と自治体の動きをみてきた。東京圏を除く地方においては，多くの市町村で自治体職員や地域住民が「消滅可能性」に不安を感じながら懸命に地方創生に取り組んでいるところである。そこで，増田レポートに示された警告をどう捉えるかについて論じた上で，それぞれの自治体が自らの強みを活かし，消滅可能性を超えていく道程について考えることとしたい。

1　増田レポートの課題と意義

　全国半数の市区町村を「消滅可能性都市」と名指したことで，増田レポートは各地に大きな衝撃を与えた。一方で，この増田レポートに対して多くの反論や批判的検討もなされているため，いくつか挙げてみよう。第一に，増田レポート自体が，政権との間であらかじめ打ち合わせがなされていた「出来レース」だったのではないかという指摘である[18]。2014年5月の日本創成会議のレポート公表から，内閣改造，創生法の制定，国の総合戦略策定，そして自治体に対する人口ビジョンと総合戦略策定の通知が出されるまで，わずか数カ月の間で矢継ぎ早に「地方創生」に向けての政策が展開されている。この間の国の動きがいかにも迅速すぎることから，「政府と増田氏はタッグ関係にあったのであり，『増田レポート』は安倍政権の政策を見事に演出する役割を担っていた[19]」との見方もなされている。地方創生は，民主党政権から自公連立政権に移行して以来，どちらかといえば地方に対して冷淡だった政権が，2014年12月の衆議院議員総選挙と2015年4月の統一地方選挙を乗り切るべく，「地方が抱える課題に対してしっかり対応していきます」という実行力をアピールするために打ち出した選挙対策であったとも考えられよう[20]。

---

18) 山下祐介・金井利之［2015］『地方創生の正体』ちくま新書，17頁，小田切前掲書［2014］，4-5頁。
19) 嶋田暁文［2016］「「増田レポート」再考」『地方自治ふくおか第60号』福岡県地方自治研究所，8頁。

また，このレポートの内容があまりにも衝撃的すぎることから，これは「ショック・ドクトリン[21]」の一種ではないか，との指摘もある[22]。増田レポートではセンセーショナルな見出しが報道され，地方消滅が避けることのできない既定路線であるかのように扱われたため，レポートに触れた人々が「消滅可能性」自体がもはや避けられないものとして観念されてしまう。その結果，「地方消滅」という名指しを受けた地域サイドに「どうせ消滅するならあきらめよう」というあきらめ感が生まれることとなる[23]。

　一方で，増田レポートから始まった地方創生の一連の流れは，地方が自らの立ち位置を認識し自主自律的に地域課題に立ち向かう契機となった，という肯定的な捉え方ももちろん可能である。手段としてはショッキングであったが，地方で進む人口減少の問題の深刻さについて警鐘を鳴らし，それに対する方策の迅速な実施の必要性を指摘している点については，高く評価してよい。また，このような圧力がなければおそらく実現しなかったであろう「自治体ごとの人口ビジョンの策定」は，今後の市町村の政策形成の基礎となる極めて重要な資料となる。このような重要なデータが，特定の市町村のみではなく全国的に整備されたということも，増田レポートの大きな意義の1つであろう。

2　消滅可能性をどう捉えるか

　増田レポートでは，全国の半数の市区町村が消滅可能性都市とされた。このように名指しされた自治体では，あきらめ感を抱いてしまうところも多いであろうことは想像に難くない。しかし，あきらめ感にとらわれていては自治体の力は次第に減少し，消滅可能性が現実のものとなってしまうことであろう。今地方に必要なのは，消滅可能性の「正しい捉え方」である。

　もう一度消滅可能性についてみてみよう。消滅可能性都市と指摘される理由

---

20) 山下・金井前掲書［2015］, 27頁, 金子勝［2014］「「地方創生」という名の「地方切り捨て」」『世界 2014年10月号』岩波新書, 74頁。
21) 大惨事で人々が茫然自失の状態にあることに便乗して行われる過激な制度改革の意。ナオミ・クライン［2011］『ショック・ドクトリン―惨事便乗型資本主義の正体を暴く』岩波書店参照。
22) 山下祐介［2014］『地方消滅の罠』ちくま新書, 111頁。
23) 小田切前掲書［2014］, 12頁。

は、「2010年から2040年までに若年女性が50％減少する」ことであった。「若い女性が半減する」と聞けば、いかにも自分の自治体に魅力がないような気がしてしまうし、実際問題、1～2割の減少であればともかく、5割の減少の予想に対して、何らかの政策によってそれをゼロにするのは到底不可能であろう。そのため、増田レポートを深く読み込んだ自治体職員ほど、無力感にとらわれあきらめてしまうこととなるのである。しかし、この増田レポートの推定に対して、「各市区町村の若年女性人口の減少率のうち『マイナス40％』分は、全国的な少子化による影響として説明できる[24]」にもかかわらず、増田レポートはこの点を説明しておらずミスリーディングを招いているという指摘がある。この視点は非常に重要であるため、少し詳しく述べておきたい。

再度**図表Ⅰ-1-2**をみると、同図は2010年における人口ピラミッドである。このうち、増田レポートが重視する「20～30代の若年女性」の数は、右側のピラミッドのうち、縦の目盛りで「20～39」の部分を切り取ったものとなる。これが2010年における若年女性の数であるが、では、2040年における20～30代の女性の数はわかるだろうか。一見、そんな未来の女性の数はわからないように思えるが、実は2040年での30代女性の数についてはすでに明らかになっている。それは、**図表Ⅰ-1-2**の2010年の人口ピラミッドにおける「0～9」の部分である。この部分がそのまま上に持ち上がっていって、30年後の2040年に30代女性となるわけである。このことさえわかれば比較するのは簡単であろう。2010年の30代女性の数がおよそ900万人であるのに対して、2040年の30代女性の数はおよそ530万人となる。すなわち、30代女性は2010年から2040年までに日本全国でおよそ41％減少するということになる。この「2040年に30代の女性」の数は、2010年の時点ですでに確定しており、減少することはあっても増えることは絶対にない。これが人口問題の難しさである。

2040年に20代となる女性の数については、**図表Ⅰ-1-2**にはまだ現れていない。そのため、社人研が発表した最新の2015年時点での実績値および推計値をもとに2040年の20代女性の数を求め、比較を行ってみたのが**図表Ⅰ-1-3**であ

---

24) 坂本誠［2014］「『人口減少社会』の罠」『世界2014年9月号』岩波書店,202頁。なお,本節における若年女性の減少率の推定についても,その着想および手法は坂本の理論に依拠している。

[図表 I-1-3] 若年女性の減少

	2010 (社人研2010実績値)	2040 (社人研2015実績 および推計値)	減少率 (2010→2040)
20代女性	6,833,173	4,758,029	－30.4％
30代女性	9,009,087	5,335,297	－40.8％
合計	15,842,260	10,093,326	－36.3％

(出所) 国立社会保障・人口問題研究所ホームページ (http://www.ipss.go.jp/)。

る。この表によれば、20～30代の若年女性は、2040年までに日本全体で36％減少することとなる。今からどうあがこうとも、2040年までに若年女性が全国トータルで36％減ることは既定路線であるということである。

　このこと自体は不幸なことであるが、これを先述の「消滅可能性都市」の算定に当てはめた場合、異なる視点が浮かび上がってくる。つまり、消滅可能性を示す「若年女性が50％減少」のうち、36％分については自治体の責任とは無関係に全国的に減っていく、ということである。すなわち、自治体が政策的に立ち向かうべきは「50％」全体ではなく、残りの「14％」であることになる。50％の減少に歯止めをかけて０％にするのは不可能事であり、自治体にあきらめ感が蔓延してしまうことになる。しかし、14％であればどうだろうか。「消滅可能性都市」が戦うべきはこの14％の方である。この部分が2040年までに14％よりもさらに大きくなってしまうのか、それとも小さくしていけるのか、そこにこそ自治体の政策手腕が問われるということになるだろう。14％であれば、周辺地域とも連携した産業振興による雇用の確保、子育て支援と定住促進による若い世代の定着、地域のブランド化や観光戦略による交流人口の増加などの政策を展開することで、十分立ち向かうことができよう。

　増田レポートが地方の人口減少の問題を見える化したことには大きな意義がある。しかし、全国的な人口減少の影響についての丁寧な説明を行わないまま「50％」という高すぎる壁を示したことが、結果的に多くの自治体の職員や住民にあきらめ感を生じさせ地域の活力を奪うことになったこともまた否めない[25]。今必要なのは、「消滅可能性」という言葉を正しく捉え、対処すべき明

確な数字を念頭に置いて地方創生に取り組むことであろう。

3　それぞれの地方創生

　先述のとおり，国の通知に基づき，全国の自治体が自らの人口ビジョンと総合戦略の策定を行った。それ自体は望ましいことであるが，当該通知において策定期限が2015年度中とされていたことから，多くの自治体が大慌てで策定を行ったことは否めない。その結果として，コンサルに策定を丸投げする自治体や，既存の総合計画の項目を摘まみ食い的に並べた総合戦略とせざるを得なかった自治体なども数多くみられ，「『策定』自体が目的化されているような様相を呈していた[26]」のが実情であった。特に，国の先行型交付金は2015年10月までに総合戦略の策定を終えた自治体を交付対象としていたことから，当該交付金の申請をねらう市町村においては，半年あまりでバタバタと総合戦略が策定されることとなったのである。

　しかしながら，本来的には地方創生の取り組みは，各自治体の人口ビジョンを踏まえた上で，中長期的な「戦略（Strategy）」を持って行われなければならない。自らの市町村の強みと弱みを分析し，その強みを伸ばして人口減少に歯止めをかけていくための政策を展開していくことが求められているのである。

　国からの交付金については，必要な部分には積極的に活用していくべきであろうが，単に「もらえるものは何でももらおう」という考え方で飛びつくことは危険であろう。総合戦略の項目にはすべてKPIの設定が求められており，交付金を受領した事業においても当然にKPIの達成状況が問われることとなる。その後の展開を考えず安易に交付金に飛びついているだけでは，後になって自ら設定したKPIが達成できなかったとして，国から厳しい評価を受ける可能性が十分にあり得るのである[27]。

　自治体にとって今必要なのは，自らの置かれている立ち位置をしっかりと認

---

25)　小田切前掲書［2014］，13頁。
26)　嶋田前掲論文［2016］，3頁。
27)　山下・金井前掲書［2015］，24-25頁において，金井は国が自治体側にKPIを設定させるというスキームについて，後からこれを達成できなかった自治体を国が批判するための手段となり得るとの見解を示している。「地方創生」が，いわば国が自治体に「責任転嫁」するための仕組みとなる可能性があるということである。

識した上で,「それぞれの地方創生」に取り組むことであろう。そのためには,自分の自治体の人口ビジョンを今一度精査し,そのビジョンを実現するためには何が必要か,考える必要がある。そして,短期的な施策の背景に中長期的な戦略を持って政策を立案しなければならない。各自治体は,それぞれ置かれている状況が異なり,取るべき政策も1つではない。近隣市町村との横並びで,ありきたりな事業を展開していてよい時代ではなくなっているのである。

そのことを示す一例として,熊本県熊本市と,同県宇土市の人口ビジョンを比較してみよう。熊本市は県庁所在地・政令指定都市であり,人口も70万を超えている。一方の宇土市は人口37,000であるが,熊本市と隣接しており,都市圏域としても一体に近いとみてよい。そのため,地域振興策としては同じような政策が適合するかのようにみえる。しかし,両者の人口ビジョンをみると,その構造は大きく異なっていることがわかる。

図表Ⅰ-1-4は熊本市人口ビジョンにおける同市の将来人口推計である。熊本市人口ビジョンでは,自然増減(出生数と死亡数の差)と社会増減(転入数と

[図表Ⅰ-1-4] 熊本市将来人口推計

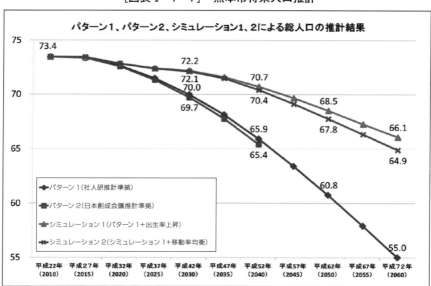

(出所)熊本市人口ビジョン,29頁。

[図表Ⅰ-1-5] 宇土市人口動態

（出所）宇土市人口ビジョン，7頁。

転出数の差）が与える影響が試算されているが[28]，それによると，熊本市の場合は，自然増減の方が社会増減よりも人口に与える影響が大きくなるという。したがって，熊本市の場合は，婚活や子育て支援などの「出生率向上」に向けた政策を展開することが，人口ビジョンで掲げた目標を達成するための戦略としては望ましいということとなる。

一方の「宇土市人口ビジョン」においては，過去の人口推移（**図表Ⅰ-1-5**）からみて，同市の人口は社会増減の影響をより大きく受ける傾向にあるということが示唆される[29]。そのため，同市においては，転入を促進するための「定

---

28) 熊本市［2016］「熊本市人口ビジョン」，29-30頁。
29) 宇土市［2015］「宇土市人口ビジョン」，7頁。

住化」に重点を置いた政策が効果を発揮する可能性がある。住宅地の提供や家屋の新築に対する補助を充実させたり，さらには東京などの大都市圏で積極的にキャンペーンを行いUJIターン者を獲得していくことも有効であろう。

以上のように，一見置かれた状況が似通っている自治体であっても，その取るべき戦略の方向性は大きく異なってくる場合がある。いずれの自治体も，その人口ビジョンには独自の特徴があるであろう。自らの比較優位がいずれにあるのか，人口ビジョンの特徴を見極め，その強みを戦略的に伸ばしていくことが重要である。

おわりに

本節では，日本が迎えることとなった人口減少社会への流れと，それに立ち向かう政策としての地方創生について，概論的に述べた。特に，増田レポートが警鐘を鳴らした「消滅可能性都市」について，言葉の響きにいたずらに怯えるのではなく，その本質を理解した上で，どのように人口減少に立ち向かうべきかについて論じたところである。本書の以降の章には，この「消滅可能性」を乗り越えていくための政策のヒントがさまざまな形で示されている。ぜひ参考としていただきたい。

各自治体において，行政職員，事業者，そして地域住民が一体となり，自ら考えて地方創生に取り組んでいくことこそが，これからの人口減少社会に求められるのではないだろうか。

【参考文献】
小田切徳美［2014］『農山村は消滅しない』岩波新書。
金子勝［2014］「「地方創生」という名の「地方切り捨て」」『世界 2014年10月号』岩波新書。
坂本誠［2014］「『人口減少社会』の罠」『世界2014年9月号』岩波書店。
嶋田暁文［2016］「「増田レポート」再考」『地方自治ふくおか第60号』福岡県地方自治研究所。
西尾勝編［1993］『コミュニティと住民自治』ぎょうせい。
増田寛也編著［2014］『地方消滅』中公新書。
増田寛也・冨山和彦［2015］『地方消滅 創生戦略篇』中公新書。

山下祐介［2014］『地方消滅の罠』ちくま新書。
山下祐介・金井利之［2015］『地方創生の正体』ちくま新書。
国立社会保障・人口問題研究所ホームページ（http://www.ipss.go.jp/）。
首相官邸「まち・ひと・しごと創生」ホームページ（http://www.kantei.go.jp/jp/headline/chihou_sousei/）。

　（追記）　本章の執筆にあたっては，財務省九州財務局の皆様に多大なるご協力をいただいた。ここに記して感謝申し上げる次第である。

第2章

財政健全化を基盤とした
公立病院の役割
―― 「独立採算の原則」と「経費負担の原則」

はじめに

　わが国の財政は，一般会計予算における歳入の約6割弱が税収で，その4割弱が将来世代の負担となる借金（公債金収入）に依存するとされる。つまり歳入の大部分が税収を源泉としている。また歳出のうち，支出に充てられる主要項目は，国債の元利払いに充てられる費用（国債費），地方交付税交付金，社会保障関係費である。この3項目が歳出全体の7割超を占めている[1]。

　なかでも社会保障費は，わが国の人口動態からみても高齢化社会に向けて，一層増大することが予想される深刻な財政状況である。

　この財政状況に対して，財務省は，2010（平成22）年12月の閣議決定を機に，「社会保障費と税の一体改革」に取り組むことになった。その取り組みは消費税の引き上げに重点が置かれ，財政健全化，さらに持続的な経済成長に向けて実施される[2]。このような少子高齢化社会に向けた国の財政政策は，当然各自治体の財政の立て直しに波及する。

　これまで各自治体は，地方公営企業の不採算経営への対応策を先延ばしにしてきた。上下水道，交通，病院等の公営事業は，住民生活に密接に関係した社

1）財務省「日本の財政関係資料」1-2頁，12頁（平成29年4月）。
2）財務省「繰出基準：参考資料」地方公営企業（上下水道，交通，病院等）は，経営にともなう収入（料金）を経費に充てる独立採算性が原則である。ただし，地方公営企業法上，繰出しの基準を満たす一定の経費は，地方公共団体の一般会計等が負担する地方財政計画において「公営企業繰出金」として計上される。しかし実際にはそれを超えて繰出しが実施される。公営企業の総収支は，公営企業繰出金を除くと赤字（特に下水道事業・病院事業が多額）である（総務省「平成23年度地方公営企業決算の概況」）。

会資本整備として推進されるなかで,特に病院事業については,多くの地域の公立病院が赤字経営であったことが,各自治体の財政健全化のためには,経営組織の見直しは必然的な課題であった[3]。

本書の課題である地方創生において,少子高齢化という人口動態が直接及ぼす地域医療および福祉・介護に,どのように取り組むかが重要な課題となる。したがって地域の高齢化が進む医療および福祉・介護の現状に,どのように各地域が取り組むかは,地方創生には回避できない課題である。まずその課題を担うのは公立病院である。そこで,本章は財政健全化を基盤に推し進められている公立病院改革に焦点を当てた。

第1節　公立病院改革の背景

わが国の病院は,厚生労働省(以下,厚労省)による設立主体に基づき,国立・自治体(以降,公立)・公的・社会保険団体・医療法人・個人病院に分類される[4]。この分類のなかで,わが国の国民皆保険制度のもとで,すべての国民の医療提供を行うために,自治体の財政と密接に関わっている公立病院を,本章の研究対象とする。

公立病院の運営は,自治体の管轄のもとにあり,公共サービスとして画一性が求められ,人事および予算の権限は本庁財務部にある。そしてその会計システムは,予算至上主義としている。このことが,医療事業の経営改善の遅れとなった[5]とされる。この会計システムに,公立病院改革は1つの変革を与えることになった。それは,予算主義会計に企業会計が導入されたことである。かつてバブル経済崩壊後の6大改革の1つである中央省庁の再編が実施された行政改革では,国立病院改革において,2004年に旧国立病院の会計制度に企業会計が導入された。これを機に,旧国立病院は独立行政法人として組織再編された。

---

3) 財務省,1) 前掲報告書21頁。総務省自治財政局準公営企業室「公立病院経営改革事例集」（平成28年3月）。
4) 厚生労働省「診療施設調査」参照（http://www.mhlw.go.jp/）。
5) 斎藤貴生著『自治体病院の経営改革—原則と実践—』九州大学出版会,2012年,ⅴ頁。

それに続き，総務省は，各自治体の財政負担となっている公営企業について，経営基盤強化を実施した。それを受けて，総務省は2007年に公立病院改革ガイドラインを公表した。このガイドラインによって，各自治体の公立病院改革が始まったのである。これまでの公立病院の運営に，民間的経営手法が導入された。それは，2007年改革前の現状として，公立病院の約4分の3が赤字で，このままでいくと公立病院の経常損失および累積欠損金等が拡大し，国の財政赤字は，さらに拡大することが予想されたからである。国民皆保険制度では，すべての国民の医療給付提供が財政で賄われる以上，公立病院の経営は，基本的な枠組みとして，厚労省による2年ごとの診療報酬改定と総務省による財政措置の組み合わせによる医療提供体制で営まれる[6]。

　この財政処置に公立病院経営が関わっていることから，公立病院の赤字は，国の財政にとっても深刻な課題である。つまり地方公営企業法（以下，地公企法）に基づく一般会計からの繰出金が増えることで，一般会計の財源不足による自治体の財源不足の拡大が，ひいては各自治体の財政赤字をもたらすことになるからである。自治体の公立病院への繰出金は地方交付税で賄われるが，それで賄えない場合には国庫補助金で対処されることになる。公立病院改革にあたり，特例債発行（2008年）・病院再編に要する整備費・一般会計出資債等の財政措置が行われてきた。公立病院改革の発端は，総務省が各自治体に，赤字および債務，公営企業の赤字および債務等を連結評価して公表することを義務づけたことが，公営企業の公立病院に経営の見直しを余儀なくすることになった[7]。この連結評価において，各自治体には，①実質赤字比率，②連結実質赤字比率，③実質公債費率，④将来負担比率等の早期健全化基準および財政再生基準が設定され，基準を満たさない自治体には，財政健全化計画・財政再生計画の策定が義務づけられた[8]。

　このような総務省による財政健全化の施策を避けたい各自治体は，自治体財

6） 拙稿「公立病院改革における現状と課題―民間的経営手法の導入による会計の役割を通して―」『経理研究』第57号，中央大学経理研究所，183-198頁（2014年3月10日付）参照。拙稿「公立病院改革における新ガイドライン」『アドミニストレーション』熊本県立大学総合管理学部学会，第23巻第2号66-77頁参照。

7） 金川佳弘［2008］『自治体病院経営分析』自治体研究社，28-30頁。渡辺英男稿「公営企業会計の繰出金の考え方」『特集　低成長下横浜の行財政』調査季報56号，49頁。

政から公立病院を切り離すことであった。そのため，各自治体は公立病院の独立行政法人化・指定管理者制度の導入・民間譲渡，診療所化等の組織の見直しを実施したのである。

　以下，公立病院の組織の見直しからくる会計への影響についてみていくことにする。

第2節　公立病院改革の基盤となっている法適用と会計の関係

　地方公営企業には，①地方公共団体の組織および運営の基本法である地方自治法，②地方公共団体の財政に関する基本法である地方財政法，③地方公共団体の職員に関する基本法である地方公務員法の規定が，原則として適用される。この法規定は，地方公営企業の一般行政事務を規律することを目的として設けられている。しかし地公企法は，地方公営企業の効率的・機動的な事業運営を行う上で，障害となる規定の適用を排除し，事業の実態に即した法規範として制定されている[9]。したがって地公企法のもとで，地方公営企業の運営が行われる。

　このような法適用を背景として，地方公営企業の1つである公立病院の改革が始まった。総務省は，まず2007年公立病院改革ガイドライン（以下，旧ガイドライン）を，それに続き2015年新公立病院改革ガイドライン（以下，新ガイドライン）を公表した[10]。

　この新旧公立病院改革ガイドラインの公表によって，国および各自治体の財政健全化のために，公立病院の経営改善と医療の質の向上のプランが実施されることとなった[11]。つまり新旧ガイドラインによる公立病院改革は，組織再編を行い，厚労省が公表している病院会計準則の統一的適用を実施することで

8）金川，前掲書，29頁。
9）総務省「地方公営企業法の適用に関する研究会報告書」平成26年3月，2頁。
10）拙稿，6）前掲稿，第23巻第2号66-77頁に新旧ガイドラインの比較を行い，その相違を記述している。
11）総務省「新公立病院改革ガイドライン」（平成28年）1-26頁参照。

あった。病院会計準則に準拠した公立病院の決算書の作成、さらに各自治体の公立病院の決算書とその経営分析が公開されることとなった。さらに総務省のもう1つのねらいは民間病院との経営比較を可能にすることであった。

しかし民間病院と公立病院の経営比較を行う際に、1つの課題がある。それは、国および自治体からの補助金が公立病院には投入されていることである。

公立病院は、原則的には「独立採算の原則」を前提としているが、例外的に、国による財政処置がなされる経費がある。その例外となる経費とは、「地方公営企業繰出基準」(**図表Ⅰ-2-1**) として、総務省によって公表される20項目である。

当該20項目は行政における公共サービスから支出される経費に充てられる。その所要額の一部は毎年度地方財政計画に計上され、国から一般会計におい

[図表Ⅰ-2-1] **公立病院事業について総務省繰出基準に定められている項目**

1. 病院の建設改良に要する経費
2. へき地医療の確保に要する経費
3. 不採算地区病院の運営に要する経費
4. 結核医療に要する経費
5. 精神医療の運営に要する経費
6. 感染症医療に要する経費
7. リハビリテーション医療に要する経費
8. 周産期医療に要する経費
9. 小児医療に要する経費
10. 救急医療の確保に要する経費
11. 高度医療に要する経費
12. 公立病院附属看護師養成所の運営に要する経費
13. 院内保育所の運営に要する経費
14. 公立病院附属診療所の運営に要する経費
15. 保健衛生行政事務に要する経費
16. 経営基盤強化に要する経費
17. 保健・医療・福祉の共同研修等に要する経費
18. 病院事業会計に係る共済追加費用の負担に要する経費
19. 公立病院改革の推進に要する経費
20. 医師確保対策に要する経費

(出所) 総務省「平成27年度の地方公営企業繰出金について」9-15頁により作成された資料を抜粋。

て，地方交付税等による財政措置がなされる[12]。

公立病院は，地公企法（17条の2）に基づき一般会計およびその他の特別会計から繰入れを行っている。というのは公営企業が各自治体による運営が行われるなかで，その活動は，一般行政活動と企業活動の2つに区分されており，公営事業が住民の福祉増進等の公共性と独占色が強い事業であるからである。つまり行政の統制が必要であるという理由からである[13]。したがって公営企業は経済性をともなうが，他方では，行政活動としての公共サービスを提供していくことになり，その会計は，企業会計でいう複式簿記の発生主義と行政でいう官庁会計の現金主義をとることになる[14]。

公営企業への繰出金の内容は，地公企法で地方公営企業の経費について政令で定め，「地方公共団体の一般会計又は他の特別会計において，出資，長期の貸付け，負担金の支出，その他の方法により負担するものとする」（地公企法17条の2）[15]としている。その仕組みを示している公立病院の事例を示すと，

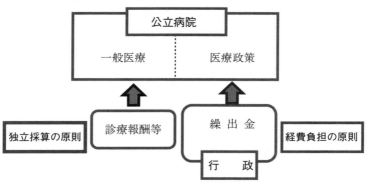

［図表Ⅰ-2-2］　公立病院の会計システムの基礎

（出所）市立千歳市民病院改革プラン「一般会計負担の考え方について」資料（1頁）より抜粋。

---

12) 総務省「平成27年度の地方公営企業繰出金について」（平成27年4月14日付），「公営企業繰出金」（http://www.soumu.go.jp［2017.11.21］）。
13) 総務省，前掲報告書，72頁。
14) 同上。
15) 内閣府政策統括官（経済財政分析担当）「公立病院改革の経済・財政効果について―地方公営企業年鑑による個票データを用いた分析―」政策課題分析シリーズ10,（平成28年8月）11頁。

図表Ⅰ-2-2のようになる。

地方公営企業は，**図表Ⅰ-2-2**のように，「独立採算の原則」を前提としながらも，自治体の一般会計が負担すべきものとする「経費負担の原則」が定められている（地公企法17条の2・17条の3）[16]。

したがって，**図表Ⅰ-2-2**のように，公立病院の会計システムは2つの原則を基盤としている。

第3節　公立病院の経営改善のための指標

公立病院は，地方公営企業として，前述の2つの「独立採算の原則」と「経費負担の原則」を基盤とする運営を行うことになる。このような経営の枠組みのもとで，総務省は，病院規模別・経営状況別の経営指標を示した「公立病院改革ガイドライン」を公表した。この経営指標は，同規模別および経営状況別，民間病院との経営比較による経営改善に向けた計画を可能とした。

しかし公立病院は，原則的には独立採算で運営されるが，不採算医療や高度医療を担うことから財政処置がなされる。そのために総務省（自治財政局長通知）による繰出基準が示され，病院事業に係る地方交付税措置がなされる。したがって地公企法で，自治体の一般会計からの繰出金が認められることを受けて，公立病院改革ガイドラインでは，各公立病院に繰出金基準についての説明が求められている[17]。その繰出金を収益項目で区分すると，**図表Ⅰ-2-3**のようになる。

図表Ⅰ-2-3で示されている項目の大部分が，採算性のない医療への補助金の支出である。なかでも資本的支出は病院建て替えの支出であり，経常支出ではない。

また病院事業では，他の公営企業とは異なり，地公企法の財務規定が当然適用とされる。公立病院が財務規定の全部適用をとる理由は，財政が厳しくなる環境のなかで，「財政の透明性を高め，住民や議会に対する説明責任をより適

---

16) 内閣府政策統括官（経済財政分析担当），前掲報告書（平成28年8月）8-9頁。
17) 総務省，前掲報告書，72頁。

[図表 I-2-3] 総務省繰出金基準の内容

収益的支出	医業収益	他会計負担金	救急医療
	医業外収益	他会計補助金	研究研修費　経営研修費
			追加費用負担経費
			基礎年金負担経費
			児童手当
			公立病院特例債等償還経費（利息）
		他会計負担金	建設改良（利息）
			高度医療
			小児医療
			院内保育所の運営
	特別利益	他会計繰入金	基準外退職者増による経費
			公立病院特例債等償還経費（元金）
資本的支出	他会計出資金	施設改良（元金）	
		施設改良費	

(出所) 総務省「平成20年度総務省繰出金基準」より作成。

切に図ることの重要性が高まってきている」ことにある。また「地方分権の進展に伴い，自由で責任ある地域経営が一層地方公共団体に求められてきている」としている。その結果，「地方公営企業会計，地方公会計とともに地方公共団体に発生主義・複式簿記の取組みを求めている」としている。またもう1つの理由として，一般会計では説明責任の履行と財政の効率化・適正化[18]が挙げられている。このことから，公立病院の会計は，企業会計と官庁会計の2つの会計システムに基礎づけられている。

図表 I-2-4で示すように，地公企法は，地方公営企業に一律に適用されるのではなく，その法適用には，法律上当然に適用される場合（当然適用）と地方公共団体の自主的な決定によって適用される場合（任意適用）の2種類がある。また適用される規定の範囲について，地公企法の規定の全部を適用する場合（全部適用）と，地公企法の規定のなかで財務規定等のみを適用する場合

---

18) 総務省「新公立病院改革ガイドライン」（平成28年）。

[図表Ⅰ-2-4] 地方公営企業の法適用範囲

事業の種類	当然適用の範囲	任意適用の範囲
水道事業（簡易水道事業を除く） 工業用水道事業 軌道事業 自動車運送事業 鉄道事業 電気事業 ガス事業	地公企法の規定の全部	
病院事業	財務規定等	財務規定等を除く地公企法の規定
その他事業		地公企法の規定の全部又は財務規定等

（出所）総務省「地方公営企業法の適用に関する研究会」報告書（平成26年3月），2-3頁。

（財務適用）がある[19]。

　地公企法の適用関係を整理すると，以下のようになる。地方財政法6条は，公営企業のうち一定の事業については特別会計を設けている。経費負担区分の考え方（一般会計等において負担すべき経費を明確に定め，それら以外の経費については企業の経営に伴う収入をもって充てなければならないとする）を導入した上で，独立採算の経営を行うことを規定している。しかし下水道事業や簡易水道事業等は，地公企法の当然適用の対象とはされていない[20]。

　このような地公企法と法適用関係からみても，公立病院では，前述の第2節の会計システムが中心的な役割をしている。

　地方公営企業の病院（平成27年決算書：636事業・185千病床・職員22万3,240人：平成27年10月1日現在，厚生労働省「医療施設調査」）を対象とした地方公営企業のなかで病院事業の他会計繰入金の割合は，**図表Ⅰ-2-5**に示されるように，規模別にみて公立病院規模が小規模になるにつれて，他会計繰入金の割は大きくなっている。

　したがって他会計繰入金は，小規模の公立病院になるに従って増大すること

---

19) 総務省「地方公営企業年鑑」「一般会計について」（平成27年度）145頁。
20) 同上。

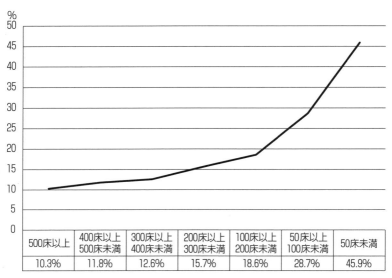

[図表Ⅰ-2-5] 他会計繰入金対医業収益比率

500床以上	400床以上500床未満	300床以上400床未満	200床以上300床未満	100床以上200床未満	50床以上100床未満	50床未満
10.3%	11.8%	12.6%	15.7%	18.6%	28.7%	45.9%

(出所)総務省自治財政局編『地方公営企業年鑑(平成27年度)』150頁より作成。

から,国および自治体の補助金は採算性のない医療へ支出されていることになる。そこで問題となるのが,公立病院に投入される補助金を除外した実質的収入と効率性はどのようになっているのか,ということである。次に,その現状についてみていくことにする。

第4節 公立病院の決算書にみる現状

　公立病院の一般病床の収入と効率性の関係についてみていくことにする。医療収益は,毎年2年ごとに改定される診療報酬点数に左右される。まずは,この診療報酬で,公立病院は「独立採算の原則」に基づき費用を賄う必要がある。

　地方公営企業の病院(平成27年度決算書:636事業・185千病床・職員22万3,240人:平成27年10月1日現在,厚生労働省「医療施設調査」黒字病院を対象)の収入と効率性の関係をみていくことにする。

[図表 I-2-6] 公立病院規模別収入と効率性

項目 \ 規模	一般病院 500床以上	400床以上 500床未満	300床以上 400床未満	200床以上 300床未満	100床以上 200床未満	50床以上 100床未満	50床未満	計
1．病床利用率（％）	83.2	82.5	77.2	76.1	68.2	69.6	60.1	78.5
2．平均在院日数（一般病床のみ）	13.9	12.9	14.3	16.7	22.6	22.8	21.6	19.0
3．患者数（人）	502	354	251	195	99	50	24	183
（1）1日平均患者数								
入院	502	354	251	195	99	50	24	183
外来	1,209	854	584	417	236	142	92	434
（2）外来入院患者比率（％）	162.8	161.5	156.7	148.7	167.0	199.4	269.4	164.9
（3）職員1人1日当たり患者数								
医師部門								
入院	3.4	3.9	4.7	6.2	8.3	3.9	5.6	4.4
外来	5.5	6.4	7.4	9.2	13.9	17.8	15.1	7.2
看護部門								
入院	0.8	0.9	0.9	1.2	1.2	1.2	0.9	0.9
外来	1.4	1.4	1.4	1.8	2.0	2.3	2.6	1.5
4．収入								
（1）患者1人1日当たり診療収入（円）								
ア　入院	60,570	51,920	49,361	35,908	29,247	22,861	22,796	48,341
投薬	793	660	551	492	602	496	638	664
注射	1,879	1,839	1,138	906	1,583	1,177	1,425	1,587
処置・手術	17,177	14,181	12,156	7,281	3,369	1,381	2,910	12,072
検査	1,026	1,154	829	669	882	821	1,180	955
放射線	514	492	598	319	554	516	634	513
入院料	30,226	26,888	29,516	22,739	18,162	14,736	12,238	26,113
入院時食事療養	1,552	1,525	1,559	1,389	1,541	1,470	1,578	1,528
その他	7,403	5,180	3,014	2,111	2,554	2,264	2,193	4,909
イ　外来	16,460	15,149	13,099	10,452	9,998	8,098	7,592	13,595
初診料	363	350	430	339	323	288	355	357
再診料	687	589	699	599	879	1,055	1,173	733
投薬	2,301	1,688	1,277	1,362	1,287	1,381	1,448	1,765
注射	4,028	3,638	2,429	1,543	1,053	581	459	2,800
処置・手術	1,118	1,343	1,490	1,168	1,534	843	552	1,228
検査	3,390	3,229	2,939	2,442	2,072	1,550	1,506	2,864
放射線	2,421	2,442	2,025	1,283	970	569	471	1,894
その他	2,152	1,869	1,810	1,716	1,878	1,830	1,627	1,954
患者1人当たり診療収入	33,248	29,209	27,228	20,688	17,207	13,028	11,707	26,711
（2）職員1人1日当たり診療収入（円）								
医師部門	296,063	300,344	330,714	317,319	381,023	348,901	242,251	309,795
看護部門	72,918	66,641	62,364	62,043	56,010	45,119	41,083	65,937

（出所）総務省自治財政局編『地方公営企業年鑑』（平成27年度）より抜粋。

[図表Ⅰ-2-7] 病床規模別における一般病床の病床利用率

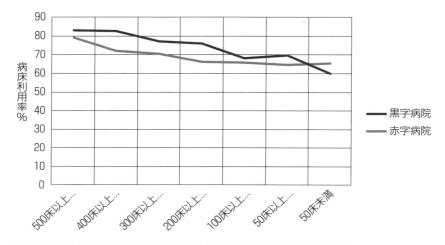

病床利用率（％）一般病院	500床以上	400床以上500床未満	300床以上400床未満	200床以上300床未満	100床以上200床未満	50床以上100床未満	50床未満	平均
黒字病院	83.2	82.5	77.2	76.1	68.2	69.6	60.1	78.5
赤字病院	79	72.1	70.5	66.4	65.8	64.8	65.4	71.1

（出所）総務省自治財政局編『地方公営企業年鑑』（平成27年度）より作成。

　図表Ⅰ-2-6では，入院収入が外来患者からの収入よりも大きいことが示される。一般に，入院収入と病床数，病床利用率，在院日数の関係は，医療経営における効率性の判断指標として注目される。**図表Ⅰ-2-6**から，400床から500床以上の規模の公立病院が効率的経営が行われているといえる。次に，入院収入と病床規模別・経営状況別による在院日数と病床利用率の関係についてみていくことにする。

　図表Ⅰ-2-7から，黒字病院は，赤字病院よりも全体的に病床利用率が高いことが明らかである。一般病院の病床利用率は病床規模が大きいほど高く，病床規模が小規模となるにつれて病床利用率は下がる（しかし，赤字病院50床以下の規模の状況を除く）。一般病院では病床規模が病床利用率に影響することが明らかである。

　黒字赤字病院においても，**図表Ⅰ-2-8**から全体的に病床数規模が小規模に

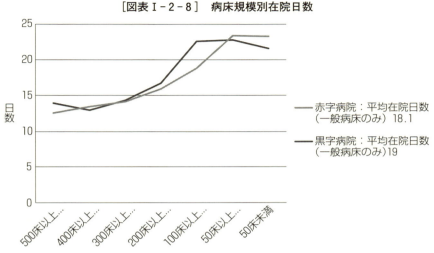

[図表Ⅰ-2-8] 病床規模別在院日数

	500床以上	400床以上 500床未満	300床以上 400床未満	200床以上 300床未満	100床以上 200床未満	50床以上 100床未満	50床未満	平均
赤字病院：平均在院日数（一般病床のみ）	18.1	12.6	13.4	14.1	15.9	18.8	23.4	23.3	18
黒字病院：平均在院日数（一般病床のみ）	19	13.9	12.9	14.3	16.7	22.6	22.8	21.6	19

(出所) 総務省自治財政局編『地方公営企業年鑑』(平成27年度) より作成。

なるにつれて在院日数が長くなっていることが示される。一般的にいわれていることは、医療経営において「病床利用率が高くなると、それだけ在院日数が短縮される」という効率性の経営にみられる傾向である。しかし、**図表Ⅰ-2-7**と**図表Ⅰ-2-8**から、平成27年度の公立病院事業における黒字病院であっても、在院日数について赤字病院と変わらない。特に、本編第6章で示すように公立病院の規模が50床以上～200床未満の規模の公立病院が多いことを考慮すると、公立病院は効率的な経営だけに努めているわけではないといえる。旧ガイドラインで、規模および経営状況別の経営指標の設定によって、各病院の経営改善への手法が取り入れられたのであるが、新ガイドラインでは新たな課題が示された。

第5節 「地域医療構想」の方向性と課題

　2007年旧ガイドラインに続き，2015年に公表された新ガイドラインでは，新たに「地域医療構想」が中心的な課題となる。2025年団塊の世代の後期高齢者医療への突入による高齢化社会では，医療から介護への医療政策の必要性が高まる。また経営改善の他に，さらに「医療の質」の維持および向上が強調されている。そのために，2014年（平成26年6月）に「医療介護総合確保推進法」（地域における医療及び介護の総合的な確保を推進するための関係法律の整備等に関する法律（平成26年度法律第83号））が施行され，「地域包括ケアシステム」（地域における医療及び介護の総合的な確保の促進に関する法律（平成元年法律第64号）第2条第1項に規定する地域包括ケアシステム）の構築を踏まえた医療法（昭和23年法律第205号）が改正され，いわゆる都道府県では，二次医療圏を中心とした「地域の将来の医療提供体制」が策定された[21]。その医療提供体制は，厚生労働省令に基づき①医療構想区域，②病床機能区分ごとの将来（2025年）の病床数の必要量，③在宅医療等の必要量，④地域医療構想の達成に向けた病床の機能分化および連携推進に関する事項に集約される[22]。

　熊本県が人口減少の局面に入ったのは，全国よりも約10年早く，また高齢者人口および高齢化率は上昇に向かっている。全国の高齢化平均値よりも熊本県の高齢化率が高く，将来の後期高齢化比率も全国平均比率よりも高い[23]。

　このような状況のもとで，病床数の削減政策は回避できない現状があるなかで，少子高齢化が加速する人口動態からみても，歳出における社会保障費の増大は避けられない。したがって公立病院の経営改善と役割を果たすためには，「独立採算の原則」と「経費負担の原則」の観点から，公立病院は経営改善を行い，「医療の質」の向上に努めることが必然的な課題となるであろう。

---

21) 厚生労働省「医療計画について」の一部改正について（平成29年7月31日付）．
22) 熊本県庁「熊本県地域医療構想2017年」「第1章　基本的事項」1-3頁．
23) 熊本県庁，前掲報告書「第2章　熊本県の現状」9頁．
　　地方公共団体の財政の健全化に関する法律の概要．

おわりに

　各自治体における公立病院の多くが中小規模の医療機関であり，その他の公的医療機関である日本赤十字病院，済生会病院等のように，全国的にネットワークの規模となっていないことから，医療および介護の連携は，各地域における他の民間医療機関との連携が必要となる。また医療の給付が国民保険，社会保険，共済，組合等の保険による医療保険からなされ，他方，各市町村の介護保険制度における介護保険給付が提供されていることからみても，高齢者を医療から介護への受け皿の連携が整備されていないことなどの課題がある。

　将来病床数の削減が予想されることから，「地域医療構想」，「地域包括ケア」，在宅医療および介護の医療提供体制の施策が実施されようと，まだ多くの課題が残されている。

　公立病院の経営には，民間的経営手法による医療経営改善が必要であるとともに，また経営改善を基盤として「医療の質向上」に努める必要がある。本章では，公立病院と民間病院の経営比較をする場合に，公立病院は国および自治体の補助金を受けていることにおいて，経営比較に制約があることを示した。しかしこの制約は，地域における「公立病院の役割」を果たし，前述の2つの原則を基盤とした経営改善が求められていることを公営企業の法体系と会計のシステムの関係から考察してきた。医療および介護の領域における将来の方向性については，本編第6章に譲ることにしたい。

【参考文献】
あずさ監査法人［2008］『公立病院の経営改革』同文舘出版。
岩渕豊著［2013］『日本の医療政策』中央法規。
金川佳弘・藤田和恵・山本裕［2010］『地域医療再生と自治体病院「公立病院改革を検証する」』自治体研究社。
久保信保監修［2015］『病院再編・統合ハンドブック』日経メディカル開発。
新日本監査法人医療福祉部［2004］『病院会計準則ハンドブック』医学書院。
自治体病院経営研究会［2017］『自治体病院経営ハンドブック』ぎょうせい。
吉村周三監修［2016］『医療白書：新しい地域医療への挑戦』日本医療企画。

（追記）　本研究は，科学研究費事業（学術研究助成金）平成27年度～平成29年度［15K03780］基盤研究（C）による成果である。本研究に際して，荒尾市民病院の経営企画課の方々のご協力に感謝いたします。

第3章

医療機関の法的形態における
非営利の意義

はじめに

　日本は急激な少子化および高齢化により人口減少社会に突入している。このことが一因となって高齢者の医療費，介護費を含めた社会保障費が激増し，国，地方自治体の財政を圧迫している。また，少子化により産科婦人科，小児科の医師が減少し緊急事態の対応が困難となっている。

　このようななかで国公立病院の赤字が増大し，地域医療全般に対処することが困難となってきたため，上記の高齢者，妊産婦，小児に対する対応に特化し，通常の診療科については，民間病院に移管するという政策が採られるようになった。

　民間病院においては設置の根拠法である医療法により非営利が原則である。会社のような営利法人においては投資家が資産運用のために株式，社債を引き受けることにより資金調達が容易となる。それは株式，社債の値上がりによるキャピタルゲイン，剰余金の配当というインカムゲインを期待して，積極的に投資を行うことが期待されるからである。それに対して非営利の民間病院については会社のような資金調達手段のバリエーションが少なく，金融機関からの融資が主要な手段であり，医療機関債の発行は制度的に認められているが，その利用は少なく，発行したとしても金融機関が全額引き受ける場合が多いようである。地方の民間病院においては，地域の人口減少や高齢化率の上昇，経営医療技術の発展等による高性能の治療機器の開発等で，経営の維持や設備投資等のための資金調達の必要性が高まっている。

　このような状況のなかで，民間病院が非営利法人である必要があるのかとい

う問題提起がなされたり，株式会社等の営利法人による民間病院の経営を認めてもよいのではないかとの主張もある。

本稿では，医療法人に関する営利性と非営利性の問題について検討する。

第1節　医療法人制度の変遷

1　「医制」発布

日本において現在にまで続く衛生行政が軌道に乗り出したのは，1874年医制発布からである[1]。

医制の内容は多岐に及ぶ。衛生行政の目的と機構，医学教育制度の基本原則，病院開設・運営に関する規制，医師等の資格・業務に関する規制，薬事に関する規定等を定めている[2]。

2　「医療法」制定[3]

第2次世界大戦終結後，日本は医療供給体制の回復と医療水準の向上を目指してGHQ（連合国総司令部）主導により1948年医療法を制定した[4]。

この法律は，医療施設の管理，人的構成および施設構造等に関する規制を置く。その一方で政府は国民皆保険制度を視野に入れて国による財政支援により自治体立病院，日赤，済生会等の公的医療機関制度を整備し医療の中核とすることを目指した[5]。

しかし，財政的問題により開業医等民間医療機関への期待も高まった。ところが，医療法による病院開設の要件として，患者収容施設20床以上，一定の医師等の医療従事者及び診察室，X線装置，調剤，給食その他の施設が必要とさ

1）厚生省医務局編［1976］『医制百年史』ぎょうせい，11〜14頁。
2）前掲書14頁〜17頁。
3）この部分の記述については，塚原薫［2013］「医療法人の発展と医療法人制度改革の展開—その活性化をめぐって—」名古屋学院大学論集　社会科学編，107頁以下によった。
4）塚原，前掲書108頁。
5）塚原，前掲書108頁。

れ，また当時の建築基準法における規制等により，民間の病院建設には巨額の費用が見込まれた。そのため，個人による病院建設，維持は極めて難しく，戦後の混乱期のため国からの経済的支援も期待できなかった[6]。

また，1948年民法の相続法改正により家制度が廃止され，家業として医業を営んでいた開業医の継続性に懸念が生じた。そこで，医療提供体制の安定を図るため，法人制度を認めることにより医療法人として永続性を確保でき，複数の者による出資を可能とすることにより大規模な病院を建設し維持することができる体制構築が意図された[7]。

3 医療法人制度[8]

1950年医療法改正により医療法人制度が創設された。法人とはその構成員（出資者）とは独立した存在でそれ自身が権利義務の主体となるため，構成員の財産と法人の財産を分離することができる他，法人の名において権利を有し義務を負うことになり，権利関係の処理を簡単に行うことができる[9]。

法人制度を採用することにより病院建設・維持に必要な資金調達が容易となること，構成員が変わっても法人として病院の長期的な存続が可能となること，民間医療機関の経営の安定を図ることを目的とする[10]。そして，民間医療法人は非営利法人と規定された。もし営利法人としたならば病院運営により生じた剰余金は構成員に配当しなければならなくなるが，そうすると財務状況が悪化することにより民間医療機関の経営が不安定になってしまう。そのため民間医療法人は剰余金配当を禁止されることになった[11]。

---

  6) 塚原，前掲書108頁。
  7) 塚原，前掲書108～109頁。
  8) 現行医療法制定前の医療における非営利性に関する法規定については，新田秀樹［1998］「医療の非営利性の要請の根拠」名古屋法政論集175号，22頁以下参照。
  9) 川口恭弘［2009］「医療法人と株式会社」同志社法学60巻7号，872～873頁。
  10) 塚原，前掲書109頁，角瀬保雄［2007］「わが国の医療制度と医療法人制度の改革」経営志林，43巻4号，4頁。
  11) 塚原，前掲書109頁。

第2節　医療法人の営利性と非営利性に関する議論[12]

1　株式会社の営利性

　営利法人の代表的なものは会社法に基づき設立された会社，特に株式会社である。株式会社の営利性の内容については，通説は対外的経済活動により利益を獲得し，その獲得した利益を会社の構成員（株主）に対して分配することであるとする。

　2005年改正前商法の規定では，会社は営利社団法人との明文規定（52条）があったが，現行会社法の規定には明確に会社が営利法人であるとする旨の規定はない[13]。しかし，会社法105条1項で株主の自益権として剰余金配当請求権（会社の存続の場合）および残余財産分配請求権（会社が解散，清算された場合）を規定する。さらに同条2項において株主に剰余金配当請求権と残余財産分配請求権の両方をまったく与えないとする定款規定は無効であると規定している。なお，会社が営利を目的としているとしても，社会通念上相当な範囲で非営利的活動（たとえば，慈善事業へ寄付を行う等）を行うことは可能であると解されている[14]。

2　営利法人による病院経営[15]

　民間病院は現行医療法の規定により非営利法人であるが，現在でも営利法人

---

12) この問題にしては以前から議論がなされており，多くの先行業績が出されている。たとえば，既出の注で示した業績の他に，荒井貴史［2003］「医療サービス供給における「非営利」と「営利」について」尾道大学経済情報論集 VOL.3, NO.2, 65頁以下，名島利喜［2010］「株式会社による病院経営－営利と非営利の間－」三重大学法経論集27巻2号，19頁以下。
13) この点に関しては，落合誠一［2007］「会社の営利性について」『江頭憲治郎先生還暦記念 企業法の理論（上巻）』商事法務，3頁以下および名島・前掲注（12）22～25頁を参照のこと。
14) 株式会社による特定政党への政治献金を有効と認めた八幡製鉄政治献金事件（最高裁判所大法廷　昭和45年6月24日判決　最高裁民事判例集24巻6号625頁）参照。
15) この部分の記述については，北川豊［2014］「2025年に向けた企業立病院の経営戦略に関する一考察―社会医療法人化への航跡―」商大ビジネスレビュー（兵庫県立大学）4巻2号，103頁以下によった。

により経営されている病院が2012年10月現在62病院ある[16]。これらの病院は医療法が制定される以前に設立されたものであり，当初は会社の従業員や家族のための福利厚生施設として設置された。その後地域の一般市民に開放されるようになり，開設者企業の成長にともない病院機能は拡充され，地域によっては公立病院の代替病院としての役割をも果たすようになっている[17]。しかしながら医療法により営利法人による病院開設，経営が不可能となって以来その数は減少してきた[18]。

企業立病院の経営実態に関して，次のような指摘がある。

企業立病院の経営内容は公表されていないが，多くの病院において損失を計上しているといわれている[19]。収支を改善するために多様な取り組みを行う上で，企業立病院特有の病院のガバナンスと人的資源のマネジメントに関する課題が挙げられている[20]。

まず，ガバナンスについては病院の中期計画・予算編成・業績評価等が開設者企業の独自の基準により評価・決定される傾向があり，病院独自の裁量権が少なく院長の権限も限定的であるとされる。たとえば，医療機器等の計画的設備投資，医療政策・医療報酬の動きに合わせた人材確保等病院経営に固有の中長期的展望に立った投資判断が求められるが，開設者企業本社も含めた意思決定過程が重層化し，経営判断についても医療・病院を取り巻く環境の変化を踏まえて決定されるというよりも，開設者企業の経営環境の影響を受けやすくなるのではないかなどの点が指摘され，経営改善のためには病院トップへの権限付与および経営責任の明確化が必要であるとされる[21]。

マネジメントに関しては人的資源管理の問題が指摘される。企業立病院では，人事・給与制度が長期雇用を前提とする企業の規定・水準に準拠され，医師・看護師等の医療専門職を中心とする病院の実態との乖離が大きいため，医

---

16) 北川，前掲書105頁。
17) 北川，前掲書106頁。
18) 北川，前掲書105頁。なお企業立病院の具体的経営戦略についても北川，前掲書117頁以下参照。
19) 北川，前掲書107頁。
20) 北川，前掲書107頁。
21) 北川，前掲書107頁。

療スタッフの評価・給与水準が企業業績に連動する場合には、スタッフのモチベーション維持、人材確保に課題が残ることになる。病院における医療専門職の実態に応じた人事制度を構築する必要があるとの指摘もある[22]。また、事務職の配置についても開設者企業の方針による本社からの定期異動では、病院の経営環境の変化に対応できない可能性もあることから、中長期的視点で経営戦略を構築できる人材養成および確保の必要性が主張される[23]。

3　医療法における非営利性

　医療法人の非営利性に関しては、医療法に明文の規定がある。病院の開設申請がなされたとき（医療法7条1項から3項）、都道府県知事または保健所を設置する市の市長もしくは特別区の区長は申請に係る施設の構造設備、有する人員が厚労省令、都道府県条例に定める要件に適合するときは医療法7条1項から3項の許可を与えなければならない（医療法7条4項）。

　営利を目的として、病院、医院または助産所を開設しようとする者に対しては、4項の規定にかかわらず許可を与えないことができる（7条6項）。

　医療法人は剰余金の配当をしてはならない（54条）。

　しかしながら、医療法上の医療法人の非営利性については徹底されていない面もある。社員の持分の定めがある社団たる医療法人を認めており、定款に社員の退社時に法人に対し持分払戻請求権を、また法人解散時に残余財産分配請求権を行使することが認められている。社員は持分払戻により実質的な経済的利益を得ることが可能であった[24]。

　そこで、医療法人の非営利性を徹底するために2006年に医療法が改正された。新しく設立される医療法人はすべて持分の定めがない法人となり、社員は持分払戻請求をすることができなくなった。また定款により残余財産の帰属すべき者を定める場合には、国や地方公共団体、医療法人等から選定されなければならないとされた。ただし、既存の持分の定めがある医療法人は経過措置医療法人として存続が許されており、持分の定めがない医療法人へ移行すること

---

22) 北川, 前掲書107頁。
23) 北川, 前掲書108頁。

が推奨されるにとどまっているのが現状である。

4　営利法人による病院経営に対する批判

　医療法で医療法人を非営利としたのは，医療法人に営利性を認めると法人が医療行為により利益を獲得した場合，構成員に対して剰余金の配当を行わなければならず，配当のための利益追求が優先されて患者が必要とする医療が行われなくなる懸念があるからである。

　しかし営利法人（たとえば株式会社）による病院経営が認められた場合に，上記のような懸念が現実に生じるか否かについては，次のような議論がある。

　①営利法人は利潤を求めて患者の多い都市部に病院を開設するから，病院の都市部集中により医療供給体制に歪みが生じる。②利潤追求が目的なので支払能力に応じたサービス提供を行うことになることから，低所得者が医療サービスから排除される可能性をある。③営利を求める病院では，耳障りのいい宣伝文句で医療に関する知識に乏しい患者を集め，不必要な検査，投薬，処置を行う，あるいは逆に手抜き診療により不当，違法な利潤追求がなされる可能性がある。④医療費について公的医療保険制度により保障されているが，株式会社が病院を開設した場合，公的性質を有する保険料財源が株主への配当として個人財産となるということに問題がある。⑤営利を追求する病院を認めると公的医療保険制度により医療費が保障されていることから，医療費高騰や医療保険財政の悪化を招く懸念が指摘されている。

　これらの問題に対して反論がなされている。すなわち，①に対しては非営利

24）従来医療法人の定款に「社員資格を喪失した者は，その出資額に応じて払戻しを請求することができる」旨の規定が置かれていた。この「出資額に応じて払戻しを請求」という部分について，持分の評価法に関する出資額説と出資割合説が対立していた。出資額説は出資した金額の払戻しをすることであり，出資割合説は医療法人の総財産の評価額に総出資額中の当該出資額が占める割合の金額を掛けて算定される金額の払戻しをすることである（川口，前掲書884～885頁，表宏機・原田謙司［2017］『新　医療法人制度の解説』日本法令，106～107頁）。最高裁判所第一小法廷　平成22年4月8日判決　判例時報2085号90頁，判例タイムズ1327号75頁は出資割合説を採用した。出資割合説によれば払戻金額が多額になる可能性もあることから，医療法人が非営利法人として剰余金配当が禁止されていたにもかかわらず，実質的な配当となっていた。2006年医療法改正により新しく設立される医療法人はすべて「持分の定めがないもの」となった。

の病院についても地域的偏在の問題はあり，どこでも自由に開業できる自由開業医制度に起因する問題である。②については，国民皆保険制度のもとでの高額医療費制度や生活保護における医療扶助制度等が適用されれば，低所得者が医療サービスから排除される可能性は小さい。③においては，日本の医療サービスの質については，医師免許をはじめとする医療従事者の資格要件の設定及び無資格者の医療禁止・制限，医療施設の設備・人員基準の設定，保険診療における診療方針の設定，さらに保険診療における診療報酬・薬価基準の設定，保険医療機関からの請求に関しても担当機関による審査がなされているから，営利を求める病院に対しても十分に対応可能である。⑤の問題においても，出来高払いの公的医療保険制度下では非営利の病院であっても生じる問題である，というものである[25]。

　他にも営利法人による病院経営を否定する理由として，①病院，医療に関するイメージと営利という言葉に関するイメージとの間にある大きな差，すなわち営利という言葉に関しては金儲け主義，利益追求といったイメージがあり，コスト削減のために不採算部門の閉鎖や医療の質の低下を招くのではないかといった危惧がある。②公益性に馴染まない。医療には公益性が認められるが，営利法人による病院経営では公益が損なわれる危険性がある。③医療の不採算分野を保護する必要がある。営利法人であれば採算性の高い分野（診療科目）や地域に限定して経営することになり，採算が取れない小児科やへき地医療などの活動を行わなくなるため，利益となる部分のみをすくい取る「クリームスキミング」となって非営利病院の経営を脅かすことになる。④医療費の増加につながるおそれがある。現行医療保険制度（出来高払いの診療報酬制度）のもとでは，非営利の病院においても不要な検査や投薬等による医療費増加の問題が生じているのであるから，営利法人経営の病院が参入することになれば利益を増やすために，不急・不用な検査，投薬，不正な請求等の問題がさらにエスカレートするのではないかという懸念が挙げられている。

　しかし，上記①については，問題が発生していないのにイメージだけでは新規参入を禁止する根拠とならない，②の点については，公益性が要求されるか

---

25) 新田，前掲書45～50頁。

ら営利病院を排除することは杓子定規すぎるという反論がある。③の点については、保険医療制度のもとで診療報酬体系の設定の見直し（診療報酬点数の加算）か、財政補助により対応するべきである、④の点において営利法人が経営を行うことから発生する問題ではなく、非営利法人病院の経営においても現実に生じている問題である、といった批判がなされている[26]。

逆に非営利の医療法人であっても、次のような実質的に剰余金配当に当たる場合があることも指摘されている。まず、医療法人の理事長はじめ社員に対して高額な報酬を支払うことや、社員等が所有する医業用土地・建物に高額な賃貸料が支払われるなどの事例がある。また、医療法人関係者が医療周辺サービスを行う営利法人（MS法人）を設立し、医療法人が当該MS法人と取引を行うことで所得を分散し、出資者がそこから配当を受け取るということも可能である。さらに、株式会社形態を採用するMS法人であれば、医療法人の関係者が出資した株式を外資系医療機器会社等が買い取ることにより当該法人を子会社化し、これを通じて医療法人の経営を実質的に支配することにより両法人間で不適切な取引を行う事例もあったということである[27]。

おわりに

営利法人による民間病院の開設・経営を認めるべきか否かについては、長い期間議論がなされてきたが、賛否両論があって結論は出ていない。

政府による規制改革に関する会議や産業界からは、株式会社による医療機関の開設・経営について認めるべきであるとする主張もなされているが、厚生労働省や医療関係者からの反発により実現には至っていない[28]。

しかし、構造改革特別区域法18条に医療法の特例が規定され、高度医療の提供促進の必要性を認め一定の要件を満たした上で内閣総理大臣に認定を申請し認定された場合、株式会社が特区内で病院または診療所の開設許可申請を行っ

---

26) 荒井、前掲書69～70頁。
27) 塚原、前掲書113頁、角瀬、前掲書8頁。
28) 米村滋人［2016］『医事法講義』日本評論社、72頁、荒井、前掲書74頁、川口、前掲書870頁。

たときには，都道府県知事，市または特別区の区長は医療法7条6項の規定（営利を目的として病院等を開設しようとする者に対しては，開設許可を与えないことができる）にかかわらず許可を与えることができるとする。

　日本ではこれまで経験したことのない少子化，高齢化が進行している。国の人口が減少に向かい始めたが，都市部よりも地方の人口減少が顕著となり，医療を安定的，継続的に提供し地域医療を担っていくために，病院の経営をどのようにして安定させるかという問題が重要となってきている。医療法人を非営利法人に限定している規制を緩和するか否かについても，さらなる議論を進めていく必要があると考える。

第4章

医療計画策定実務に対する公法学的検討

はじめに

　医療法1条は「医療を受ける者の利益の保護及び良質かつ適切な医療を効率的に提供する体制の確保を図り，もつて国民の健康の保持に寄与することを目的とする」と規定しているが，実際には医師不足や医師の偏在等による地域医療の崩壊が指摘されて久しい。こうした現状に対し，国民の健康で文化的な最低限度の生活を営む権利を保障している憲法を研究対象とする憲法学や，現代の行政活動において医療計画等の行政計画が極めて重要な機能を果たしている現実を「法律による行政の原理」という伝統的な理論枠組みに問題を投げかけるものとして受け止めている行政法学をはじめとする公法学は，如何なる貢献をなしうるのか。こうした問題意識のもとに，本稿は，都道府県が地域の実情に応じて当該都道府県における医療提供体制の確保を図るために定める医療計画に対する司法審査の可能性を検討することにより，現在，第七次医療計画の策定にあたっている各都道府県（の実務担当者）に対し，ひいては地域医療の充実に対して，公法学が幾ばくかの貢献をなしうることを明らかにするものである。

第1節　医療法上の医療提供体制

1　医療計画導入の背景

　1948年に制定され，わが国における医療制度の基本法としての機能を有する

に至った医療法は[1]、医療の質的・量的確保を目的に自由開業制を基本としてきたが、公的病院の計画的な配置が必ずしも行われてこなかったことなどから、1970年代以降、病院の都市部への集中等による医療資源の偏在が社会問題化してきた。そこで、医療資源の地域偏在の是正と医療機関の連携の推進を図るため[2]、医療法は1985年に改正され（第一次改正）、都道府県に医療計画の策定を義務づけたのである。

2　医療計画の具体的内容

　医療法において医療計画は、良質かつ適切な医療を効率的に提供する体制の確保を図るために、厚生労働大臣が定める基本的な方針に即して、かつ、地域の実情に応じて、当該都道府県における医療提供体制の確保を図るために、都道府県が定める計画であると規定されているが（医療法30条の3・30条の4）、その具体的内容については、医療法の改正のたびに充実が図られてきた。

　上記第一次改正では、地域的偏在の是正を図るために医療圏を設定し、病床の種別ごとに必要病床数（第四次改正において基準病床数に改められた）や医療機関の機能連携、医療従事者の確保等を定め、病床過剰地域では病院開設・増床・病床の種別変更に関して都道府県知事による勧告権限（勧告に従わない場合には保険医療機関の指定を行わない）が定められた（同法30条の11）[3]。次に、1997年の第三次改正では医療計画の記載事項に、地域医療支援病院や療養型病床群に係る病床等の整備目標、医療施設の相互の機能分担・業務連携に関する事項、救急医療の確保に関する事項、へき地の医療確保に関する事項、その他医療提供体制確保に関し必要な事項が追加された[4]。そして、急性期から回復期、在宅医療等に至るまで、患者の状態等にふさわしい医療サービスを切れ目なく提供できるようにすることを目的とした2006年の第五次改正においては、4疾病（脳卒中・がん・心筋梗塞・糖尿病）・5事業（救急医療・災害医療・へき地医療・小児医療・周産期医療）について、具体的な医療連携体制を構築す

1）米村慈人『医事法講義』（日本評論社・2016年）79頁。
2）島崎謙治『日本の医療―制度と政策』（東京大学出版会・2011年）96～97頁。
3）稲盛公嘉「医療提供体制の確保に関する医療法の展開」法律時報89巻3号（2017年）26頁。
4）稲盛・前掲注3・26頁。

ることが求められるようになった[5]。その後，2013年の第六次改正により，精神医療と在宅医療が追加され，また団塊の世代が75歳以上となる2025年に向けて病床の機能分化・連携を進めるため，都道府県が医療機能ごとに2025年の医療需要と病床の必要量を推定して定める地域医療構想の内容とその達成に向けた施策についても記載されることになった[6]。

このように，医療計画においては，病床数に着目した医療施設の量的なコントロールという視点が重要な要素となってきたが，その一方で，導入当初と比べて内容が拡充された現在の医療計画においては，医療施設の量だけではなく，病床の機能分化や疾病別・分野別の具体的な目標設定等，より医療の質に踏み込んだ内容のものとなりつつあり，地域医療において医療計画が果たすべき役割はますます重要なものになってきている。そうしたことから医療法は，医療計画の実効性を確保するために，3年ごとの調査，分析および評価を行うこととし（同法30条の6），また医療提供施設の開設者および管理者に必要な協力を行う努力義務を課し（同法30条の7），国にも必要な措置を講ずる努力義務を負わせ（同法30条の10），医療計画に基づく事業に要する費用の一部の補助をなしうることと規定している（同法30条の9）。

3　医療計画における病床規制に対する評価

上記のような医療計画——特に病床規制に関しては，その妥当性をめぐって活発な議論が交わされている。島崎謙治教授は「病床規制が導入された1985年当時は老人病院が急増していた時期であり病床規制の意義はあった」が，今日の医療を取り巻く状況は当時とは大きく異なっており，「病床規制の意義・効果は相対的に薄れている」点や，「特定診療科の専門病院が不足していながら，病床過剰地域であるために開設できない」等の事態が生じていて，「許可病床が既得権化しており，むしろ地域医療の高度化や病床集約化の阻害要因となっている」点等から，医療計画に基づく病床規制の存在意義を検証すべきであると提言している[7]。

---

5) 島崎・前掲注2・99頁。
6) 稲盛・前掲注3・26頁，島崎・前掲注2・99頁，米村・前掲注1・84頁。
7) 島崎・前掲注2・374頁。

第2節　医療計画に対する司法審査

1　医療計画の違法性を争う訴訟形式

　上記のように，地域医療における医療計画の役割の重要性がますます高まっている現状を考えると，医療計画の違法性が問題となる事態が生じた場合には，違法な医療計画の早期是正を図り，それにより権利を侵害されるおそれがある者に対し，適切な救済手段を提供する必要がある。現行の行政訴訟制度のもとでは，医療計画を含む行政計画の違法性を争うためには，それが私人の法的利益に直接の影響を及ぼす限りにおいて，行政処分として抗告訴訟の途に乗せるか，行政立法としてそれに基づく個別行為を争う過程で間接的にその効果を攻撃する方法が考えられる[8]。

2　医療計画の処分性

　しかしながら，医療計画を含む行政計画は，行政機関内部の意思決定である策定過程に始まり，段階を経て計画内容が具体化するとともに，国民に対する法的拘束力を強めていくという性質を有しているため，医療計画をはじめとする行政計画のいかなる段階の作用を捉えて，取消訴訟や無効確認訴訟の対象としての「処分性」を認めるべきかが問題となる[9]。この点につき最高裁は，医療法上，病床過剰地域において病院開設・増床・病床の種別変更を行おうとする者に対して都道府県知事が行う勧告（勧告に従わない場合には保険医療機関の指定を行わない）で，①病院開設中止の勧告と，②開設申請に係る病床数の病院が開設されると医療計画で定められている当該区域における必要病床数を超えることを理由として，当該病院の病床数を削減することを求める勧告は，抗告訴訟の対象となる行政処分に当たるとの判断を示している[10]。

---

[8] 藤田宙靖『行政法総論』（青林書院・2013年）337頁。
[9] 松村信夫「行政計画の司法審査」自由と正義57巻3号（2006年）13頁。
[10] ①については最判平成17年7月15日民集59巻6号1661頁，②については最判平成17年10月25日集民218号91頁。

3 原告適格

また、取消訴訟の原告適格について行政事件訴訟法9条1項は「当該処分又は裁決の取消しを求めるにつき法律上の利益を有する者」に限り、取消訴訟を提起できると規定し、同条2項においては、処分または裁決の相手方以外の者について「法律上の利益」を有するか否かの判断をする際の解釈指針が明示されている。この点について、医療法に基づく病院の開設許可に関して、当該病院の開設地の市またはその付近において医療施設を開設している医療法人、社会福祉法人および医師ならびに医師会がその取消を求めた訴訟において最高裁は、「取消訴訟の原告について（医療）法30条の3が都道府県において医療計画を定めることとした目的は、良質かつ適切な医療を効率的に提供する体制を確保することにあると解されるから、同条が他施設開設者の利益を保護する趣旨を含むと解することもでき」ず、「そのほか、上告人らが本件開設許可の取消しを求める法律上の利益を有すると解すべき根拠はみいだせない。そうすると、上告人らは、本件開設許可の取消しを求める原告適格を有しない」との判断を示している[11]。

4 計画裁量に対する司法審査

上記最高裁判例のように、医療法上、病床過剰地域において病院開設・増床・病床の種別変更を行おうとする者に対して都道府県知事が行う勧告が取消訴訟の対象となるとしても、医療計画は他の行政計画と同様、その策定にあたってはさまざまな面での配慮を尽くし、関連計画との調整を図ること（30条の4第10項・11項等）、現状のみならず将来予測を含む判断を行うこと（30条の4第5項等）、一体かつ総合的に定めることが求められるため、都道府県に広範な裁量が認められると考えられている（計画裁量）[12]。医療計画の策定にあたって都道府県に広範な裁量が認められるといっても、裁量権の逸脱または濫用があると判断されれば、医療計画も違法の評価を受けることになる[13]。こ

---

11) 最判平成19年10月19日集民226号141頁。
12) 大橋洋一『行政法Ⅰ　現代行政過程論［第3版］』（有斐閣・2016年）155頁。
13) 大橋・前掲注12・155頁、原田大樹『演習　行政法』（東京大学出版会・2014年）44頁。

うした行政裁量の統制手法の区分については未だ共通理解はないが，多くの学説は「裁量権の行使の結果が社会観念上著しく妥当性を欠く場合に違法とする社会観念審査」，「行政機関の判断過程の中で考慮すべき要素が考慮されているかを審査する実体的判断過程統制」，「行政機関の判断過程に過誤・欠落があるかどうかを審査する判断過程の過誤欠落審査」の3つの審査手法に分類し，利益衡量的な性格が強い決定の場合には「実体的判断過程統制」が用いられ，専門性・技術性に基づく比較的広範な要件裁量が認められている場合には「判断過程の過誤欠落審査」が用いられると主張している[14]。これを医療計画の性質から考えてみると，上記で述べたように医療計画の策定にあたっては，さまざまな面での配慮を尽くし，関連計画との調整を図ることや，学識経験者の団体等の意見を聴いた上で現状のみならず将来予測を含む専門的科学的知見に基づいた判断を行うこと等が求められるため（30条の4第13項），医療計画の違法性が問われる裁判においては「実体的判断過程統制」または「判断過程の過誤欠落審査」が用いられる可能性が高いと考えられる。

5　実体的判断過程統制

　実体的判断過程統制とは，行政機関の判断過程に着目し，その判断のなかで考慮すべき要素が考慮されているかを審査する判断手法であるが，具体的には，考慮事項を考慮したかどうかを審査する場合（考慮不尽・他事考慮）と，考慮事項の重み付けの適否をも審査する場合（過大考慮・過少考慮）とがある[15]。

　医療計画について実体的判断過程統制が行われた裁判例は管見の範囲では見当たらないが，医療計画と同様に，公益の実現のため，さまざまな面での配慮を

---

14) 原田・前掲注13・44頁。この点につき中川丈久教授は滝井繁男元最高裁判事へのインタビューのなかで「明らかに最高裁はそういうふうには使っていない」と述べ，滝井元判事も同意している。佐藤幸治＝泉徳治編『行政訴訟の活発化と国民の権利重視の行政へ』（日本評論社・2017年）108頁。中川教授はまた，藤田宙靖元最高裁判事へのインタビューにおいても，「『社会観念に照らし著しく妥当を欠く』が緩やかな審査で，『判断過程に看過し難い過誤』が厳しい審査であるという対比は，行政法学者の単なる妄想だったのではないか」と問うたのに対し，藤田元判事も「結論から言うと妄想ですね」と応じている。藤田宙靖『裁判と法律学』（有斐閣・2016年）318頁。

15) 原田・前掲注13・45〜46頁。

尽くし，関連計画との調整を図った上で，政策的，技術的な見地から策定される都市計画の内容の適否について最高裁は，以下のような判断を示している[16]。

「都市計画法は，都市計画について，健康で文化的な都市生活及び機能的な都市活動を確保すべきこと等の基本理念の下で（2条），都市施設の整備に関する事項で当該都市の健全な発展と秩序ある整備を図るため必要なものを一体的かつ総合的に定めなければならず，当該都市について公害防止計画が定められているときは当該公害防止計画に適合したものでなければならないとし（13条1項柱書き），都市施設について，土地利用，交通等の現状及び将来の見通しを勘案して，適切な規模で必要な位置に配置することにより，円滑な都市活動を確保し，良好な都市環境を保持するように定めることとしているところ（同項5号），このような基準に従って都市施設の規模，配置等に関する事項を定めるに当たっては，当該都市施設に関する諸般の事情を総合的に考慮した上で，政策的，技術的な見地から判断することが不可欠であるといわざるを得ない。そうすると，このような判断は，これを決定する行政庁の広範な裁量にゆだねられているというべきであって，裁判所が都市施設に関する都市計画の決定又は変更の内容の適否を審査するに当たっては，当該決定又は変更が裁量権の行使としてされたことを前提として，その基礎とされた重要な事実に誤認があること等により重要な事実の基礎を欠くこととなる場合，又は，事実に対する評価が明らかに合理性を欠くこと，判断の過程において考慮すべき事情を考慮しないこと等によりその内容が社会通念に照らし著しく妥当性を欠くものと認められる場合に限り，裁量権の範囲を逸脱し又はこれを濫用したものとして違法となるとすべきものと解するのが相当である。」

この最高裁判例は，都市計画のような非常に多岐にわたる情報を総合的に処理して策定される行政計画の特性からして，法律はその判断を行政裁量に委ねているという論理を示しているが，そのような特性は医療計画にも当てはまる

---

16) 最判平成18年11月2日民集60巻9号3249頁。

と思われる。ただし，その場合でも「(裁量権行使)の基礎とされた重要な事実に誤認があること等により重要な事実の基礎を欠くこととなる場合」や「事実に対する評価が明らかに合理性を欠く」場合，「判断の過程において考慮すべき事情を考慮しないこと等によりその内容が社会通念に照らし著しく妥当性を欠くものと認められる場合」には，「裁量権の範囲を逸脱し又はこれを濫用したものとして違法」の評価を受けることになる。

また，考慮要素について最高裁は，同じく都市計画決定に関して，以下のような判断を示している[17]。

「旧都市計画法は，都市施設に関する都市計画を決定するに当たり都市施設の区域をどのように定めるべきであるかについて規定しておらず，都市施設の用地として民有地を利用することができるのは公有地を利用することによって行政目的を達成することができない場合に限られると解さなければならない理由はない。しかし，都市施設は，その性質上，土地利用，交通等の現状及び将来の見通しを勘案して，適切な規模で必要な位置に配置することにより，円滑な都市活動を確保し，良好な都市環境を保持するように定めなければならないものであるから，都市施設の区域は，当該都市施設が適切な規模で必要な位置に配置されたものとなるような合理性をもって定められるべきものである。この場合において，民有地に代えて公有地を利用することができるときには，そのことも上記の合理性を判断する一つの考慮要素となり得ると解すべきである。」

医療計画策定における考慮要素については，医療法において比較的詳細に規定されてはいるが，医療計画策定にあたり考慮すべき要素はそれ以外にもありうる点と，医療計画の合理性の基礎となる事実も判断されうる点，そしてそれらを踏まえて合理的に判断したことを行政側がしっかりと説明できるはずだと裁判所が考えている点を，現在，第七次医療計画の策定にあたっている各都道府県の実務担当者は理解しておく必要があるだろう。

---

17) 最判平成18年9月4日集民221号5頁。

6 判断過程の過誤欠落審査

判断過程の過誤欠落審査とは，実体的判断過程統制と同様に，行政機関の判断過程に着目するものであるが，考慮事項に注目する実体的判断過程統制とは異なり，判断手続面に焦点を当てて，判断過程に過誤・欠落があるかどうかを審査する（判断手続の問題点の有無を審査する）判断手法である。医療計画について判断過程の過誤欠落審査が行われた裁判例は管見の範囲では見当たらないが，医療計画と同様に，学識経験者等の専門家が参加する行政手続が設定され，このことと行政裁量が認められる趣旨とが密接に関係している生活保護の老齢加算を段階的に廃止する旨の告知の違法性が争われた事件において最高裁は，以下のような判断を示している[18]。

「保護基準中の老齢加算に係る部分を改定するに際し，最低限度の生活を維持する上で老齢であることに起因する特別な需要が存在するといえるか否か及び高齢者に係る改定後の生活扶助基準の内容が健康で文化的な生活水準を維持することができるものであるか否かを判断するに当たっては，厚生労働大臣に上記のような専門技術的かつ政策的な見地からの裁量権が認められるものというべきである。」

「老齢加算の減額又は廃止の要否の前提となる最低限度の生活の需要に係る評価や被保護者の期待的利益についての可及的な配慮は，……専門技術的な考察に基づいた政策的判断であって，老齢加算の支給根拠及びその額等については，それまでも各種の統計や専門家の作成した資料等に基づいて高齢者の特別な需要に係る推計や加算対象世帯と一般世帯との消費構造の比較検討がされてきたところである。これらの経緯等に鑑みると，老齢加算の廃止を内容とする保護基準の改定は，①当該改定の時点において70歳以上の高齢者には老齢加算に見合う特別な需要が認められず，高齢者に係る当該改定後の生活扶助基準の内容が高齢者の健康で文化的な生活水準を維持するに足りる

---

[18] 最判平成24年2月28日民集66巻3号1240頁。

ものであるとした厚生労働大臣の判断に，最低限度の生活の具体化に係る判断の過程及び手続における過誤，欠落の有無等の観点からみて裁量権の範囲の逸脱又はその濫用があると認められる場合，あるいは，②老齢加算の廃止に際し激変緩和等の措置を採るか否かについての方針及びこれを採る場合において現に選択した措置が相当であるとした同大臣の判断に，被保護者の期待的利益や生活への影響等の観点からみて裁量権の範囲の逸脱又はその濫用があると認められる場合に，生活保護法3条，8条2項の規定に違反し，違法となるものというべきである。」

　この最高裁判例は，生活扶助基準の改定のような専門技術的かつ政策的な見地からの判断が求められる場合には，行政に比較的広範な裁量権が認められるとの判断を示しているが，そのような特性は医療計画にも当てはまると思われる。ただ，その場合でも「（医療計画策定に係る行政の）判断の過程及び手続における過誤，落の有無等の観点からみて裁量権の範囲の逸脱又はその濫用があると認められる場合」や，「（医療計画策定に係る行政の）判断に，地域住民の生活への影響等の観点からみて裁量権の範囲の逸脱又はその濫用があると認められる場合」には，違法の評価を受けることになる。

　ここで注目されるのが，行政活動の専門技術性が高度なものになるにつれ，実定制度上，行政は学識経験者等で構成される第三者機関による判断を尊重した上で処分を下すという仕組みが採用されており，必ずしも行政が専門技術的判断を専管的になしうるという図式には，法制度上なっていないことが多いという三浦大介教授の指摘である。その上で三浦教授は，「そこで極論すれば，行政庁には，専門技術的判断を担う第三者機関を構成する専門家の人事権の行使についての裁量はあるが，法の許容する実体的意味での専門技術裁量は，かかる専門家による合議体の判断に対してである，ということになろう」，「その一方，裁判実務においては，専門技術的判断が争点となる場合，被告たる行政庁側の判断に不合理な点がない場合には，行政庁の当該判断を優先させる態度をとる」が，「原告側には何らかのかたちで専門家が参与することが常である」から，「そこには専門家同士の見解の相違があるにすぎず，裁判所が行政側の判断を尊重する必然性はどこにもないはずである」と述べている[19]。

第4章　医療計画策定実務に対する公法学的検討　59

　上記最高裁判例や三浦教授の指摘からすると，医療計画策定の場面のように，学識経験者等の専門技術的判断を尊重した上で，行政が医療計画を策定したからといって必ずしも裁判所の審査が緩くなるわけではないという点も，現在，第七次医療計画の策定に当たっている各都道府県の実務担当者は理解しておく必要があるだろう。特に，老齢加算の廃止に関する最高裁判例が，専門委員会等における議論を比較的詳細に検討している点や，学説において専門家委員会の中間とりまとめから時間を置かずに告示が定められたことに，行政による調査・検討の不足が指摘されている点には留意すべきである。

おわりに

　とはいえ，医療計画は将来発生する事実の評価にかかわるものであり，裁判所の審査が行われる時点においては，未だこれを客観的に判断する材料がない状態であるため，裁判所による審査密度は緩くならざるを得ないのではないか，という指摘もありえよう。確かに，医療計画に対する司法審査においては，上記で述べたような手続的な瑕疵の存否の他，予測のもとになった資料の選択，評価ないし予測の手法等が審査の対象となるが，それについての行政の判断の幅は広くならざるを得ず，裁判所としては厳しく審査することに躊躇を覚えると思われる。ただ，そうした場合でも，近時の行政法学においては「最良の判断条件充足義務」違反を問う可能性を追求すべきであるとの主張がなされている。最良の判断条件充足義務とは，たとえ将来予測を伴う行政決定であっても，その将来予測にあたり，行政は公明正大・熟慮・資料収集のいずれに関しても最良の条件下に身を置く義務，すなわち適切な判断をなすために最良の条件を整える義務があり，当該義務を怠る場合には結果として行政の決定は違法になるという考え方である[20]。こうした議論が，近時の行政訴訟において行政判断の合理性の基礎となる事実をしっかり認定していく姿勢を裁判所

19）三浦大介「行政判断と司法審査」磯部力＝小早川光郎＝芝池義一編『行政法の新構想Ⅱ』（有斐閣・2008年）118頁。

20）三浦・前掲注19・128～129頁，山村恒年『行政法と合理的行政過程論―行政裁量論の代替規範論』（慈学社出版・2006年）289～294頁。

がとりはじめている点と共鳴しうることを[21]，各都道府県の実務担当者は理解しておくべきであろう。同時に公法学には，裁判所が将来予測型の行政判断に対する審査手法として最良の判断条件充足義務違反の理論を用いることができるように，精緻な検討を進めていくという重い課題が課せられているのである。

---

21) 佐藤＝泉・前掲注14・92頁。

第5章

国民皆保険制度の将来
―― 米国と日本

はじめに

　6月30日（2017年）付の日本経済新聞（電子版）によれば，医師向け情報サイトであるメドピアと日経新聞が，全国の約1,000人の医師を対象に行った調査の結果，「現状の皆保険制度に基づく医療は今後とも持続可能と思うか」という質問に対して，52％の医師が「そうは思わない」と回答したという。理由としては，高齢者を中心とする医療費の高騰，医療の高度化等が多かった。すなわち，半数以上の医師が，日本の国民皆保険制度の持続可能性に対して，疑問を呈したことになる。

　以上の調査結果からも明らかなように，今後国民皆保険制度が持続可能なのか否か，という問題は，日本において重要な政治課題になりつつある。本論では，国民皆保険制度が十全な形では存在していない米国の事例を参照しつつ，そこから日本の現状を概観しながら，この問題について検討を加えることを目的としている。具体的には，国民皆保険制度が十全な形で存在してはいない，米国の現状とその直面する課題についての概観を通じて，日本の国民皆保険制度の将来について展望したい。

　米国では2010年3月，バラク・オバマ政権のもと，歴史上初めて国民皆保険制度の実現を目指す改革が成立した。しかし，改革は他の先進諸国と比較すると「不徹底」であり，その結果，米国は今後も，①無保険者問題と②医療費高騰問題，という2つの課題を抱え続けることになる。他方，他の先進諸国と同様，日本では早くから国民皆保険制度が実現し，こうした問題からは相対的に無縁だった。しかし現在，制度は空洞化しはじめており，米国と同じ課題に直

面しつつある。今後，日本が国民皆保険制度を持続可能なものとできるか否かは，この２つの問題を解決できるか否か，にかかっているといってよい。

以上が，本論文の要旨である。

第１節　米国オバマ政権の国民皆保険制度改革

周知のように，米国では，歴史上長い間，国民皆保険制度が存在してこなかった。皆保険制度を導入しようとする試みは，すでに1910年代から存在してきたが，おしなべて失敗に終わってきたのである。その意味で，2010年の３月23日に，民主党バラク・オバマ政権のもとで，国民皆保険の実現を目指す法案が可決成立したことは，まさに歴史的な快挙といってよい。

米国の医療保険制度の特徴は，以上のような国民皆保険制度の不在だけではない。日本やヨーロッパ諸国とは異なり，公的医療保障制度が限定的であり，民間保険が中心な点も，重要な特徴である。実際，米国では主な公的医療保障制度としては，65歳以上の高齢者および障がい者を対象としたメディケアと，貧困層を対象としたメディケイドの２つしか存在しない。国民の大半は，企業雇用主が保険料の大半を負担することによって契約した民間医療保険プランに加入する。しかし，民間保険プランに加入する経済的余裕がなく，公的医療保障制度に加入資格のない人間は，無保険者となるしかない。その結果，4,000万人以上の無保険者が存在してきた。

オバマ政権の医療改革は，以下の諸政策により，こうしたシステムを修正し，国民皆保険制度（に近い状態）を実現しようとするものである。

① **保険加入の義務づけ**：大半の米国市民及び合法的居住者は，民間保険であれ公的プログラムであれ，何らかの保険に加入することが義務づけられる。加入しなければペナルティが課される。

② **医療保険取引所の創設**：民間保険を購買するための市場を創設し，個人および中小企業が手ごろな値段で，また自らの自由な選択を通じて保険を購買できるようにする。

③ **低・中所得者層を対象とする財政的支援の提供**：医療保険取引所を通じて保険に加入する低中所得者を財政的に支援するための，税額控除・補助

金を提供する。
④ **公的医療扶助制度であるメディケイドの拡張**：新たに連邦の貧困レベル138％以下のすべての国民に受給資格が付与される。
⑤ **民間保険の規制**：病歴や健康状態によって，保険加入を拒絶したり打ち切ることを禁じる。
⑥ **主な財源**：財源は，高額医療保険プランに対する課税，メディケア社会保障税の引き上げ，製薬産業・民間保険業界に対する資金拠出の義務づけや医療機器に対する課税，メディケア予算の削減等によって賄う[1]。

第2節 改革以降も残存する問題①：無保険者問題

　以上，オバマ政権の国民皆保険制度改革について，概観してきた。重要な点は，この改革があくまで国民皆保険に「近い」制度の実現を目指すものであり，国民皆保険「それ自体」を実現するものではない点である。実際，議会予算局の見積もりによれば，2019年時点でも，およそ2,200万人が無保険者のまま取り残される，とみなされている[2]。

　改革後も残存する無保険者の第一は，不法移民であり，彼らはメディケイドへの加入が禁じられるとともに，自らの金銭を用いても医療保険取引所において保険を購買することはできない。当然，連邦政府から保険料税額控除を受給することもできない。すなわち，医療保険取引所における保険の購買は全面的に禁止される。したがって，無保険者となる可能性が極めて高い。第二は，連邦政府から補助金をもらっても未だ民間保険への加入コストが高すぎるとみなすとともに，メディケイドに受給資格を持つほどは貧しくない人々である。第三は，民間保険を購買するだけの経済的余裕があるにもかかわらず，ペナルティを支払うというより安価な選択肢を選ぶ健康な人間である。すなわち米国は，先進諸国の中で唯一，今後も多くの無保険者を抱え続けることになるのである。

---

1) 詳しくは，拙著『オバマ政権の医療改革』（勁草書房，2013年），第2章を参照されたい。
2) Theodore R. Marmor and Jonathan Oberlander, "The Health Bill Explained at Last," *The New York Review of Books*, August 19, 2010.

実際，カイザー家族財団が行った調査によると，2014年の本格的実施に基づいた，非高齢者層における無保険者の数は，4,110万人（2013年）から3,230万人（2014年）に減少したにとどまっている[3]。

このように，オバマ政権の改革以降も，無保険者問題は残存し続ける。しかしながら，無保険者問題は，そもそもなぜ「問題」なのだろうか。第一は，無保険者のアクセスをめぐる問題（受診抑制）である。同財団の調査結果によれば，①無保険者は有保険者よりも，必要な医療を受けることに関して，より多く問題を抱えている，と自ら報告する傾向にある，②無保険者は有保険者と比較して，よりタイムリーなかたちで予防医療を受けることができない，③医療にかかるコストゆえに，多くの無保険者は，推奨された医療供給者から治療を受けていない，④無保険者は有保険者よりも，規則的に外来医療を受けない傾向にあるため，回避可能なはずの医療上の問題によって入院し，健康全体の低減を経験する傾向にある，などの結果が出ている[4]。

第二は，無保険者の医療費問題である。米国の場合，上述の受診抑制を背景に，無保険者たちは症状が深刻化してから救急救命室に駆け込むケースが多いが，救急救命室に患者が運び込まれた際には，医療保険に未加入であっても，治療を拒否することは法律上できない。そうした無保険者の治療に要した費用は，一時的には医療機関が負担する。こうした未払いの医療費をめぐる問題が深刻なのは，それが政府の負担増につながるだけでなく，最終的には，雇用主や消費者などにコスト・シフティングされるためである。医師や病院は，無保険者の未払い分の医療費を，その分支払い能力のある患者や雇用主に対して転嫁し，料金を水増しする傾向にある。そして，こうした保険料の高騰は，ますます企業雇用主による従業員への保険給付の提供や，個人による民間保険の購買を困難にするため，無保険者の増加をもたらす。

カイザーが行った調査は，2013年度における，こうした未払いの医療費に関して，以下の4点を指摘している。

---

3) The Kaiser Commission on Medicaid and the Uninsured, "The Uninsured: A Primer," November 2015.
4) *Ibid.*

（1） 平均して，一年中無保険である人々は，有保険者である人々よりも，使用する医療費はかなり少ない。2013年度で，平均的な無保険者は，平均的な有保険者の半分程度の医療費しか使っていない（2,443ドル対4,876ドル）。

（2） 2013年度時点で，無保険者に提供された未払いの医療費の総額は849億ドルだった。この未払いの医療費には，直接的な支払い源なしの医療サービスが含まれる。他方，無保険者は，自らの医療費の自己負担分について2,580億ドルを支払っている。

（3） 未払いの医療費の大半（60％）は，病院で提供されたサービスに関するものである。コミュニティに基盤を置いた提供者（クリニックや医療センターを含む）と診療所に基づいた医師が，残りの医療費を支払っている。前者が26％，後者は14％である。

（4） 2013年時点で，医療提供者が未払い医療費を支払うことを補助するために，533億ドルが出費されている。これらの資金の大半（328億ドル）は，メディケイド，メディケア，退役軍人医療制度，その他のプログラムなどの多様なプログラムを通じて，連邦政府によって支出されている。他方，州政府や地方自治体が198億ドルを提供し，民間セクターが7億ドルを提供している[5]。

第3節　改革以降も残存する問題②：医療費の高騰問題

では次に，オバマ政権以降も残存する第二の問題とは何か。それは，医療費の高騰問題である。他の先進諸国と比較して，米国の医療費にずば抜けて高い。

その背景要因の第一は，技術革新である。米国では，技術革新の成果がより広範に普及する傾向にあり，また高度な医療技術の利用頻度も高い。第二の要因は，管理運営コストの増大である。国際比較的な見地からみても，米国の医

---

5) The Kaiser Commission on Medicaid and the Uninsured, "Uncompensated Care for Uninsured in 2013: A Detailed Examination," May, 2014.

療保障制度は極めて複雑であり，医療費を拠出・管理するためのシステムも多元的である。何千もの支払者が多くの企業や個人と契約し，各自異なる医療費支払いシステムのもとに，医師や病院に対して診療報酬の支払いを行っている。こうした複雑で多元的な医療保障制度と，それにともなう管理運営コストの増大が，米国の医療費を押し上げる要因になっている。第三の要因は，医療供給者の規制が遅れてきた点である。多くの国々では，政府が全体的な医療費の予算枠を設定し，そのもとに医療供給者の診療活動や診療報酬をコントロールしてきた。たとえば，カナダでは，予算総枠制度のもとに，政府が単一の支払者として，病院や医師に対する支払価格を統制してきた。しかし米国では，こうしたシステムが発展しては来なかった。

　オバマ政権の医療改革には，他の先進諸国の国民皆保険制度と比較して，こうした高騰する医療費に対する抑制措置が不十分である。改革のなかには，以下の医療費抑制措置が盛り込まれている。

① **バンドリング**：1人の患者の治療費全体に対して，一括したあらかじめ定められた支払いを行うもの。

② **責任医療組織の促進**：一連の患者グループに対して提供される全体的かつ継続的な医療の，コスト及びクオリティに責任を有する，医師その他の供給者のネットワーク。

③ **パフォーマンスに応じた支払い**：クオリティ，効率性，そして医療の全体的な価値を促進することを目的としたものであり，病院，医師，その他の医療供給者に対してそうした改善を行い，患者に対して最善の結果を実現するよう財政的なインセンティブを与えようとするもの。

④ **比較効果分析**：治療法，診断テスト，公衆衛生戦略等の効果を比較し，より費用対効果の高いものを特定化するための研究の推進。

⑤ **患者中心の医療ホーム**：各患者が継続的な医療について診療者と密接なコンタクトを持ち，それらの診療者が，患者を専門医に紹介する際に指導的な立場を占める組織。

⑥ **医療情報技術の促進**：医療記録の電子化などによって，保険の管理運営コストを簡素化・削減すること。

⑦ **予防医療の重視**

しかし，この多様な改革のなかでどれが機能し，実際にコスト抑制につながるのか，は未知数である。大きな問題は，他の先進諸国の国民皆保険制度のような，信頼できる，システム全体にわたる医療費抑制措置の不在にある。米国よりもかなり医療費支出の少ない他の先進諸国では，医療費の予算支出目標が採用されるとともに，政府および保険者が病院，医師，そして他の医療供給者への診療報酬を厳しく規制することによって，医療費を抑制している。しかし，メディケアを除けば，そういった措置はこの改革には盛り込まれていない[6]。

第4節　日本の国民皆保険制度の現状

以上，米国オバマ政権による医療改革が，他の先進諸国のそれと比較すれば「不徹底」であり，それゆえ今後も2つの重要な問題点——無保険者問題と医療費高騰問題——が残存し続ける点について概観してきた。ではこれに対して，日本の国民皆保険制度の現状はどうか。まず確認しなければならないのは，日本の医療保険制度が，米国のそれとは大きく異なる点である。

日本では，1961年に，被用者保険と国民健康保険（国保）の二本立ての構造を中心に，国民皆保険制度が成立した。1950年代半ばまでは，農民や自営業者，零細企業従業員を中心に，国民の約3分の1が無保険者として取り残され，大きな社会問題となっていた。そのため，1958年に国民健康保険法が制定され，1961年には全国の市町村で国民健康保険事業が始まり，国民皆保険制度が実現したのである[7]。

現在の日本の国民皆保険制度は，大きくは三本立ての構造を有する。第一は，被用者保険であり，大企業の被雇用者が加入する健康保険組合と，中小企業の被雇用者が加入する全国健康保険協会，公務員が加入する共済組合，などがある。第二は，国民健康保険（国保）であり，各自治体が保険者となり，農林水産業者，自営業者，退職者，失業者，非正規労働者などが加入する。第三は，2008年の4月からスタートした長寿医療制度（後期高齢者医療制度）であ

---

6) 同上拙著，第5章参照。
7) 山岡淳一郎『国民皆保険が危ない』（平凡社新書，2011年），16頁。

る。これは，75歳以上の高齢者が加入する保険制度である。

　重要なのは，こうした制度が国民の生活を安定化させている点である。以上のような国民皆保険制度が存在するため，国民は基本的にかかった費用の3割を自己負担すれば医療を受けることができる。また，失業や退職しても国保という受け皿が存在するため，無保険に陥ることはない。また，日本の国民皆保険制度は，システム・パフォーマンスの点でも優れている。医療制度のパフォーマンス評価基準としては，①医療の質，②医療へのアクセス，③医療のコスト，の3つが存在するが，日本の医療制度は，「①は先進国に比べ遜色はなく，②は優れており，③も先進国のなかでは比較的低い水準にある」。

　島崎は，日本の医療保険制度について，以下のように要約している。「①日本の医療保険制度は，(保険者は分立していても) 保険給付および診療報酬は同一であり統合性が高く，②国民皆保険は狭義にはファイナンスの仕組みであるが，現物給付および診療報酬を媒介としてデリバリーと結びついており，③国民皆保険であるからこそ，診療報酬が医療費の制御やデリバリーの政策誘導ツールとして有効に機能して言えるのである[8]」。

第5節　空洞化する日本の国民皆保険①：無保険者問題

　しかし，重要なのは，以上のようにまったく性格の異なる制度である日本においても，米国と同じような問題が生じつつある点である。

　第一に，米国でクローズアップされた「無保険者の存在」は，日本において疎遠な問題といえるだろうか。

　日本でも，退職者，失業者，非正規雇用者などが加入する市町村の国民健康保険（国保）での無保険者が問題化されるようになってきた。国保の保険料滞納が続くと，「短期被保険者証」または「被保険者資格証明書」が交付される。「短期被保険者証」は有効期限が数カ月しかなく，「被保険者資格証明書」では医療機関への支払いは全額自己負担となるので，事実上の「無保険者」を意味する。厚生労働省調査（2016年6月1日現在の速報値）では，全額自己負担

---

[8] 島崎謙治『医療政策を問い直す─国民皆保険の将来』（ちくま書房，2015年），44-46頁。

となる被保険者資格証明書交付世帯は26.5万世帯で，市町村国保の全世帯に占める滞納世帯の割合は17.2%だった[9]。無保険者となる割合は所得の低下や失業等によって高まるが，こうした無保険者は受診率が著しく低く，持病が重症化して就労不能になり，最終的には高額の医療サービスを受けることになる傾向が指摘されている。

また，日本でも，もちろん米国ほどではないが，外国人労働者を中心に，近年外国人登録者数が増加しており，こうした外国人の無保険者問題が深刻化している。

現在の日本では，日本人か外国人かを問わず，適用事業所において常用的雇用関係（所定労働時間・日数が，同種の業務に従事する他の通常就労者のそれの概ね4分の3以上）にある者には被用者保険が，それ以外の者（外国人登録を行っている適法滞在者で，在留期間が1年以上の者）には国民健康保険が，それぞれ適用される。ちなみに，被用者保険の保険料は，基本的に労使折半である。

では，外国人労働者の医療保険加入の実態はどうなっているのか。堤の愛知県を対象とした調査によれば，愛知県豊田市内の商工会議所会員で，従業員30人以上の製造業者を対象としたアンケート調査（平成16年8月）の結果，外国人（その大半がブラジル人）で被用者保険に加入している者は42.7%にすぎなかった。このように，外国人労働者が被用者保険未加入となる背景には，事業主および外国人労働者の双方に被用者保険未加入へのインセンティブが働いている，とされる。すなわち，事業主は，被用者保険料の半額負担を回避することにより，時給を高くすることができる一方で，外国人労働者の方も，健康時の保険料負担に抵抗感を抱いているのである。また，被用者保険は掛け捨てに近い状態になってしまう厚生年金とのセット加入であるため，定住志向のない外国人労働者は加入を回避する傾向がある。さらには，被用者保険制度や被用者保険加入のメリットについて，外国人労働者の理解が不足している点も指摘されている，という。

こうして無保険となる外国人労働者は，医療サービスを利用する際には，多額の医療費を請求されることになる。そのため，多額の医療費を嫌い，医師に

---

9) 厚生労働省『平成25年度国民健康保険（市町村）の財政状況＝速報＝』（平成27年1月28日）。

かからず市販薬等での治療を試み手遅れになったり、重体となって入院する場合も多い。そして、特に重病・重傷で診療を受けた場合には、医療費を支払えないケースが続出している。たとえば、愛知県厚生農業協同組合連合会加茂病院では、外国人による医療費未払いが累積で約1,400万円あり、その額は医療費全体の6.9％を占めている。そしてこれらは、最終的には医療機関が肩代わりせざるを得ない状況となっている。

　被用者保険に加入すべき外国人労働者が保険に加入していない実態を重くみて、外国人労働者に国民健康保険の加入を認める地方自治体もある。しかし、たとえば愛知県豊橋市では、外国人の国保保険料収納率は一貫して低下しており、平成17年度における外国人の収納率は57.5％であり、国籍別では、豊橋市における外国人登録者数の最も多いブラジル人で51.7％だった。その結果、外国人による保険料の滞納額は近年、増加傾向にあり、平成17年度では、約1億5,700万円と全体の滞納額の12.35％を占める。豊橋市の総人口に占める外国人登録者数の割合は4.9％（平成17年度末現在）であるため、日本人に比べると外国人の滞納額の多さが顕著である。こうした保険料の滞納が1年間続けば、たとえ国保に加入していても、実質上保険証の実効性が失われ無保険者扱いとなるため、ここでも医療費未払い問題が深刻化する可能性がある[10]。

第6節　空洞化する日本の国民皆保険②
　　　：医療費の高騰問題

　第二に、日本でも、米国同様に、今後医療費が増大する可能性が高い。相対的にみれば、他の先進諸国と比較して低く抑えられてきた日本の医療費であるが、今後急速に増大することが予想されるのである。だが、その原因は日本と米国、両国で異なる。日本の場合、超高齢化が医療費を押し上げる主要因である。他方、米国の医療費高騰の原因の大半は、高齢化というよりも、むしろ医療技術の進歩による面が大きい。

10）堤建造「外国人と社会保障」総合調査『人口減少社会の外国人問題』；「外国人労働者とその家族への医療支援：愛知県豊田市の事例を中心に」『レファレンス』2007年2月号。

厚生労働省によると、日本における、2015年度の概算医療費は41.5兆円であり、前年度に比べて3.8％増えた。高齢化に加え、高額な薬剤の使用が増えたことが医療費を押し上げ、過去最高を更新したのである。医療費は患者負担と保険給付を合わせた費用の合計であるが、増加は13年連続である。3.8％の伸び率のうち、1.2％は高齢化によるもので、残りは高額薬剤の使用増加など医療の高度化といった要因によっている。1人あたり医療費は32.7万円で3.8％増えた。高齢者ほど病気になりやすく、75歳以上は94.8万円かかる。これは、75歳未満の4.3倍にあたる[11]。

問題は、この数字は最終的に、2040年には約60兆円、GDP比率で12％程度に上昇するとみられている点だ。現行の制度や医療サービスの需給構造を維持した場合の将来推計を行うと、医療費は今後も経済成長を上回るペースで増加すると見込まれ、2014年時点でGDP比8.3％だった国民医療費は、2025年には10％程度、2040年には12％程度に増加すると予測されるのである。これは、金額でいえば、60兆円程度に相当する。

こうした医療費高騰の要因の1つは、当然ながら高齢化の進展である。一般に、病気やけがのリスクは加齢とともに高まるため、高齢化により医療費の総額が増加することは避けられない。65歳以上人口は、2060年には3,460万人、高齢化率は40％になると見込まれており（1990年で12％、2014年で26％）、こうした動向が医療費の上昇圧力につながることは確実である。

ただし、すでに明らかなとおり、医療費の高騰の要因としては、高齢化は半分程度にすぎない。国民医療費の伸びは、一般に、「診療報酬改定」、「人口増減」、「高齢化」、「その他」といった要因に分類されるが、過去10年間（2006～2015年）で「その他」に該当する医療費は年率1.6％ほど押し上げられ、高齢化要因（1.4％）を上回った。そのなかで重要なのは、高額薬剤の使用増加分だった、とされる。

すなわち、高齢化以外の要因による医療費の増加に最も寄与したのは、調剤であり、特に薬剤料が押し上げている。とりわけ、高額薬剤の使用増加分が大きく、一方では後発医薬品の普及が進められてはいるが、他方で新薬の登場な

---

11) 『日経ビジネス』、2015年、9月11日号。

どによって，薬剤料はほぼ毎年増加しているのである。今後もこの傾向が進めば，医療費は大幅に高騰することが予想される[12]。

おわりに

　以上，本論文では，まず米国オバマ政権による国民皆保険制度改革が，先進諸国のそれと比較して，きわめて不徹底な点について概観し，それゆえ，①無保険者問題と②医療費の高騰問題という2つの課題を今後も抱え込む点を考察してきた。

　他方，他の先進諸国と同様，日本では早くから国民皆保険制度が実現し，こうした問題からは相対的に無縁だった。しかし，日本においても，国保の保険料未納者増や外国人労働者の増加などにともない，無保険者の存在が徐々に問題化しつつある。また，高齢化や薬剤使用の増加によって，医療費の急速な高騰問題に直面する可能性が高い。程度の差はあれ，米国のケースと類似した課題に直面しつつあるといえるのである。

　今後，米国が，十全な国民皆保険制度を実現できるか否か，あるいは日本が従来までのように国民皆保険制度を維持できるか否かは，この2つの問題にいかに対処していくか，という点にかかっている。両国の国民皆保険制度の将来が，かかっているのである。

【参考文献】
天野拓［2013］『オバマ政権の医療改革』勁草書房。
山岡淳一郎［2011］『国民皆保険が危ない』平凡社新書。
島崎謙治［2015］『医療政策を問い直す―国民皆保険の将来』ちくま書房。

【参考論文】
Theodore R. Marmor and Jonathan Oberlander. [2010] The Health Bill Explained at Last, *The New York Review of Books*.
堤建造［2007］「外国人と社会保障」総合調査『人口減少社会の外国人問題』；「外国人労働者とその家族への医療支援：愛知県豊田市の事例を中心に」『レファレン

---

12)「高齢化以上に増加する医療費」(大和総研経済・社会構造分析レポート)，2016年10月24日。

ス』2007年2月号。

【報告書】

The Kaiser Commission on Medicaid and the Uninsured. [2015] The Uninsured: A Primer.

The Kaiser Commission on Medicaid and theUninsured. [2014] Uncompensated Care for Uninsured in 2013: A Detailed Examination.

厚生労働省『平成25年度国民健康保険（市町村）の財政状況＝速報＝』（平成27年1月28日）。

「高齢化以上に増加する医療費」（大和総研経済・社会構造分析レポート），2016年10月24日。

第6章

地域の医療および福祉※・介護の連携の可能性
――ドイツの事例を踏まえて

はじめに

　わが国は財政再建のために，これまで赤字経営を行ってきた公営企業の経営改善に迫られた。2025年には高齢化社会が加速することから，さらなる社会保障費の増加が予想され，医療費は増大し，これまでよりもさらに財政が厳しくなるであろう。本編第2章で述べたように，総務省は，各自治体の財政を立て直すために，病床規模別および経営状況別に経営改善の目標数値を公表した。これは，公立病院と民間病院との経営比較を可能にすることでもあった。

　しかし民間病院とは異なり，公立病院の運営には一般会計からの繰出金・会計負担金・国庫補助金等，財政からの補助金が給付されている。民間病院の医療法人との経営比較において，税収入の財源が医療経営に充てられる以上，その財源の使途が明確にされ，公開されなければならない。また医業収益が一般会計からの繰出金・会計負担金なしには医療経営が赤字である公立病院が多いという現状[1]を考えるならば，「医療の質を担保できる医療経営」を営む必要がある。

　したがって公立病院は，へき地医療，不採算医療への医療提供が求められており，その任務も踏まえた効率的な経営を目指すことになる。そしてその効率性とは，資金的効率性だけではなく，業務の効率性にも配慮することで，その

※本章での福祉は，高齢者生活支援のサービスを提供することを対象としている。
1）病院情報局の資料によれば，熊本県内の19の公立病院の平成25年度財務諸表から黒字経営2院の他，17院は他会計負担金がないと赤字経営である（病院情報局：http:www.hospia.jp [2017.10.5]）。

効率性が患者満足の「医療の質の向上」につながる医療経営をつくりだすことである。

本章では，各地域で「地域医療構想」が進められている現状と患者の高齢化による医療および福祉・介護の連携が必要とされる背景に焦点を当てて，ドイツの医療機関が，介護・老人施設・リハビリ等を付設している事例を取り上げ，わが国の医療および福祉・介護の連携の可能性を検討する。

第1節 医療と福祉・介護の連携の必要

2015年新公立病院改革ガイドラインにおいて「地域医療構想」が打ち出され，「地域医療構想」と「地域包括ケア」に向けて，地域支援病院を中心とした地域医療が始まろうとしている。その政策は，一次医療圏，二次医療圏，三次医療圏という機能別の医療機能の分化・連携（医療連携）が推進され，急性期から回復期，在宅療養に至る地域全体で切れ目ない必要な医療が提供される「地域完結型医療」を推進する機能別の「地域医療構想」である[2]。地域における高齢化は加速しており，それは医療機関の入院および外来患者の高齢化にも影響している。

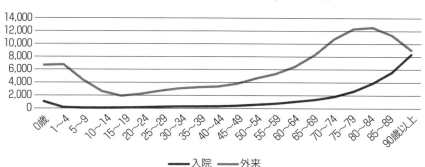

[図表Ⅰ-6-1] 年齢別受療率（100,000人口対）

（出所）厚生労働省『平成26（2014）年患者調査の概況』「施設の種類・姓・年齢階級別」の調査結果，8頁より作成。

2）厚生労働省医政局長，「医療計画について」（平成29年7月1日付）（資料2）。

第6章 地域の医療および福祉・介護の連携の可能性

　図表Ⅰ-6-1は，年齢が高齢になるとともに入院および外来患者が増えていることを示している。

　わが国の医療機関の開設者別の数は，**図表Ⅰ-6-2**に示すように，病院総数のうち，国および公立病院は943，そのうち一般病院は905である。それらの規

[図表Ⅰ-6-2] わが国の医療機関

(平成27年10月1日現在)

経営主体＼種別	病院総数	一般病院	結核病院	精神科病院
総数	8,480	7,416	—	1,064
国				
厚生労働省	14	14	—	—
独立行政法人国立病院機構	143	140	—	3
その他	172	172	—	—
地方公共団体				
都道府県	200	174	—	26
市町村	649	645	—	4
地方独立行政法人	94	86	—	8
計	943	905	—	38
日赤等公的医療機関	284	280	—	4
医療法人	5,737	4,823	—	914
個人	266	242	—	24
その他	921	840	—	81

(出所) 厚生労働省，「医療施設調査」による病院事業，自治体病院の占める病院数を示している。

[図表Ⅰ-6-3] 各病院の病床別数

(平成27年度決算対象病院数)

経営主体＼規模	500床以上	400床以上500床未満	300床以上400床未満	200床以上300床未満	100床以上200床未満	50床以上100床未満	50床未満	一般病院計	結核病院	精神科病院	総計
都道府県	26	15	23	16	27	10	6	123	—	27	150
指定都市	12	3	5	2	3	1	1	27	—	—	27
市	39	32	50	54	100	55	21	351	—	2	353
町村	—	—	1	2	37	91	37	168	—	1	169
組合	8	12	19	12	32	15	6	104	—	2	106
計	85	62	98	86	199	172	71	773	—	32	805

(注) 地方公営企業法適用病院で建設中の病院を除く数値である。
(出所) 厚生労働省，経営主体別・病床数別状況より抜粋。

模は，**図表Ⅰ-6-3**で示すように，病床数の規模では50床から200床未満の中小規模の病院が多く，公立病院は中小規模の病院が多い。旧公立病院改革ガイドラインでは，このような中小規模の公立病院の組織再編が行われ，病床規模別および経営状況別に経営改善のための経営指標による管理が行われている。そして新公立病院改革ガイドラインでは，各自治体における医療機関の連携，いわゆる機能別の「地域医療構想」の構築が示された[3]。

さらに地域医療は，原則200床以上の地域支援病院によって支えられている。第3次医療法改正によって設置された地域支援病院［医療法第4条で規定された要件を充たす］が，その他の医療機関と連携して施設の共同利用，研修，それぞれの医療機関への紹介あるいは逆紹介をとおして，地域医療の連携を支援している[4]。

わが国の地域医療は医療領域の連携にとどまっている。しかし将来の高齢化社会には，医療および福祉・介護の連携が必要となるであろう。このようなわが国の現状を踏まえて，医療および福祉・介護の連携に早くから取り組んでいるドイツの事例をみていくことにする。

第2節　ドイツの医療と福祉・介護の連携

従来は民間医療機関よりも多かった公的医療機関は，1999年から2000年初頭にわたり公的医療機関の民営化が進み，**図表Ⅰ-6-4**に示すように，ドイツの公的医療機関開設数は減少の一途をたどり，現在では民間医療機関の数が増加している。この公的医療機関の減少の背景には，公的医療機関の赤字経営による破綻・統合の増加がある[5]。

わが国と同様に，ドイツでは国民全員が，2009年以降公的医療保険および民間医療保険のどちらかに加入しなければならない義務を負う，いわゆる国民皆

3）総務省「新公立病院改革ガイドライン」1-26頁。
4）地域医療支援病院は，医療法4条1項1号4号で要件が示され，市役所および県庁に事業報告書を報告している。
5）Wehner, Stephan, *Krankenhausprivatisierung als strategische Handlungsalternative zur Unternehmenssicherung aus betriebswirtschaftlicher Sicht*, 2005, S.1. その他に多くのドイツの新聞雑誌で，2000年代初頭には病院の破綻状況を話題にしている。

[図表Ⅰ-6-4] 開設者別による医療機関施設数

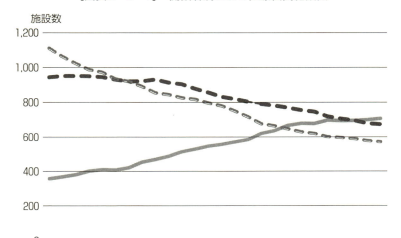

（出所）Statisches Bundesamt, *Gesundheit, Grunddaten der Krankenhäuser* 2017, S.15より作成。

保険制度をとっている。そのため，これまで公的医療機関が不採算経営であっても，経済成長期には，それほど問題とならなかった。しかし少子高齢化，経済成長の停滞等によって，医療費の増大，公的医療機関の補助金の財源が厳しくなっていることから，2000年代初頭から公的医療機関の民営化が始まった。民営化によって改革が進められ，組織形態の再編による経営改善，経営の透明化，医療の質の保証に重点が置かれている[6]。

ドイツ公的医療機関の民営化の事例を取り上げ，医療と介護・リハビリ・老人施設の連携が整っている環境，また民営化による経営情報の透明化，ガバナンスの整備が行われていることに焦点を当ててみていくことにする。

わが国の法制度も，医療および社会福祉法人の制度改正によって，医療と介護の連携と経営情報の透明化に近づいている。このような法制度の改正が，第

6）拙稿［2015a］，「ドイツ公的医療機関の民営化における会計―日独医療改革における組織再編を踏まえて―」『季刊　個人金融　2015　夏』81頁。

1節で述べた地域医療の連携整備に，どのような影響と地域の活性化をもたらすのかを考察することにする。

わが国の各自治体が運営している公立病院に該当するのが，ドイツ16州の公的医療機関である。それぞれの各州の医療機関自体は，医療だけではなく，介護，リハビリ，老人施設等，研究および教育機関も備えて，それらの施設の連携が可能となっている[7]。

すべての医療機関には，法律で「医療の質」についての報告が義務づけられている。また公的医療機関の民営化によって，経営情報の透明化が進んでいる。組織の再編によって，公的医療機関が有限会社および株式会社へ移行したことで，商法および有限会社法の会計規定を適用し決算書を作成して，官報あるいはホームページで公開している。さらに上場している民間医療機関は，証券取引所の上場に義務づけられた国際財務報告基準（International Financial Reporting Standards＝IFRS）に従った決算書を作成して公開している。また他の上場企業と同様にコーポレート・ガバナンス報告が義務づけられ，その報告書を公開している[8]。

最大規模の公立病院ビバンテス総合病院（Vivantes Klinikum，以下，ビバンテス）は，会社形態に組織を移行した。この公立病院も，2001年にはグループ化している。これまで多くの公立病院を買収してきた最大規模の民間医療機関ヘリオス総合病院有限会社（HELIOS Kliniken GmbH，以下，ヘリオス）は，民間医療機関のなかで，最も斬新な経営を行ってきたレーン総合病院株式会社（RÖHN Klinikum AG，以下，レーン）を買収して，最大規模の民間医療機関となった[9]。これらの医療機関は，すでに企業の会計制度を導入して，決算書，「医療の質報告書」，環境報告書を作成し，コーポレート・ガバナンス報告をしている。

7）拙稿［2015a］，前掲稿，83-86頁。
8）拙稿［2012a］，「ドイツ医療機関の現状」『産業経理』Vol.71 No.4, 34-35頁。
9）拙稿［2015b］，「医療産業における会計の資本構造」『會計』第188巻第5号11月，116-118頁。

1 ビバンテス健康有限会社ネットワーク
[Vivantes-Netzwerk für Gesundheit GmbH（＝Vivantes）]

　ビバンテスは形式的民営化をとる事例である。公的組織から有限会社に組織再編して，2001年1月に現在の公立病院持株組織として設立された。ビバンテスは，従来から存在する9病院が基盤となり，その他に外来診療所，リハビリ，老人ホーム施設，職業訓練等から構成され，健康有限会社ネットワークという名称で組織している。ベルリンを中心にネットワークを拡げており，株主はベルリン州（Land）である。従来の公的医療機関であったときよりも，経営の情報の透明化に努めている。その1つとして，官報および病院のホームページで営業報告書を開示し，その報告書には貸借対照表と損益計算書が含まれている。「医療の質」については，社会法典（Sozialgesetzbuch＝SGB）に従った「医療の質報告書」の開示が義務づけられている[10]。

　その他に，民間医療機関のグループとして，4大民間医療機関が挙げられる。そのなかで，欧州規模の医療機関として成長しているのが，ヘリオスである。

2 ヘリオス総合病院有限会社（HELIOS Kliniken GmbH）

　ヘリオスは，ドイツの4大民間医療機関（ヘリオス・アスクレピオス［Asklepios Kliniken GmbH］・サナ［SANA Kliniken AG］・レーン）のなかで，最大の医療機関であり，医療機器および医薬品を扱うフレゼニウス欧州株式会社（Fresenius SE，以降，フレゼニウス）の傘下にある[11]。フレゼニウスは，わが国では血液透析等の医療機器製造企業として知られている。

　ヘリオスは，ドイツ16州全土に所在する医療機関を持つ最大民間医療機関であり，もとは1994年ベルリンに設立され，民営化の波で多くの公的医療機関を買収してきた[12]。近年ではスイス・スペイン等の欧州に進出して，その規模

---

10) 拙稿［2013a］，「非営利組織への民間的経営導入における会計の役割」『會計』第184巻第3号2013年9月号，23頁，27頁。
11) 拙稿［2012b］，「ドイツ医療機関の現状と経営分析」『會計』第182巻第2号2012年8月号，129頁。

を拡大している。ヘリオスは、フレゼニウスメディカルケア・フレゼニウスヴァメッド（VAMED）・フレゼニウスカービ等[13]の持株会社からなるフレゼニスの傘下にあることから、フレゼニウスのもとで営業報告書、「医療の質報告書」を開示して、コーポレート・ガバナンス報告書を公開している。フレゼニウスとともに、ヘリオスは欧州最大の医療機関の国際的医療機関として進出していくことが予想される。

3　レーン総合病院株式会社 (RHÖN-KLINIKUM AG)

　レーンは、ドイツ証券取引所のM-DAX（ドイツ株指数）に上場して、病院、リハビリ、老人施設、介護施設を有する医療機関である。しかし2014年にヘリオスに買収された。先駆的な経営形態をとっている医療機関であり、またドイツでは最初に大学病院（フランクフルト大学（オーダー）・ギーセン・マールブルク大学）を買収した医療機関としても知られている。レーンは、大学病院という研究機関を持つことで研究所としての側面を持っている。医療機関に義務づけられた「医療の質報告書」の開示の他に、上場企業として義務づけられているコーポレート・ガバナンス報告を公開している。その他に環境報告書を開示している。環境を配慮した新しい経営を行っている[14]。しかし2014年以降、ヘリオスに大部分の医療機関が買収されることになり、レーンは経営を縮小している。

　以上のドイツの医療機関は病院を基盤として、リハビリ・老人施設・介護施設等を付設して、経営情報の透明化に努めている。そのなかで公的医療機関は、非営利から営利へ移行した企業に組織再編された。このような医療機関の民営化は、わが国の医療法・社会福祉法人制度・医療法人制度改正に影響を及ぼしている。

---

12) 拙稿［2013b］,「医療改革のもとでの病院経営分析の課題」『経理研究』第56号、303頁。
13) 拙稿［2013b］,同上、304頁。
14) 拙稿［2012a］38-39頁。レーンは、水資源の利用者は増加するが、水消費量は減少するというエネルギーの有効節約という環境への配慮を環境報告書で示している。

第3節　わが国の医療と福祉・介護における新しい動向

　わが国の医療は，1985年第1次医療法改正から始まり，1992年第2次医療法改正，1998年第3次医療法改正，2001年第4次医療法改正，2007年第5次医療法改正を経て，医療法の改正にともなって変化してきた[15]。2014年第6次医療法改正が施行（平成26年10月）された。それに続き2015年第7次医療法改正（平成27年9月）が公布された。その第7次医療法改正のなかで，医療領域における法制度改革は，ドイツの公的医療機関の民営化にみられる株式会社および有限会社への組織再編と類似した傾向をみることができる。これまでわが国の医療機関の株式会社化は，それほど普及していないといえよう。しかし第7次医療法改正では，病床機能報告制度と「地域医療構想」を柱として法整備されたことで，医療における非営利性から営利性への傾斜がみられる。

　その第7次医療法改正では，①「地域医療連携推進法人制度の創設」と②「医療法人制度の見直し」が柱となっている[16]。この法改正は，2017年（平成29年）4月2日施行となった。その柱となった①は，「産業競争力会議」（内閣総理大臣の諮問機関）において「非営利ホールディングカンパニー型法人制度」として議論されてきた法人制度を「地域医療連携推進法人制度」と名称を変えて，改正医療法に織り込まれたものである。この地域医療連携推進法人は，都道府県知事の認可により設立可能となる。地域医療連携推進法人は，介護事業を営む非営利法人と，介護事業との連携を図りながら，「地域医療構想」の達成，「地域包括ケア」の構築に資する役割を果たすものとしている[17]。

---

15) 厚生労働省，医療法改正 http://www.mhlw.go.jp)，[2015]『第六次改正医療法の解説』中央法規。
16) 厚生労働省，医療法人の事業展開等に関する検討会「地域医療連携推進法人制度（仮称）」の創設及び医療法人制度の見直しについて」（平成27年2月9日）1頁。「非営利法人ホールディングカンパニー型法人制度（仮称）」を創設することについて検討していた。これは医療法人と社会福祉法人等を，社員総会等を通じて統括して一体的な経営を可能にするというものである。
17) 厚生労働省医政局医療経営支援課「医療法一部改正について（地域医療連携推進法人制度の創設・医療法人制度の見直し）」（平成27年2月9日）。

[図表 I-6-5] 地域医療連携推進法人制度について（概要）

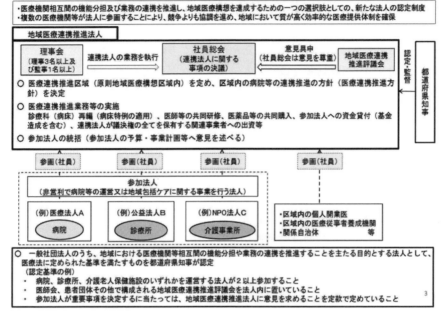

（出所）厚生労働省医政局医療経営支援課「医療法一部改正について（地域医療連携推進法人制度の創設・医療法人制度の見直し）」（平成27年2月9日）参考資料1より抜粋。

　また②は，医療法人の経営の透明性の確保，医療法人のガバナンスの強化に関する事項として，医療会計基準と医療法人の理事会および役員のガバナンスを制度的に見直ししている。

　これから進めていくべき人口構造の社会構造に対応して，患者の高齢化も予測されるなかで，医療および福祉・介護の連携が進みつつある。また近年，組織を透明化した情報による経営が行われるという新しい制度改革の始まりをみることができる。

　この医療法人制度改革よりも先に，社会福祉法人の制度改正が，2016（平成28）年3月に施行され，社会福祉法人施設の経営情報が公開されることになった[18]。

　医療法人制度改革と社会福祉法人制度改革における経営情報の開示は，どの

ような内容であるのかについて，またこの制度改革が医療と介護の連携にどのように反映されていくのか，が今後の法制度改革に期待される。すでに1999年から2000年初頭に公的医療機関の民営化に取り組んでいるドイツの事例からみても，わが国の経営情報の開示の制度化が，どのように進められているかが注目される。ここ数年，その制度を取り入れている医療機関もみられるようになった。

1　経営情報の開示の制度化

　国および公立病院改革では，本編第2章で述べたように，医療法人より早い時期に経営状況の透明化が求められた。2004年には国立病院が独立行政法人として国立病院機構に組織再編され，企業会計が導入された。その後2007年公立病院改革ガイドラインでは，公立病院の組織見直しが行われ，本編第2章で前述したように地方独立行政法人化，指定管理者制度，民間譲渡，診療所化等の組織に再編された。しかし公立病院の場合には，結果的には，財務全部適用にとどまる公立病院の組織が多い[19]。したがって公立病院改革は，組織再編された後に，厚生労働省が公表した病院会計準則を基礎とした会計制度を整備することで，統一した会計基準が適用されて経営実績を透明化し，医業収益の上昇に向けた経営計画が実施されることになった[20]。その後の公立病院の調査結果を基盤として，2015年に新公立病院ガイドラインが公表され，新たに追加されたのは「地域医療構想」である。この構想では，「地域包括ケア」とともに医療機能別の医療機関の役割が強化されるものである。

　2004年国立病院の独立行政法人化[21]および2007年公立病院改革ガイドライ

---

18) 厚生労働省「社会福祉法人制度改革の概要」1）経営組織のガバナンスの強化，2）事業運営の透明性の向上（財務諸表・現況報告書・役員報酬基準等の公表に係る規定の整備等），3）財務規律の強化（適正かつ公正な支出管理・いわゆる内部留保の明確化・社会福祉充実残額の社会福祉事業等への計画的な再投資）4）財務規律の強化（適正かつ公正な支出管理・いわゆる内部留保の明確化・社会福祉充実残額の社会福祉事業等への計画的な再投資）5）行政の関与の在り方からなる。

19) 総務省「新公立病院ガイドライン」(26頁）では，組織の見直しの結果，平成21から25年度公営企業法の財務適用から全部適用へ移行した病院が多い結果が示された。

20) 拙稿［2014］，「公立病院改革における現状と課題「経理研究」第57号184-198頁参照。

21) 拙稿［2015c］，「国立病院機構の独立行政法人化後の会計」『経理研究』第58号, 309-324頁。

ン，2015年新公立病院改革ガイドラインは，医療法人制度改革（2017年4月2日施行）において医療法人の経営の透明化に波及しているといえよう。

社会福祉法人の経営および情報は，2016（平成28）年3月社会福祉法人の制度改革によって，経営情報の開示として制度化された。2016（平成28）年第7次医療法改正によって，医療法人の経営の透明性の確保およびガバナンスの強化が，2017（平成29）年3月から施行された[22]。

その組織のガバナンスとは，どのような内容であるのかについて，次にみていくことにする。

2　組織内のガバナンス

医療機関および社会福祉施設の連携を実現していくには，医療と福祉施設における組織の整備が求められる。また医療サービス提供とそれを補足する医療経営を支援する組織との間における管理が，組織運営のガバナンスを確保するものでなくてはならない。医療と福祉における危機（リスク）管理に対応できる組織づくりを整備する必要がある。それを受けて，2016（平成28）年に，厚生労働省医政局長から各都道府県知事宛に医療法一部改正の通知が出され，その内容には，社団・財団の医療機関の組織，理事会とその職務，議事録等について規定されている[23]。

上記1と2の制度改革は，2017年以降に始まった。しかし以下に述べる取り組みは，今後，制度にどのように織り込まれるのかが注目される。

3　医療の質評価と保証

わが国の医療評価は，日本医療機能評価機構による調査を経た上で，「認定病院」としての認可が与えられている。しかし法制度としての認可ではない[24]。

---

22) 厚生労働省医政局医療経営支援課「医療法一部改正について（地域医療連携推進法人制度の創設・医療法人制度の見直し）」（平成27年2月9日）。
23) 厚生労働省医政局医療経営支援課，同上。
24) 日本医療機能評価機構（https://jcqhc.or.jp/）による病院機能評価事業，認定病院2,175/全体病院数8,439。厚生労働省「医療施設動態調査（2017年3月末概数）」（2017年9月1現在）。

他方ドイツの医療評価は，同じく医療質の評価機構による評価が行われるとともに，前述した社会法による「医療の質報告書」が義務づけられていることから，法制度として整備されている[25]。

4 環境保護に向けた取り組み

医療機関および福祉・介護施設の環境保護は，経営の効率およびコスト削減に影響し，医療経営の負担を軽減することにもなる。患者数が増加するとともに，資源の利用も拡大し，医療費の増大とともに，諸経費の増大も医療経営には深刻な課題となる。

ドイツでは，レーンは環境報告書に環境への取り組みを記述して，資源の節減を公に開示している。また上場企業として，コーポレート・ガバナンス報告書を開示している。

5 雇用環境の整備に向けた取り組み

医療現場では医療サービスが主業務となることから，医療サービスを提供する人々の人的資源の管理が重要となる。また医療サービスの提供は，「医療の質」を向上することに直接関わっている。コスト削減が医療経営に普及し，人件費の削減という傾向があるなかで，人材不足による「医療の質」を低下させることになりかねない。医療サービスの提供に携わる医師・看護師・理学療法士・その他医療に関連する技術者等の雇用環境にも十分注意を払う必要がある。

今後，上記3から5までが制度整備に，どのように反映されるかが期待される。本書のねらいである地方創生には，次の「6 医療と社会福祉施設の連携による経済効果」についても検討していく必要があろう。

6 医療と社会福祉施設の連携による経済効果

医療および社会福祉施設の連携は，社会福祉施設で患者の自立支援を強化

---

25) 医療質評価機関（Institut für Qualitätssicherung und Transparenz im Gesundheitswesen =IQTIG）は，わが国の日本医療機能評価機構に該当する機関である。

し，その成果を医療機関に転換することで，医療機関および社会福祉施設の協働による経済的効果を共有することになる。

さらに医療機関の委託業務，アウトソーシングの有効な活用によって，自営で採算の取れない業務に関しては，直接関係のない業務を独自で運営するよりも外部業者に委託して，利用料金を医業外収益として徴収することで，経常収益を高めることができる。高齢化社会が進む地域においては，医療および社会福祉を中心とした経済活性化が期待される。

おわりに

これまで公立病院改革を中心として，地域医療に携わる公立病院の現状から，今後の方向性を探究してきた。わが国の高齢化社会に向けた医療から福祉・介護への連携は，今後，さらに求められてくるであろう。その際に，多くの中小規模の医療機関はどのような方向をとるべきか，また大規模な基幹病院，地域支援病院がどのような役割を担うべきか，さらにどのような機能を果たすべきかを各医療機関が検討することになるであろう。それが「患者の満足」につながり，また医療機関と福祉・介護施設の連携がうまくいくには，経営情報の透明化を制度的に整備して，効率的な経営が行われることで，進化していく先端医療を受け入れることができる。その期待を第7次改正医療法における医療制度改革にみることができる。

ドイツの医療および福祉・介護の連携を実現している医療機関の事例をとおして，わが国の医療および福祉・介護の連携が「地域医療構想」において始まることを期待したい。医療経営における効率性が，「医療および介護の質」を上げることで「患者の満足度」を高め，医療および福祉・介護施設の経営および業務の効率が向上することになる。その医療および福祉・介護のサービスの質が向上することは，結果的には，地方創生にもつながることになると考える。

【参考文献】
石原俊彦著［2016］『自治体病院経営の基礎』関西学院大学出版。

岩渕豊著［2013］『日本の医療政策』中央法規。
新日本監査法人医療福祉部編著［2004］『病院会計準則ハンドブック』医学書院。
船橋光俊著［2011］『ドイツ医療保険の改革』時潮社。
西村周三監修［2016］『医療白書：新しい地域医療への挑戦』日本医療企画。

（追記）　本研究は，科学研究費事業（学術研究助成金）平成27年度〜平成29年度［15K03780］基盤研究（C）による成果である。本研究に際して，済生会熊本病院の医療支援部の方々のご協力に感謝いたします。

第Ⅱ編

地域における経済活性化
――地域マネジメントからのアプローチ

第1章

第1次産業の6次産業化への展開

はじめに

　熊本県には，世界最大級ともいわれるカルデラを持つ阿蘇，3つの美しく青い海に囲まれた壮大な景観を持つ天草など，雄大な自然が数多く存在している。また，阿蘇山および九州山地から伸びる多くの一級河川があり，豊富な地下水資源も有している。これらのことから，熊本県は「農業県」とも呼ばれている。

　熊本県では，気象条件にも大きな特徴がみられる。たとえば平野部である熊本市では，年間を通じた平均気温が約17℃，年間降水量は約2,000mm，平均日照時間は約2,000時間であり，比較的温暖な気候となっている。それに対し山間部である阿蘇市では，年間の平均気温が約10℃，年間降水量は約3,200mm，

[図表Ⅱ-1-1] 熊本県の概要と気象

熊本県の概要

面積（2015年）		7,409km²
人口（2016年）		1,775千人
	うち男	836千人
	うち女	938千人
世帯数（2016年）		707.7千世帯
県内総生産（2014年）		5兆5,999億円
	うち農業	1,682億円

熊本県の気象

	気温	日照時間	降水量
熊本	16.9℃	2,001.6時間	1,985.8mm
阿蘇山	9.9℃	1,550.9時間	3,206.2mm
人吉	15.5℃	1,826.7時間	2,390.0mm
牛深	18.0℃	1,948.2時間	1,979.3mm

（出所）『くまもとの農業2017』30頁を修正。

平均日照時間は約1,500時間となっており、平均気温を熊本市と比較すると約7℃も差が生じている。そのため、夏場などは熊本市の気温が30℃以上と暑い状況であっても、阿蘇市では気温が20℃前後の冷涼な気候となることから、寒冷地で生育する果菜を中心に春夏は阿蘇市などの山間部で、秋冬は熊本市などの平野部で栽培し、年間を通じた気象条件の相違を最大限に活かした農業を展開している。

　このような状況のなかで、近年では農業従事者の不足や農業所得の伸び悩みなど、農業が抱える課題も数多くみられる。もちろん、これらの課題は熊本県に固有の課題ではなく日本全体が抱えている課題であり、農業のあり方を考える上では優先的に改善すべき課題であろう。この点について熊本県では、若手の育成に向けた取り組みなど、農業の活性化に向けて数多くの取り組みを行っている。さらには、農作物の生産、加工、販売を一連の流れとして構築する農業の6次産業化についても、県として積極的に進めており、熊本県の農業が抱える課題を解決するためにさまざまな対策を講じている。

　そこで本章では、熊本県における農業の概要と県の方策について説明するとともに、特に6次産業化に対する取り組みについて取り上げることにする。

第1節　熊本県における農業の特徴

　熊本県では、スイカやメロン、トマトなどの野菜類をはじめ、果実類、花き類等幅広い種類の農作物を生産している。特に冬から春にかけては熊本市や八代市等の平野部を生産の主力として、また夏から秋にかけては冷涼な阿蘇地域を中心とした生産活動が展開されている。その結果、2015年の熊本県の農業産出額は3,348億円であり、全国でのシェアは4％、順位は6位となっている。

　その内訳としては野菜が1,273億円で最も多く、次いで畜産が1,115億円、米や果実、い草、花き類、茶等が920億円となっている。このように、熊本県では野菜と畜産とそれ以外の品目がほぼ3等分の農業産出額となっており、特定の品目が全体の大きな割合を占めている他の多くの県に比べ、バランスのよい多彩な営農活動が行われているといえる。

　なかでも、農業産出額が熊本県内1位であるトマトは全国でも1位であり、

[図表Ⅱ-1-2] 農業産出額に占める品目別割合（2015年）

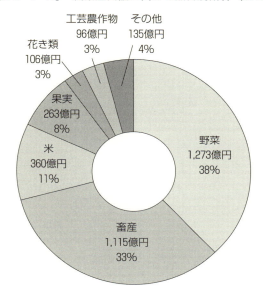

（出所）『くまもとの農業2017』39頁を修正。

　それ以外にもスイカが全国1位，またナスは全国2位，メロンやイチゴは全国3位となっている。トマトやナスについては，気温が上昇し始める6月頃から10月頃までを阿蘇や上益城といった冷涼な地域で収穫・出荷し，それ以外の時期は熊本市や八代市，玉名市，宇城市などの平野部で収穫・出荷することで，年間を通じて安定的に収穫・出荷を行っている点に大きな特徴がある。加えて，ハウス園芸も施設面積が4,576ha（2012年）で全国の10.3％，また加温面積も2,004ha（2012年）で全国の11％を占めている。これはどちらも全国で1位となっている。

　熊本県では，生産額ベースの自給率が155％（2015年）となっている。これは，県人口が全国23位であることを考慮するとかなり高い数字であり，品目ごとにみても米や野菜，果実，牛乳，牛肉など，多くの品目で100％超となっている。

第2節　熊本県の農業が抱える課題

1　農業従事者の減少

　熊本県の農業を取り巻く環境は厳しく，近年では喫緊の課題として大きく2つのことが挙げられている。1つは，農業従事者の減少や高齢化の問題である。農業センサスによると，農業を主たる事業として行っている基幹的農業従事者は年々減少傾向にある。たとえば熊本県では，2000年の調査では88,690人が従事していたが，2005年の調査では81,973人，2010年の調査では73,028人，2015年の調査では65,209人と，次第に減少している[1]。

　このように，農業を主たる事業として行っている農業従事者は大きく減少しており，今後の農業を維持していくためには，この担い手不足の問題にどう取り組むかが重要となる。それだけではなく，担い手の大半が高齢者となっており，若年層による農業の担い手離れが進んでいることを考慮すると，将来的には農業従事者がさらに減少し，現時点で高齢の担い手が所有している農地が，後継者不足により放棄地となってしまうことも懸念される。そのため，高齢の担い手が所有している農地を誰が引き継ぐのか，あるいは今後どのように管理していくのか，また若年層の農業従事者をどのように育成していくのかといった点が，現時点における大きな課題となっている。

2　農業所得の確保

　熊本県の農業が抱えているもう1つの課題として，農業従事者の所得の確保がある。農産物の価格については，2010年の指数を100とした時，2005年の指数は98.1，2000年の指数は98.4，1995年の指数は112.6であり，農産物の価格が下がってきていることがわかる。しかし，農産物の資材に対する価格は，2010年の指数を100としたとき，2005年の指数は91.0，2000年の指数は88.6，1995年の指数は86.9であり，資材価格が大きく高まっていることがみてとれる。この

　1）農林業センサス累年統計―農業編―（明治37年～平成22年）。

[図表Ⅱ-1-3] 農産物価格指数と生産資材価格指数

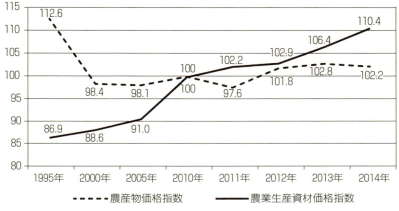

（出所）農林水産省HPより筆者作成。

ことは言い換えると，ここ20年において，農産物の販売価格から農産物の資材原価を差し引いた利益の金額が徐々に減少していることを意味しており，結果的に農業従事者の所得も減少傾向にあるといえるであろう。

第3節　熊本の農業を改善する方策と稼げる農業の加速化

　熊本県では，2019年度を目標に「世界と戦えるくまもと農業」を実現するため，さまざまな方策を打ち出している。なかでも，次の4つの領域について注力しており，総合的な観点から稼げる農業の加速化を推し進めている。

① 　農業の担い手の確保・育成
② 　競争力とリスク対応力を高める農業生産基盤の強化
③ 　競争力のある農産物の生産体制の確立
④ 　くまもと産のブランド力向上と販路拡大

　農業の担い手の確保・育成については，具体的には認定農業者や農業法人等を育成するためのプログラムやサポート体制を構築し，農業従事者を育成して

いる。また，農地集積による大規模な農地の経営を取りまとめるべく，農業法人化を推奨している。さらには，企業による農業参入を促進し，積極的な農業経営ができるような体制の整備を試みている。

　競争力とリスク対応力を高める農業生産基盤の強化に対しては，大規模経営による規模の経済メリットを最大限に活用するため，積極的な農地集積を行っている。特に放棄地を中心に，点在していた農地を集積し区画整備するとともに，付随的に必要な基盤や施設の整備を行い，効果的・効率的な農業経営ができる環境を整えている。たとえば地域ぐるみで農地集積に取り組む地区に対し，県は農地集積指定重点地区として2012年度から2015年度の間に88地区を指定している。特に平坦地域では100haを超えるような広域農場（メガ法人）も誕生し，広大な農業用地を効率的・効果的に活用することを可能にしている。

　また，競争力のある農産物の生産体制を確立するために，熊本県は試験研究の重点化の方向や推進方策を明確にし，2017年に熊本県農業試験研究推進構想を策定している。この構想を基礎として，新品種の育成や新たな栽培方法等の研究開発を積極的に行い，その成果を農家に普及させることによって稼げる農業の実現を図っている。さらにはICT技術を活用し，栽培環境を最適化するべくビニールハウス管理の自動化の実現などに積極的に取り組み，コストを削減しつつ生産性や収益性を向上させる技術開発を促進している。

　そして最後に，くまもと産のブランド力向上と販路拡大に向けて，熊本県産の農産物の海外輸出や地産地消を促進するとともに，農作物を高付加価値化させるために6次産業化を推進している。熊本県産の農作物の輸出については，特に成長が著しいアジアを中心に展開されており，香港にはイチゴや甘藷等を，シンガポールには牛肉や米等を積極的に輸出している。また2013年にはシンガポールに「熊本県アジア事務所」，2015年には香港に「くまもと香港事務所」を設置しており，現地での対応を中心に熊本県からの農作物の輸出をサポートしている。そして熊本県の農作物については，需要拡大を促すとともに，県内の雇用を促進する目的から，6次産業化による農作物の高付加価値化を図っている。

第4節　6次産業化の推進

1　6次産業化の概要

　6次産業化は，2010年に制定され公布された「地域資源を活用した農林漁業者等による新事業の創出等及び地域の農林水産物の利用促進に関する法律」（以下，6次産業化法）に基づいた取り組みであり，この法律は「農林漁業の振興を図る上で農林漁業経営の改善及び国産の農林水産物の消費の拡大が重要であることに鑑み，農林水産物等及び農山漁村に存在する土地，水その他の資源を有効に活用した農林漁業者等による事業の多角化及び高度化，新たな事業の創出等に関する施策並びに地域の農林水産物の利用の促進に関する施策を総合的に推進することにより，農林漁業等の振興，農山漁村その他の地域の活性化及び消費者の利益の増進を図るとともに，食料自給率の向上及び環境への負荷の少ない社会の構築に寄与することを目的」[2]として制定されたものである。

　6次産業化法の目的を詳細に分析すると，前半部分から「その地域に存在する資源を有効に活用した事業の多角化や高度化，新規事業の創出」という，事業の内容そのものに対する目的が示されていることがわかる。同時に，後半部分から「食料自給率の向上による地産地消の推進」という，展開された事業による成果を目的としていることがわかる。すなわち，生産者側からみた農作物を活用した事業展開と，消費者側からみた展開された事業から得られる効果という両側面がお互いにうまく影響し合うことによって，最終的には6次産業化によるその地域の農作物の付加価値向上と，それによる農業従事者の所得改善にも有用な効果をもたらすと考えることができる。

　6次産業化について初めて提唱した東京大学名誉教授の今村奈良臣氏は当初，「第1次産業＋第2次産業＋第3次産業＝第6次産業」としていた。しかしその後，第1次産業である農林水産業，第2次産業である加工業，第3次産

2）「地域資源を活用した農林漁業者等による新事業の創出等及び地域の農林水産物の利用促進に関する法律」第1条。

業である販売業をそれぞれ足し合わせるだけであれば，それは積み上げ計算にしかならないことから，現在の「第1次産業×第2次産業×第3次産業＝第6次産業」というかけ算の構造となっている。たとえば足し算であれば，第2次産業が欠けたとしても第1次産業と第3次産業はそれぞれ機能することになるが，かけ算であれば第2次産業が欠けるとすべてが機能しないことになるため，各機能が高い重要性を持っていると認識されるからである[3]。

2　熊本県における6次産業化の現状

　熊本県では，6次産業化を後押しするために，2013年度からJA熊本中央会の「熊本6次産業化サポートセンター」と一体となり，6次産業化を進めている農業従事者に対して積極的な支援を行っている。では，具体的にどのような支援を行っているのであろうか。

　熊本県の6次産業化における農業生産関連事業の販売額は，2010年から2015年までの5年間で約28％も増加している。特に2014年から2015年にかけては約11％増となっており，6次産業化に力を入れていることがみてとれる。そしてその内訳として，農作物の加工，農作物の直売所，農家レストランの順となっており，これらの項目が全体の伸びを押し上げていると考えられる。

　6次産業化に関しては，農林漁業者等が6次産業化法に基づいて，農林水産

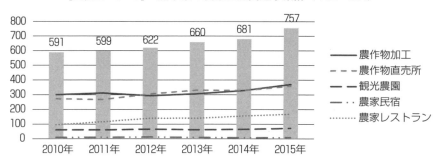

[図表Ⅱ-1-4]　熊本県の農業生産関連事業計（単位：億円）

（出所）農林水産省HPより筆者作成。

3）今村奈良臣（1998），1-2頁。

[図表Ⅱ-1-5] 熊本県の総合化事業計画認定件数の推移

2011年	2012年	2013年	2014年	2015年	2016年
22	44	70	73	77	81

（出所）農林水産省HPより筆者作成。

物の生産，加工，販売を一体的に行うための計画である「総合化事業計画」を申請する。そして農林水産省に認定されることによって，施設整備の補助などといった政策上のメリットを受けることができる。これは，農業従事者が単独でも共同でも申請することが可能となっている。そのため，熊本県においても「総合化事業計画」への申請者数は徐々に増加傾向にあり，2017年3月時点で認定件数が全国5位の81件となっている。

[図表Ⅱ-1-6]
総合化事業計画の認定件数の多い都道府県（2017年3月末時点）
（件数）

北海道	128
兵庫県	101
長野県	93
宮崎県	90
熊本県	81

（出所）農林水産省HP。

このように，総合化事業計画に申請する農業従事者は増加傾向にあるが，2011年以降の認定件数の推移をみると，法律の施行当初に大きく認定件数が増えているものの，近年では認定件数がほぼ横ばいとなっていることがわかる。補助事業や融資等を活用する農林漁業者の申請が中心となってきたことが，申請者件数の低迷の一因になっていると考えられる。

3　6次産業化の取り組みに対する支援

とはいえ，熊本県としては6次産業化に対するさまざまな支援を行っている。たとえば取り組み開始段階では，産業技術センターやアグリビジネスセンターと協力して，加工技術の習得，商品の開発，マッチングなどを支援している。なかでも事業化を目指すような内容であればコンサルタントやバイヤー，金融機関などといった最適なアドバイザーを事業者へ派遣し，ビジネスモデルを育成することによって事業化を促進する体制を整備している。

また，東京農業大学名誉教授である小泉武夫氏を「くまもと『食』・『農』アドバイザー」とし，地域に存在する加工品等を磨き上げることで6次産業化商品をさらに向上させたり，マスコミ等に向けたPR事業を展開することで県内の6次産業化商品の取引を拡大させたりする「たけモンプロジェクト」に取り組んでいる。

　財政面では，前述の農林水産省の総合化事業計画に伴う財政支援に加え，全国展開に向けた食の安全・安心の確保や，効率的な作業工程を組むための整備事業に対して，県として補助金を交付するなどの方策も行っている。

おわりに

　農業県である熊本県は，地域により異なる気象条件や自然豊かな環境を最大限に活用し，野菜や畜産，米など，数多くの農産物をバランスよく生産し販売している。しかし，近年における農業従事者の減少と後継者不足，農業所得の減少などの課題が，熊本県の農業を発展させる上で大きな足かせとなっている。

　そこで熊本県としては，農地集積や農業担い手の育成，農業研究センターとの協力による生産力の強化，ICT技術の導入推進によるコスト削減や農業経営の安定化など，さまざまな取り組みを行っている。

　そんななかで，「稼げる農業」をさらに加速させるための方策の1つとして，6次産業化の促進を行っている。6次産業化では，加工技術の習得や新商品の開発，マッチングなどを推奨したり，PR活動の積極的な展開を行ったりすることによって，熊本県の農産物を積極的に外部へアピールするとともに，県内の農業を活性化させることを意図している。このことにより，県内の農作物に対する付加価値を高めるとともに，農業所得を高めることが可能となる。

　しかし，2016年に発生した熊本地震によって，熊本県の農業も大きな被害を受けている。そこで地震からのくまもとの復興を果たすためにも，農業をさらに活性化させることが必要不可欠であり，6次産業化を積極的に推し進めていくことがその一助となるであろう。

【参考論文】

今村奈良臣（1998）『地域に活力を生む，農業の6次産業化』21世紀村づくり塾地域活性化教育指導推進部。

室谷有宏（2013）「6次産業化の現状と課題」『農林金融』農林中金総合研究所，66巻5号，2-21頁。

農林水産省農林水産政策研究所（2015）『6次産業化の論理と展開方向』農林水産省農林水産政策研究所。

熊本県農林水産部（2016）『くまもとの農業2016』。

熊本県農林水産部（2016）『熊本県食料・農業・農村計画』。

熊本県農林水産部（2017）『くまもとの農業2017』。

熊本県農林水産部（2017）『平成27～28年度　熊本県農業動向年報』。

農林水産省（http://www.maff.go.jp/）〔2017年9月25日〕。

（追記）　本章の執筆にあたっては，熊本県農林水産部農林水産政策課の横手健太郎氏，坂田昌陽氏，流通アグリビジネス課の大王龍一氏，中根悦子氏に多大なるご協力をいただいた。ここに記して感謝申し上げる次第である。

第 2 章

農業における株式会社化の展開

はじめに

　平成25（2013）年 5 月21日，内閣総理大臣を本部長とし，内閣官房長官，農林水産大臣を副本部長として関係閣僚が参加する「農林水産業・地域の活力創造本部」が首相官邸に設置された。同年12月10日，「農林水産業・地域の活力創造プラン（以下，活力創造プラン）」が同本部によって決定されたが，同プランは，平成26（2014）年 6 月24日，平成28（2016）年11月29日と二度にわたって改訂された。平成28年改訂版によると，活力創造プランが策定された平成25年に基幹的農業従事者の平均年齢が66歳に達し，同年までの20年間に耕作放棄地が倍増したが，その面積は，滋賀県全体に匹敵するまでになっているという。そこで，同プランにおいて，産業として農林水産業を強化するための産業政策と，農業が多面的機能（国土保全など）を発揮するための地域政策の両サイドから関係府省が連携して取り組むとの方針が掲げられている。活力創造プランの目的は，若者たちが希望の持てる「強い農林水産業」，「美しく活力ある農山漁村」を実現することにある。また，上述の農林水産業に対する産業政策と地域政策とをもって関係府省が連携することで農業・農村全体の所得を今後10年間で倍増させることを目標として，農業の成長産業化を図るという。活力創造プランにおける政策の展開方向として，以下の10項目が挙げられている。すなわち，

　1　国内外の需要を取り込むための輸出促進，地産地消，食育等の推進
　2　 6 次産業化等の推進（農商工連携，医福食農連携等）
　3　農地中間管理機構の活用等による農業構造の改革と生産コストの削減

4　経営所得安定対策の見直しおよび日本型直接支払制度の創設
　　5　農業の成長産業化に向けた農協・農業委員会等に関する改革の推進
　　6　更なる農業の競争力強化のための改革
　　7　人口減少社会における農山漁村の活性化
　　8　林業の成長産業化
　　9　水産日本の復活
　　10　東日本大震災からの復旧・復興

である。本稿では，以上の10項目のうち，「農地中間管理機構の活用等による農業構造の改革と生産コストの削減」と「農業の成長産業化に向けた農協・農業委員会等に関する改革の推進」に焦点を当て，論を進めていくことにしたい。なぜなら，この2つの項目に関わる政策は，本稿の主題である企業（主として株式会社）の農業分野への参入に直結する項目であると思われるからである。

　そこで以下では，農業分野における企業（主として株式会社）の参入とその促進政策について概観し，公表データをもとに現状を確認した上で農業の株式会社化についての展望と課題について述べてみようと思う。

第1節　平成21年改正農地法の概要

　平成21年12月15日，農地法等の一部を改正する法律（平成21年法律第57号；以下，平成21年改正農地法）が施行された。これによって，農地法が大幅に改正されると同時に，それとの関連で，農業基盤強化促進法，農業振興地域の整備に関する法律，農業協同組合法が改正された。

1　農地法の改正点

　では，農地法の内容は，どのように変わったのであろうか。主な改正点については，大きく4つに分けられる。すなわち，法律の目的，農地の権利移動の規制緩和，農地の転用規制の厳格化，遊休農地対策の強化である。

(1) 法律の目的（第1条）の改正

　農地法の目的については，第1条に規定されているが，改正前の条文は，以下のとおりである。

> **第1条**　この法律は，農地はその耕作者自らが所有することを最も適当であると認めて，耕作者の農地の取得を促進し，及びその権利を保護し，並びに土地の農業上の効率的な利用を図るためその利用関係を調整し，もつて耕作者の地位の安定と農業生産力の増進とを図ることを目的とする。

改正後は，

> **第1条**　この法律は，国内の農業生産の基盤である農地が現在及び将来における国民のための限られた資源であり，かつ，地域における貴重な資源であることに鑑み，耕作者自らによる農地の所有が果たしてきている重要な役割も踏まえつつ，農地を農地以外のものにすることを規制するとともに，農地を効率的に利用する耕作者による地域との調和に配慮した農地についての権利の取得を促進し，及び農地の利用関係を調整し，並びに農地の農業上の利用を確保するための措置を講ずることにより，耕作者の地位の安定と国内の農業生産の増大を図り，もつて国民に対する食料の安定供給の確保に資することを目的とする。

となった。また，第2条に責務規定が新たに設けられ，

> **第2条の2**　農地について所有権又は賃借権その他の使用及び収益を目的とする権利を有する者は，当該農地の農業上の適正かつ効率的な利用を確保するようにしなければならない。

とされた。

　つまり，農地が限られた貴重な資源と認識されており，農地の耕作者自身だけでなく，農地を適正に有効活用する主体であれば，農地の権利の取得を促すことで，食料が安定的に供給される態勢を整えておくことを目的としてこの2つの条文が設けられたものとみることができる。そして，農業への参入主体は，参入先の地域に対する調和を求められることが明記され，参入主体の責務となったのである。

(2) 農地の権利移動の緩和

　農地の権利移動の規制については，農地の権利を取得しようとする者が個人の場合と法人の場合とでは要件が異なる。ただし，「農地の農業上の適正かつ効率的な利用を確保」（法第2条の2）することは，個人，法人の共通する前提である。

　個人の場合，必要な農作業に常時従事し[1]，一定の面積[2]を経営し，周辺地域の農業に支障がない[3]と判断されれば，農地の権利を取得できる。法人の場合は，農業生産法人に限定されており，それ以外の一般法人には農地の権利の取得は認められていない。農業生産法人は，以下の要件を満たす必要がある。

① **法人形態**：譲渡制限のある株式会社，農事組合法人，合名・合資・合同会社
② **構成員**：農業関係者が総議決権の原則として4分の3以上を占めること（ただし，加工業者等の関連事業者の場合は，総議決権の2分の1未満まで可能）。
③ **役員**：役員の過半が農業の常時従事者（原則年間150日以上）である構成員であること，かつ，そのうちの過半の者が農作業に従事（原則年間60日以上）すること。
④ **事業内容**：主たる事業が農業（売上高の過半）であること。

　一般法人が農業に参入しようとする場合，下記の要件をすべて満たせば，相対での貸借が可能となる。すなわち，農地を適正に利用していないと認められた場合に貸借の解除をする旨の条件が書面契約でなされていること，地域の他の農業者との適切な役割分担[4]のもとに継続的かつ安定的な農業経営を行うと見込まれること，業務執行役員が1人以上農業[5]に常時従事することの3

1）法第3条2項4号。
2）北海道では2ヘクタール，都府県では50アールが原則であるが，地域の実情に応じて，農業委員会が設定することができる（法第3条2項5号）。
3）水利調整に参加する，無農薬栽培が行われている地域で農薬を使用しないなど。
4）集落での話し合いへの参加，農道や水路の維持活動への参画など。

点である。また，この場合，参入区域に制限はない。

（3） 農地の転用規制の厳格化

改正前は，国や都道府県が学校，病院等の公共施設の設置をするために農地を転用する際には，許可がいらなかったが，改正後は，公共施設への転用について法定協議（国または都道府県と都道府県知事との協議，4ヘクタールを超える場合は農林水産大臣との協議）を実施することが明記された。

違反転用や違反転用における原状回復命令違反があった場合の罰則も強化された。法人については，違反転用した場合の罰金の金額が300万円以下から1億円以下へと引き上げられ，原状回復命令違反の場合は，罰金の金額が30万円以下から1億円以下へと大幅に引き上げられた。個人については，原状回復命令違反の場合の罰金の金額が30万円以下から300万円以下へ引き上げられ，さらに懲役も6カ月以下から3年以下となり，厳罰化された。

（4） 遊休農地対策の強化

毎年1回，農地の利用状況調査を実施し，遊休農地[6]と判定された場合，その所有者等に対して，農業委員会が指導，通知，勧告といった一連の手続を実施するよう明記された。その上で，その所有者等が勧告に従わない場合には，最終的に都道府県知事が裁定を行い，農地保有合理化法人等が遊休農地の利用権を設定できることとなった。また，所有者がわからない遊休農地については，知事の裁定で農地保有合理化法人等が利用できるようになった。さらに，遊休農地において病害虫の発生等により，緊急に対応する必要がある場合，市町村長による支障の除去等の措置を命令するか，または行政代執行をとることができるようになった。

5）農作業だけに限らず，マーケティングなどの経営や企画に関するものも含まれる。
6）農業委員会が「現に耕作の目的に供されておらず，かつ，引き続き耕作の目的に供されないと見込まれる農地」「その農業上の利用の程度がその周辺の地域における農地の利用の程度に比し著しく劣っていると認められる農地」のいずれかに該当すると判断した場合，遊休農地と判定される（法第30条3項）。

2　農業基盤強化促進法の改正点

　農業基盤強化促進法の主な改正点としては，農地利用集積円滑化事業とそれを実施する農地利用集積円滑化団体の創設が挙げられる。
　農地利用集積円滑化団体とは，市町村段階で農地を面的に集積し，農地利用集積円滑化事業等を実施する組織である。具体的には，市町村や市町村公社，農業協同組合等が農地所有者の委任を受け，農地の買い入れや借り受けを行って，売り渡し，交換，貸し付けを行うことで，農地の大規模化を図るものである。

3　農業振興地域の整備に関する法律の改正点

　改正前は，国が「農用地等の確保等に関する基本指針」を定め，都道府県が「農業振興地域整備基本方針」を作成し，農用地等の確保を行うことにとどまっていた。法改正により，「確保すべき農用地等の面積の目標その他の農用地等の確保に関する基本的な方向」に従って，「確保すべき農用地等の面積の目標を設定」し，その「達成状況」を都道府県が国に報告し，国が公表するという仕組みが明記された。また，「農用地区域内における開発行為」の制限も強化された。

4　農業協同組合法の改正点

　農業協同組合が農地利用集積円滑化団体として農地利用集積円滑化事業を実施できるように農業協同組合法が改正された。

　平成21年改正農地法施行後，平成25年6月までの3年半の間に1,261の一般法人（株式会社，特例有限会社，NPO法人等）が参入している。増加率でみると，農地法改正施行以前の5倍強となった。つまり，平成21年の農地法改正によって，農地を所有せず，利用することを通じて農業経営を行う法人が増加したことがみてとれるのである。

第2節　平成27年改正農協法等の概要

　平成27年9月4日，農業協同組合法等の一部を改正する等の法律が公布され（平成27年法律第63号），平成28年4月1日に施行された。これによって，農業協同組合法（以下，農協法）や農業委員会等に関する法律（以下，農業委員会法）が大幅に改正され，農地法も若干の改正をみた。農林水産省は，平成27年4月3日，第189回国会（常会）に「農業協同組合法等の一部を改正する等の法律案」を提出したが，法案提出の「理由」として，「最近における農業をめぐる諸情勢の変化等に対応して，農業の成長産業化を図るため，農業協同組合等についてその目的の明確化，事業の執行体制の強化，株式会社等への組織変更を可能とする規定の整備，農業協同組合中央会の廃止等の措置を講ずるとともに，農業委員会の委員の選任方法の公選制から市町村長による任命制への移行，農業生産法人に係る要件の緩和等の措置を講ずる必要がある。これが，この法律案を提出する理由である」と述べている。つまり，冒頭で触れた活力創造プラン（「政策の展開方向」の「5．農業の成長産業化に向けた農協・農業委員会等に関する改革の推進」）等に基づいて農業の成長産業化を図るために，関連する法制度について見直しを行ったということである。

1　農協法の改正点

　平成27年の農協法の改正は，さまざまな面に及ぶ。以下では，その概要を記しておこう。
　①　組合の事業運営原則の明確化
　農業協同組合および農業協同組合連合会（以下，組合）は，その行う事業によってその組合員および会員のために最大の奉仕をすることを目的とする。その事業の遂行に際して農業所得の増大に最大限の配慮をしつつ，農畜産物の販売等の事業の的確な遂行により利益を上げ，その利益を事業の成長発展を図るための投資や事業利用分量配当に充てるよう努めなければならない。
　②　組合の自主的組織としての組合の運営の確保
　組合は，組合員に事業利用を強制してはならない。

③　理事等の構成

原則として，理事の過半数は認定農業者[7]または農産物販売・法人経営について実践的能力を有する者でなければならない[8]。

④　組合の組織変更等

組合は，その選択により，新設分割による組合の設立や，組合から株式会社・一般社団法人・消費生活協同組合・社会医療法人への組織変更を行うことができる[9]。

⑤　農業協同組合中央会制度の廃止

法施行後3年6カ月の間に中央会制度が廃止され，都道府県中央会は農協連合会に，全国中央会は一般社団法人に，それぞれ移行することができる。

⑥　信用事業を行う農業協同組合等の会計監査人の設置

一定規模以上の信用事業を行う農業協同組合等は，公認会計士または監査法人による会計監査を受けなければならない。新制度への移行にあたり，政府は適切な配慮を行うものとする。

2　農業委員会法の改正点

農業委員会法については，以下の4点が改正された。

①　農業委員会の事務の重点化

農業委員会の主たる任務は，「農地等の利用の最適化の推進」[10]であることが明確化された。

---

7) 平成5年に創設された認定農業者制度に基づき認定される農業者をいう。具体的には，農業経営基盤強化促進法に基づき，農業者が5年後の経営改善目標を記載した農業経営改善計画を作成し，市町村が作成した基本構想に照らし，市町村が認定するものである。

8) さらに，活力創造プランの「政策の展開方向」では，女性・青年の単位農協の理事への積極的な登用について言及している。

9) 活力創造プランの「政策の展開方向」では，必要な場合には，JAの組織分割や，組織の一部の株式会社・生活協同組合等への転換ができるようにする，全農・経済連は，経済界との連携を連携先と対等の組織体制のもとで迅速かつ自由に行えるよう，農協出資の株式会社（株式は譲渡制限をかけるなどの工夫が必要）に転換することを可能とする，農林中金・信連・全共連についても，金融行政との調整を経た上で，農協出資の株式会社（株式は譲渡制限をかけるなどの工夫が必要）に転換することを可能とする方向で検討する，と明記されている。

10) 担い手への農地利用の集積・集約化，遊休農地の発生防止・解消，新規参入の促進などを指す。

② 農業委員の選出方法の変更

農業委員の選出方法が選挙制と市町村長の選任制の併用から，市町村長が市町村議会の同意を得る「市町村長の任命制」に変更された。その際，原則として，農業委員の過半数は認定農業者でなければならないとされたため，地域の農業をリードする担い手が農業委員に就任できる機会を増やすことが期待されている。

③ 農地利用最適化推進委員の新設

農地利用最適化推進委員は，農業委員会から委嘱され，担当区域における農地等の利用の最適化の推進のための現場活動を行うこととされている。その任務は，農業の担い手への農地利用の集積・集約化，遊休農地の発生防止・解消，農業分野への新規参入の促進の3点である。

④ 農業委員会のサポート組織としての都道府県農業会議および全国農業会議所の機能強化

農業委員会をサポートするため，都道府県知事または農林水産大臣が都道府県段階および全国段階に「農業委員会ネットワーク機構」を指定するものである。

3　農地法の改正点

農地法については，6次産業化等を促進するため，農地を所有できる法人の要件（構成員要件，議決権要件，役員の農作業従事要件）が以下のように改正された[11]。

① **構成員要件**：農業関係者として「農地中間管理機構又は農地利用集積円滑化団体を通じて法人に農地を貸し付けている個人」が追加された。また，農業関係者以外の構成員として「法人と継続的取引関係を有する関連事業者等」に限られていたが，この要件が廃止された。

② **議決権要件**：農業者以外の者の議決権が総議決権の2分の1未満に拡大された。

③ **役員の農作業従事要件**：役員または重要な使用人（農場長等）のうち，

---

11) 改正前の要件については，前節1（2）農地の権利移動の緩和を参照のこと。

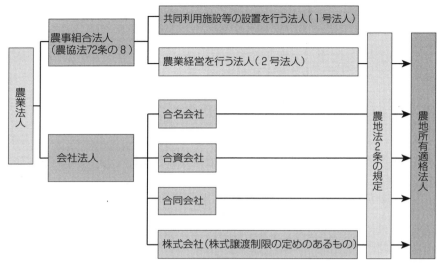

[図表Ⅱ-2-1] 農業法人と農地所有適格法人の関係

（出所）北海道農業経営課ウェブサイト。

１人以上の者が農作業に従事（原則年間60日以上）すればよいこととなった。

④ **農地を所有できる法人の呼称**：農業生産法人から「農地所有適格法人」へ変更された。農地所有適格法人は，農業法人のうち，農地法２条に規定される農事組合法人（農業経営を行う農協法72条２号法人），会社法人（株式非公開の株式会社，合名・合資・合同会社）であり，農地法２条の要件を満たす法人である（**図表Ⅱ-2-1を参照**）[12]。

第３節　農地中間管理機構

冒頭で述べたように，活力創造プランで示された10項目に及ぶ「政策の展開

---

12) 農地所有適格法人には，毎事業年度の終了後３カ月以内に農業委員会へ事業状況等を報告するという義務があるが，毎年の報告がない，または虚偽の申告をした場合には30万円以下の過料が科せられる。

方向」のなかに「3．農地中間管理機構の活用等による農業構造の改革と生産コストの削減」が明記されているが，その目的と目標はそれぞれ，「農業構造の改革と生産コストの削減を図ること」，「10年間で担い手が利用する農地の割合を現在の5割から8割まで引き上げる」というものである。その実現のために，都道府県ごとに農地中間管理機構（農地集積バンク）を整備していくという。農地中間管理機構は，地域内に分散・錯綜する農地を整理し，借り受け，担い手にある程度まとまりのある形で貸し付けることによって農地の集積・集約化を推進する，という役割を担うものである。さらにいえば，同機構が農地を借り受けする役割を担うことを期待されているのが農地利用最適化推進委員であるといえよう。

ちなみに，民間企業などの一般法人が農地を借りて農業分野に参入するには，上記の農地中間管理機構から農地を借り受ける方法の他に，農地法に基づいて農業委員会等の許可を受ける方法，農業経営基盤強化促進法に基づいて市町村が定める「農用地利用集積計画」により権利を設定する方法がある。

なお，農地を集積し，貸し付けを行う機関として平成21年の農地法改正時に創設された農地利用集積円滑化団体があるが，同団体が市町村ごとに設置されていることが農地中間管理機構と大きく異なる点である。農地利用集積円滑化団体の実施する農地利用集積円滑化事業において，農地の集積・集約を市町村にまたがる形で行おうとする場合や，隣接する市町村を飛び越える形で行おうとする場合にうまく機能しないこともあり得る。そうした場合，農地中間管理機構がより機能するものと思われる。

第4節　企業による農業参入の状況

冒頭の活力創造プランにおいて，産業政策としての農林水産業と，農業が多面的機能を発揮するため（国土保全など）の地域政策としての農林水産業の両方向から関係府省が連携して取り組むとの方針をもって，これまで上記のような施策が実施されてきた。その目的は，端的にいえば，耕作放棄地の減少と後継者不足の解消にある。そこで，本節では，企業による農業参入の状況を概観することにしたい。

[図表Ⅱ-2-2] 一般法人の農業参入の推移

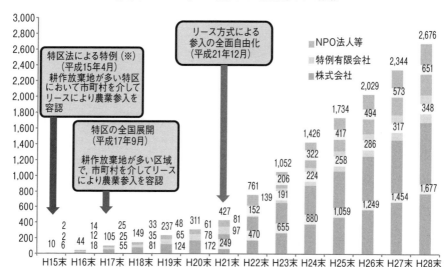

※構造改革特区制度により，遊休農地が相当程度存在する地域について，市町村等と協定を締結し，協定違反の場合には農地の貸付契約を解除するとの条件で，農業生産法人（当時の名称）以外の法人のリースによる参入を可能とした（農地法の特例）。
（出所）農林水産省経営局ウェブサイト。

　図表Ⅱ-2-2は，一般法人（株式会社，NPO法人等）の農業参入の推移を示したグラフである。一般法人は平成28年12月末現在で2,676法人となっているが，一見して，右肩上がりの増加傾向にあることがわかる。とりわけ，平成21年改正農地法下のリース方式の導入は，株式会社の参入（平成28年12月末現在で1,677法人）に弾みをつける役割を果たしたものと思われる。

　次に，農地所有適格法人の農業参入の推移を見てみたい（**図表Ⅱ-2-3**を参照）。やはり，この場合も右肩上がりの傾向を示しているが，平成29年1月1日現在で17,140法人となっている。そのうち，株式会社は5,445法人となっているが，農事組合法人（4,961法人）とともに着実に増加していることがみてとれる。そして，農地所有適格法人の総経営面積は43万1,556haとなり，前年同期の38万8,000haから約11%増加している。

　このように，農業分野への法人参入，とりわけ株式会社の参入は順調に伸びており，今のところ，政府の政策誘導は概ねうまく機能しているといえよう。

[図表Ⅱ-2-3] 農地所有適格法人の農業参入の推移

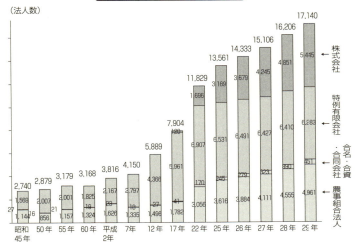

注:「特例有限会社」は,平成17年以前は有限会社の法人数である。
資料:農林水産省経営局調べ(各年1月1日現在)

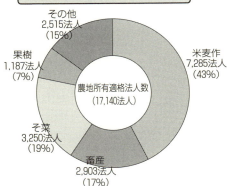

注1:営農類型の区分は,主たる作物(粗収益の50%以上を占める作物)により分類し,いずれも50%に満たない法人は「その他」とした。
注2:各営農類型の割合の合計は四捨五入の関係で100にならない。

農地所有適格法人の総経営面積
43万1,556ha

資料:農林水産省経営局調べ(平成29年1月1日現在)

(出所)農林水産省経営局ウェブサイト。

楽観的な展望を描くと，農業の株式会社化が進み，担い手不足の緩和や耕作放棄地（条件不利地）の減少，そして，輸出産業化に道が開ける可能性もあり得る。

おわりに──残された課題

日本政策金融公庫（2013）によると，平成23年に実施されたアンケート調査の結果から，企業が農業に参入し，成功を収めるためのポイントについて，以下の4点を挙げている。
(1) 参入前に研修等で生産技術を習得していること
(2) 諸条件を十分に勘案し[13]，栽培に適した農地を確保すること
(3) 自ら販路開拓に取り組み，利益が確保できる単価で販売すること
(4) 運転資金を調達する上で本業の経営安定が不可欠であること

また，参入後，農業経営が軌道に乗るためには，本業の経営ノウハウをうまく取り込むことが必要であるという。たとえば，本体で土木事業を営んでいる場合は，土木事業の工程管理の農産物の生産管理への応用等である。

農業分野への株式会社の参入が続き，農業が株式会社化するにともない，バラ色の未来が描けるかどうか，予断は許されない。農業分野全体の問題として，職人的な担い手が減少し，農産物の質が低下することで消費者にも影響が及ぶとする指摘もある[14]。また，TPPの発効により，海外の巨大アグリビジネスなどによる買収が進むのではないかという懸念も否定できない[15]。ここでは，紙幅と時間の関係で十分な議論はできないが，今後，食料安全保障の面からも検討を加えていくべきであると思う。

---

13) 条件不利地は当初，収益が上がりにくいといわれている。
14) 神門［2012］を参照のこと。
15) 筆者が農協関係者から聞いた言葉である。

【参考文献】

神門善久［2012］『日本農業への正しい絶望法』新潮社。
伊佐淳・西川芳昭・松尾匡編著［2013］『市民参加のまちづくり【グローカル編】―コミュニティへの自由―』創成社。
吉田成雄・柳京熙編著［2013］『日中韓農協の脱グローバリゼーション戦略―地域農業再生と新しい貿易ルールづくりへの展望―』社団法人農山漁村文化協会。
堀田和彦・新開章司編著［2016］『企業の農業参入による地方創生の可能性―大分県を事例に―』農林統計出版。

【参考論文】

渋谷往男［2012］「第二フェーズ参入企業が新農業モデルを」『AFCフォーラム 2012年3月号 特集 農業へ，企業参入新時代』日本政策金融公庫，3-6頁。
室屋有宏［2012］「参入企業と農村社会との融和が共存のカギ」『AFCフォーラム 2012年3月号 特集 農業へ，企業参入新時代』日本政策金融公庫，7-10頁。
橋本康治［2012］「農業参入企業に経営ノウハウを伝授」『AFCフォーラム 2012年3月号 特集 農業へ，企業参入新時代』日本政策金融公庫，11-14頁。
貞清栄子［2012］「企業参入が加速する農業分野」『三井住友信託銀行調査月報 2012年7月号』三井住友信託銀行，1-7頁。
室屋有宏［2015］「なぜ企業の農業参入は増加傾向が続くのか―地域にみる参入の構造と特徴―」『農林金融 2015年5月号』農林中金総合研究所，20-35頁。
石田一喜［2017］「地方創生と農業への企業参入と自治体施策」『ECPR Vol.38（財団設立40周年記念号）』公益財団法人えひめ地域政策研究センター，33-42頁。

【報告書】

日本政策金融公庫［2013］『平成24年度企業の農業参入に関する調査（AFCフォーラム別冊 情報戦略レポート㊱）』日本政策金融公庫農林水産事業本部。

【その他資料】

農林水産省（http://www.maff.go.jp/）［2017年8月20日］
北海道（http://www.pref.hokkaido.lg.jp/）［2017年8月20日］
熊本県（http://www.kuma-agri.jp/）［2017年8月30日］
公益社団法人日本農業法人協会（http://hojin.or.jp/）［2017年9月1日］

第3章

官民協働による農業発展の可能性
――指定管理者制度の事例を題材に

はじめに

　農業県である熊本県は，6次産業化に向けた取り組みにも積極的に挑戦している。特に，熊本地震により甚大な被害を受けた熊本県は，そこからの早期の復旧・復興を目指すべく，農業の活性化，特に6次産業化を復旧・復興の柱の1つとして力を入れている。

　県による復旧・復興に向けた支援もあり，熊本県の農業は少しずつ回復しつつある。とはいっても，県による農業への支援体制は資金支援などの間接的なものがその中心となっている。また直接的なサポートとして，農作物の品種改良等に関する研究は行われているものの，それらは長期的な視点から農業の発展に貢献しているものであり，短期的な視点からみた直接的な農業の発展に対するサポートはあまり注目されていないのが実状である。

　本章では，熊本県の農業を発展させるための1つの方策として，指定管理者制度の活用可能性について検討する。指定管理者制度は，地方公共団体により設置された施設を，指定管理者である民間企業が運営するという，官民協働による事業展開手法の1つであり，近年においてはさまざまな面で活用されている。そのため，地方公共団体と民間企業の長所を活かした官民協働による指定管理者制度を，熊本県の農業に対しても最大限に活用することで，農業のさらなる活性化にプラスの効果をもたらすことができるのではないかと考えられる。

　特に，農作物をそのまま販売するのではなく，加工して販売する6次産業化においては，農作物を加工するための施設が必要となるが，施設を設置し運営

するためには多額の資金や労働力，施設の運営管理能力等が必要とされ，農業従事者が独自に展開することは難しい。そのようななかで，官民協働による指定管理者制度を活用することは，資金や運営管理能力等の面において有効に機能すると考えられる。そこで，具体的には大分県宇佐市による大豆加工センターの事例を取り上げ，指定管理者制度による6次産業化への活用可能性を検討する。

第1節　指定管理者制度と官民協働

　指定管理者制度は，2003年の地方自治法改正により新たに制定された制度である。その目的は，多様化する住民ニーズに効果的，効率的に対応するため，公の施設の管理に民間の能力を活用し，住民サービスの向上を図るとともに，経費の節減等を図ることとされている。この目的を考慮すると，民間企業の経営能力を必要とする理由としては，顧客ニーズを明確に認識しそれを効果的に製品やサービスに反映させる能力，そして利益を創造するための効率的な作業実施能力とコスト削減能力を指定管理施設の管理運営に導入することにより，効率的かつ公共の福祉を最大化する指定管理施設の運営管理が実現できるからである。

　また指定管理者制度については，従来の管理委託制度と比較すると，指定管理者である民間企業に対し大きな経営上の権限が委譲されており，業務を遂行する上で必要な決定事項を，ある程度の範囲内であれば自由裁量で行うことができるようになった[1]。

　これらのことから，指定管理者制度が制定される以前に比べると，指定管理者である民間企業に対する業務運営上の自由裁量権が大きく委譲され，「官」の業務を代理で遂行するのではなく，「官」の業務を「民」のやり方で運営することができるようになったといえる。言い換えると，「官」と「民」が協働によって，公共の福祉を向上させるような業務を遂行できるようになったことがわかるであろう。

　1）指定管理者制度の特徴については，たとえば出井（2005），p.31などを参照されたい。

第2節　6次産業化の課題と指定管理者制度

1　事業者同士の連携の不足

　現在，6次産業化を推し進めることによって，国を挙げて地域経済を活性化させようと試みているところであるが，現実には6次産業化が直面している課題もいくつか存在している。その1つとして，地域における連携の不足がある。

　たとえば，6次産業化を支援するための試みである総合化事業計画には，単独の農家でも複数の農家による共同でも申請することが可能となっている。しかし，実際には単独での事業展開を行っている農家が多く，地域全体が共同で6次産業化に取り組んでいるとは言い難いという現状がある。すなわち，6次産業化を成功させるためには農作物の生産から加工，販売までを一連として行うことが求められるが，それを農業従事者が単独で行うことは現実的に難しいであろう。

　そのため，農業従事者は自らが生産している農作物について，加工を行って

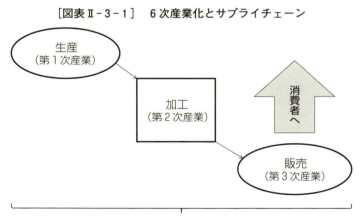

［図表Ⅱ-3-1］　6次産業化とサプライチェーン

連携することで各事業者の特徴を最大限に活かした事業を展開しつつ情報共有や新しい発想の創出などにもつながる

（出所）筆者作成。

いる事業者や販売業者らと提携し，産業間を超えたサプライチェーンを構築することが必要ではないのだろうか。その結果，農作物の生産，加工をそれぞれ主とする事業者が担うこととなり，それぞれの事業者の長所を活かしながら，連携の取れた6次産業化が実現できると考えられる。

2　地方公共団体による支援とその課題

　また6次産業化に対しては，多くの地方公共団体が6次産業化を支援する方策として，資金面での対応を中心に行っている。たとえば熊本県においても，6次産業化にともなって必要となる加工施設や機械の整備費用を助成したり，アグリビジネスセンターの人材や機器を活用し，加工技術の指導や商品開発の支援を行ったりしている。さらには情報交流やマッチングの機会を提供するなど，特に資金面におけるサポートや企業間のコーディネートなどを中心とした支援が行われているのが現状である。

　現時点においては，認定農業者などの小規模な農地を持つ個別経営体と，農業法人等の大規模な農地を持つ経営組織体との間で，資金や面積，人手，生産量，さらにはコスト面においても大きな差が生じている。熊本県では，後継者不足などにより放棄地となっている農地を中心に，それらを認定農業者や農業法人などに集積することを試みるとともに，規模の経済を活用しコストを削減するために農業法人化を推進しており，その結果，大規模な農地を持つ経営組織体が徐々に増えてきている。しかし，このことは言い換えるとコストの面だけでなく，資金の獲得能力，人手，生産量等，多くの面において小規模な農家と大規模な農家の格差をさらに大きくするおそれがある。

3　指定管理者制度による6次産業化の促進

　上述のように，現実の問題として個人の農業従事者が巨額の投資を行って農業を大規模化することは困難であり，ましてや6次産業化を進めていくことは難しいであろう。また，現時点において促進されている農業法人化についても，なかには大規模な農業法人として運営している法人もあるが，個々の農業従事者による集合体として農業法人を構成しているケースもあり，その場合には，何かを行うたびに個々の農業従事者を取りまとめる必要があるため，ス

ムーズな対応が困難となる可能性がある。

　これらのことから，地方公共団体に求められる役割として，資金支援や企業間のコーディネートといった間接的なサポートだけではなく，直接的なサポートも必要になってくるのではないか。すなわち，資金支援やコーディネートによる6次産業化の推進だけでは，農業法人を含む一部の大規模農家のみが6次産業化を実現するにとどまってしまい，熊本県の農業全体を活性化させるために6次産業化を普及させようと考えたとき，現在の支援体制だけでは限界があると考えられる。

第3節　指定管理者制度の活用と採算性・公共性

　指定管理者制度を活用するにあたっては，その事業を採算性と公共性の観点から捉えることによって，事業の有効性を把握することができるであろう。**図表Ⅱ-3-2**は，事業の公共性および採算性について示したものである。これをみるとわかるように，特に公共性も高く採算性も高い事業について，利益追求を目的としている民間企業が事業展開を行うと，求められる高い公共性が維持されない可能性もある。その反面で，採算性が高いことから民間企業も事業に参入しやすい状況であるといえる。その結果，地方公共団体と民間企業による

[図表Ⅱ-3-2]　**事業の採算性と公共性**

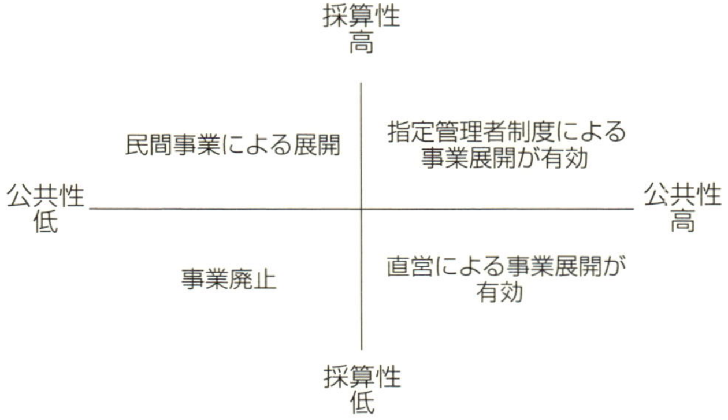

	採算性 高	
公共性 低	民間事業による展開	指定管理者制度による事業展開が有効
	事業廃止	直営による事業展開が有効	公共性 高
	採算性 低	

（出所）加藤（2012），66頁より一部修正。

官民協働の事業展開が行われる指定管理者制度を活用することにより，両者の特徴を最大限に活用した事業展開を行うことができると考えられる。

第4節　宇佐市大豆加工センターの事例

1　大豆加工センターの設置目的

　上述のように，地方公共団体が有する公共の施設については，採算性と公共性の2つの側面から捉えることによって，その施設の特徴を把握することができる。その上で，特に指定管理者制度の対象となる公共性の高い施設については，指定管理者制度による運営がどのように行われているのかを調査し，官民協働の事業運営について明らかにする必要がある。そこで，調査当時に大分県宇佐市の指定管理施設であった「大豆加工センター」について，継続的に調査研究を行った[2]。

　宇佐市では「宇佐市大豆加工センター条例」第1条において，指定管理施設である大豆加工センターの目的を次のように示している。

　「本市大豆生産者の顔の見える安心・安全なこだわりのある高品質な大豆を使った豆乳製品の製造販売を行うとともに，地域農業の所得向上及び雇用の促進を図るため，宇佐市大豆加工センター（以下「大豆加工センター」という。）を設置する。」[3]

　この設置目的を示した条文からもわかるように，宇佐市大豆加工センターとは，宇佐市において生産されている大豆を活用した豆乳製品の販売を行うことにより，地域で生産された農作物の積極的な活用を促進するとともに，地域に

2）調査は，宇佐市と協定書（「宇佐市大豆加工センター」管理会計調査研究に関する協定書：調査研究期間2011年6月1日から2014年8月31日まで）を結び，2011年6月から約3カ月に一度の割合で実施した。なお，調査日時，訪問者および対応者の詳細については，加藤（2012）を参照されたい。

3）「宇佐市大豆加工センター条例」第1条。

対する雇用の促進を目的として設置された施設である。言い換えると，地域での農産物を積極的に活用した加工品の生産および販売を促進する点において，6次産業化をサポートする仕組みの1つであると考えることができる。

2 大豆加工センターの運営

インタビュー調査によると，大豆加工センターでは地元の大豆農家が生産したものも購入し，指定管理施設において大豆を豆乳や豆腐に加工するとともに，完成した製品は地元のスーパーや学校給食として納品していたという。大豆加工センターが有効に機能していたことは，次のことからもわかる。

「指定管理者制度が具体的に地域活性化にどのようにつながっているのか。これに関しては，たとえば，大豆加工センターの例でいえば，県外から新たな指定管理者が選定されたことにより，宇佐市内の大豆をかなり多く購入してもらえるようになったり，大豆の栽培を汎用性の高い種類に切り替えを農家に依頼することで，地元農家から好評を博しているという。大豆加工センターは地元農家の収入を向上させるために設置された施設であることから，望ましい成果につながっていると思われる。」[4]

なお，指定管理者制度を活用することについては，たとえば指定管理期間や設備の取扱い等，さまざまな課題も抱えている[5]。とはいえ，大豆加工センターについても5年の指定管理期間が設けられていたが，指定管理期間が満了した後は宇佐市の行政財産から普通財産に変更され，指定管理者に対し貸し付けの形となっている。そのため，同施設は現在，民間企業によって6次産業化が進められている。

このように，検討すべき課題は存在しているものの，指定管理者制度を6次産業化への取り組みとして活用することで，農業従事者と加工作業を担う民間

---

4) 加藤典生（2012），71頁。
5) 指定管理者制度には制度上の課題や運用上の課題を抱えているが，ここでは指定管理者制度の6次産業化への活用可能性に焦点を当てているため，詳細については論述していない。なお，それらの課題については加藤（2012）や望月他（2015）などを参照されたい。

企業，さらには販売業者がサプライチェーンを構築し，6次産業化を活性化させる上で有効な手段の1つであるといえるであろう。

第5節　指定管理者制度の導入と6次産業化への影響

　6次産業化の推進に向けた地方公共団体によるサポート体制の1つとして，指定管理者制度を導入することは考えられないであろうか。個々の農業従事者が自ら資金調達を行い，大きなリスクを抱えながら6次産業化を進めることは考えにくいであろう。そこで宇佐市の事例にもあるように，6次産業化の一端でもあり多額のコストと固定費を抱えるリスクのある加工作業について，指定管理者制度を導入することによってリスクや負担感が軽減され，6次産業化に向けた取り組みにシフトしやすくなると考えられる。また，施設の運営管理を現場のコスト管理能力に長けた民間企業が行うことによって，効率的で効果的な運営管理が行われることになる。結果的には，施設の管理運営経費を縮減することにつながり，全体としてコストを削減することが可能となる。

　さらには，加工や販売の事業を他の事業者が担うことから，農業従事者にとって加工や販売のことを過度に気にする必要がない。このことは，農作物の特徴を熟知している農業従事者が，農作物の魅力を最大限に引き出すような企

[図表Ⅱ-3-3]　指定管理者制度と6次産業化の構図

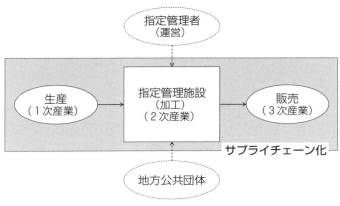

（出所）筆者作成。

画を積極的に発案することにもつながり，商品としての魅力を高めることにもなる。そして，多様化する消費者のニーズに効果的・効率的に対応することができることにより，質の高いサービスを提供することを可能にする。

　もちろん，サプライチェーンを構築する上では主導する企業が必要であるが，6次産業化においては加工作業を行う指定管理者がその主導役を担うことにより，加工販売に関する民間企業のノウハウを最大限に活用することができ，結果的に6次産業化による生産，加工，販売のサイクルを効果的に回すことにつながるのである。

おわりに

　農業県である熊本県は，熊本地震により農業関連の施設や農地そのものも大きな被害を受けており，復旧・復興に向けた取り組みが急がれるところである。そして，その復旧・復興を加速させるためにも農業の活性化，さらには6次産業化を軌道に乗せることが1つの重要な要素となるであろう。

　そんななかで，熊本県では資金支援や企業間コーディネートなどといった間接的なサポートを中心に行っているが，地域活性化や地方創生に向けてさらに積極的な関わりや協力が必要ではないだろうか。特に6次産業化においては，仕組みの構築にかなり大規模な資金，労働力，企画力等が必要になることから，農業従事者や食品加工業者が個々人で取り組むのではなく，協力関係を構築した上で効果的・効率的な事業展開を行わなければならない。

　そこで，地方公共団体が指定管理者制度を活用し，農作物の加工作業に必要な施設を提供することによって，農業従事者は農作物をそのまま販売するのではなく，さらなる付加価値を加えた新しい商品としての販売を促進することができる。その結果，農業所得の向上にもつながるとともに，熊本県の農産物をブランド化することにもなり，地域活性化に有効な手立ての1つになると考えることができる。

　さらには，施設の運営を管理する指定管理者がサプライチェーンの中核となり，農業従事者との連携を図ることによって，農作物の生産から加工，販売までの一貫した流れをスムーズに展開することができるようになる。たとえば指

定管理期間などといった指定管理者制度上の制約や課題も存在するものの，宇佐市の事例のように指定管理者制度をスタートアップとして活用し，軌道に乗り始めたところで民間企業主導に変更することにより，さらなる発展を図ることも考えられる。

このように，6次産業化を普及させて熊本県の農業をさらに活性化させていくためには，スタートの段階で地方公共団体による積極的で直接的なサポートが重要となってくる。資金的な負担やリスクにより6次産業化への参入に消極的な民間企業に対し，積極的にサポートすることが地方公共団体の役割の1つでもあり，その後の運営を円滑に行うという民間企業の役割につなげていくことで，それぞれの役割が明確となり，官民協働による6次産業化の飛躍的な発展につながっていくのではないだろうか。

【参考文献】
伊佐田文彦（2005）「SCMとオペレーション業績管理」浅田孝幸編著『企業間の戦略管理会計』同文館，43-62頁。
出井信夫（2005）『指定管理者制度』学陽書房。
加藤典生（2012）「地域活性化に向けた管理会計研究の課題：指定管理者制度に着目して」『経済論集』第64巻第2号，53-79頁。
熊本県農林水産部（2016）『くまもとの農業2016』。
熊本県農林水産部（2016）『熊本県食料・農業・農村計画』。
熊本県農林水産部（2017）『くまもとの農業2017』。
熊本県農林水産部（2017）『平成27～28年度　熊本県農業動向年報』。
望月信幸，佐藤浩人，加藤典生（2015）「指定管理者制度における業績評価の一考察―大分県宇佐市のケースとBSCの導入可能性―」『メルコ管理会計研究』第7号-Ⅱ，25-35頁。

第4章

農業に潜在する富の源
――事例をとおして

はじめに

　2016年4月の熊本地震に見舞われた熊本県は，国内外からさまざまな支援を受けた。そのなかで，新潟県からはこれまでの被災地支援の経験やノウハウに基づいた救援物資の提供や避難所運営などの応援を受けた。その新潟県では，2004年に発生した中越地震による被災を契機に，県内に集積する食品メーカーの加工技術を活かして，従来の非常食より日常食に近い「災害食」の研究が展開されている。

　そこで本稿は，熊本県が地震や水害などの被災県としての経験を活かして創造的復興に取り組むにあたり参考となる新潟県の取り組みについて紹介し，九州における食料基地としての熊本県の役割について考えてみたい。

第1節　熊本県の農業と食品製造業を取り巻く環境

1　熊本地震の影響

　熊本地震にともなう熊本県内での農林水産業への被害額は，1,487億円に上っている（2016年6月21日時点）。部門別では農地関係の被害が大きく，ため池や水路などが損傷し，田は亀裂や液状化の被害が見られ，県内各地で田植えが例年より半月近く遅れた。

　現在，これらの農業関連インフラの復旧が進められているが，生産者のマインド面への地震の影響も懸念されている。特に農業の担い手については，減少

と高齢化がいわれて久しいが，地震がさらに拍車をかけるおそれがある。

ここで基幹的農業従事者[1]の状況をみると，全国では2005年の224万1千人から2015年に176万8千人へと約2割も減少している。**図表Ⅱ-4-1**で平均年齢をみると，2005年の64.2歳から2015年は67.0歳へと上昇し，65歳以上が6割以上を占める。熊本県は，2015年時点で平均年齢は64.3歳と北海道（57.4歳）に次いで国内では低いものの，2005年の60.4歳から3.9歳上昇しており，全国平均の2.8歳上昇より高齢化のスピードが速くなりつつある。

今回の地震で深刻な被害を受けた地域では，年齢を不安視して畜舎や田畑の再建に二の足を踏む生産者もいることから，さらにこれらの動きが加速することが懸念されている。

熊本県における農業の復興に向けては，農地集積による大規模な農業生産法人の設立で担い手不足の解消を図ることや，農産物の海外への輸出促進等により原状回復だけでなく，復興につなげる施策が進められている。このような取り組みによって，生産者の減少のスピードが少しでも緩やかになることが望ま

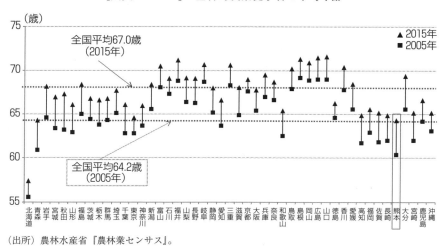

［図表Ⅱ-4-1］　基幹的農業従事者の平均年齢

（出所）農林水産省『農林業センサス』。

1）「基幹的農業従事者」とは，農業就業人口のうち，ふだんの主な状態が「仕事が主」の者をいう。

れる。この点，冒頭で紹介した新潟県では地震からの復旧・復興に向けた取り組みの1つとして，食料品製造業が集積する強みを活かして従来の非常食より日常食に近い「災害食」という食品加工の新分野を開拓している。そこで，次節以降では熊本県と同様に農業県である新潟県の災害食への取り組みを参考にしてみたい。

2　新潟県との比較

（1）　農業産出額，製造品出荷額

　ここで，新潟県と熊本県の農業と食品製造業の比較をしてみる。2014年の農業産出額をみると，熊本県は3,283億円で国内6位，新潟県は2,449億円で10位にランキングしており，ともに国内有数の農業県となっている。内訳をみると，産出額が最も多い品目は，熊本県では野菜が1,191億円（国内4位）であるのに対して，新潟県は米が1,296億円（国内1位）となっている（**図表Ⅱ-4-2**）。

　続いて，両県の製造品出荷額等をみると新潟県は4兆6,426億円で，熊本県は2兆4,740億円となっている。このうち食料品をみると，新潟県は7,284億円で最も多く，熊本県は3,301億円で輸送用機器に次いで2番目に多く，食料品製造業は両県を代表する産業に位置づけられる（**図表Ⅱ-4-3**）。ただ，熊本県

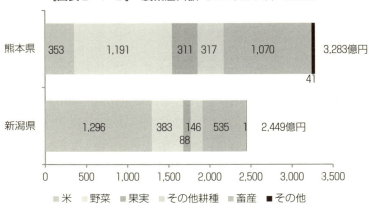

［図表Ⅱ-4-2］　**農業産出額**（2014年熊本県，新潟県）

（出所）農林水産省『2014年　生産農業所得統計』。

[図表Ⅱ-4-3] **製造品出荷額等**（2014年熊本県，新潟県）

順位	新潟県		熊本県	
1位	食料品	7,284	輸送用機器	3,881
2位	化学工業	6,054	食料品	3,301
3位	金属製品	5,232	電子部品	3,174
計	—	(46,426)	—	(24,740)

（出所）経済産業省『工業統計表』。

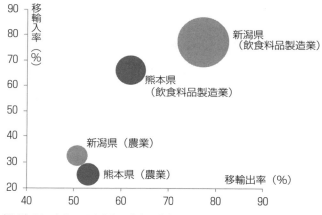

[図表Ⅱ-4-4] **農業と飲食料品製造業の移輸出率，移輸入率**
（新潟県，熊本県）

（備考）円の大きさは生産額の大きさを表す。
（出所）新潟県，熊本県『2011年産業連関表』。

は新潟県より農業産出額が多いにもかかわらず，食料品製造業の出荷額は逆転しており，その差は大きい。

（2） 産業連関表からみた比較

さらに，産業連関表をもとに移輸出率，移輸入率の観点から両県の農業と飲食料品製造業の特徴をみたものが**図表Ⅱ-4-4**である。移輸出率（＝移輸出額／県内生産額）は，県内で生産されたものがどれだけ県外へ販売されているかを示しており，移輸出率が高いほど県外から資金を獲得していることになる。

一方,移輸入率(=移輸入額/県内需要額)は,県内の需要のうちどれだけが県外から購入されているかを示したもので,移輸入率が高いほど県外に資金が流出していることになる。

図表Ⅱ-4-4は,横軸に移輸出率を,縦軸に移輸入率をとり,両県の農業と飲食料品製造業をプロットしたものである。農業は,熊本県が若干,新潟県よりも移輸出率が高く,移輸入率が低くなっており,農産品の素材そのものの品質の良さを活かして加工せずに県外に販売している状況がうかがえる。

これに対して,飲食料品製造業は新潟県の移輸出率がかなり高くなっている点が特徴的で,新潟県は農産品を県内の飲食料品製造業に販売し,付加価値をつけた上で,県外に販売していることがわかる。熊本県は,農業県でありながら飲食料品製造業の移輸出率が低く,国内の食料基地としてポテンシャルを発揮する余地がまだあるものと思われる。

第2節 災害食の取り組み

1 災害食

「災害食」は,長期の保存性(貯蔵期間の長さ),災害直後の栄養摂取や備蓄性(コンパクトな備蓄)を備えたもので,災害や紛争等の非常時(通常の食料供給が困難になった時)のために準備しておく食料のことを指す。また,災害食は従来から利用されている乾パンなどの非常用食品(非常食)をはじめ,備蓄用食品,保存食などさまざまな名称で呼ばれているものを含み,より広い概念となる。

主に一般被災者の利用を想定している非常食に対して,災害食は一般被災者に加え擁護の必要な乳児,高齢者や障害者,災害活動従事者等にも対象者を拡大している。また,非常食が災害発生直後から電気の復旧によりお湯を沸かすことができる段階までの利用を想定しているのに対し,災害食はすべてのライフラインが復旧し調理が可能となる段階までの利用を考慮しており,平常時の食事により近いものになっている。このため賞味期間にも違いがあり,非常食は概ね3年以上と長期間の保存を前提としているが,災害食は常温で6カ月以

[図表Ⅱ-4-5] 非常食と災害食の比較

名称	非常食	災害食
定義	・災害に備えて備蓄されている保存性の高い食品	・避難所や自宅で被災生活をする高齢者や乳幼児，障害者や疾病患者など日常の社会においても特定の食事を必要とする人々など，被災地で生活，活動するすべての人に必要な食をいう。 ・日常食の延長線上にあり，室温で保存できる食品及び飲料はすべて災害食になり得る。 ・加工食品（飲料を含む）及び災害時に限定された熱源，水により可能となる調理の工夫も含める。
想定利用者	・主に一般被災者	・一般被災者 ・特殊食品が必要な被災者（乳幼児，嚥下障害者等） ・災害活動従事者（消防，自衛隊，自治体，ボランティア等の関係者）
利用ステージ	・主に第1・第2ステージ[2]	・第1～第3ステージ
賞味期間	・概ね3年以上	・常温で6カ月以上
平時の利用	・対応していない[3]	・対応する（ローリングストック）
成分標記	・有	・有
食器を不要にするための包装容器等の工夫	・一部実現	・原則として全食品で要考慮

（出所）日本災害食認証基準，科学技術動向2012年3・4月号「非常食から被災者を支える災害食へ」等より当研究所作成。

上と短くなっている（**図表Ⅱ-4-5**）。なお，災害食の賞味期間が短いのは，平常時の消費と非常時の消費を組み合わせたローリングストック（循環消費）の実践を促す意味合いもある。

新潟大学や食品メーカー等で構成される日本災害食学会（東京）では，2015

2）第1ステージは災害直後から数日間の電気・ガス・水道等のライフラインが絶たれた状況。
　第2ステージは電気の復旧などにより湯を沸かすことができる状態。
　第3ステージは全ライフラインが復旧し，外部からの食料や食材の援助などにより調理が可能となる状態。
3）価格と味を総合した場合，通常食品に対して競争力が不足している場合が多い。

日本災害食学会で認証された災害食

（筆者撮影）

年から災害食のうち，災害時に役立つことと，日常でも積極的に利用可能な加工食品について独自の基準を設け，認証を開始している。現在，お湯や水を含ませるだけでご飯ができあがるアルファ米やカレー，ピラフ，パスタなどが「日本災害食」として認証を受けている（写真参照[4]）。

2　新潟県における取り組み

　新潟県における災害食の取り組みについて，研究拠点である新潟大学地域連携フードサイエンスセンター（以下，センター）の担当者に尋ねたところ，新潟県自体が「被災地であるから」とのことであった。新潟県は，既述のとおり国内有数の農業県であり食品関連企業が1,000社以上立地している産業構造に特色があり，地震や水害などの複数の災害を経験し，もともと災害に対する意識を共有している地域性もある。

　このようななか，多数の食品製造業の研究者や従事者，行政関係者らが中越地震に遭遇したことが契機となり，被災生活を支える具体的な災害食の研究開発がスタートした。センターでは，食品関連分野を専門とする農学系だけでなく工学系，医歯学系など多様な分野の研究者が災害食の研究に携わっている

4）日本災害食については，日本災害食学会ホームページを参照（http://www.mmjp.or.jp/）。

[図表Ⅱ-4-6] 非常食と災害食の比較

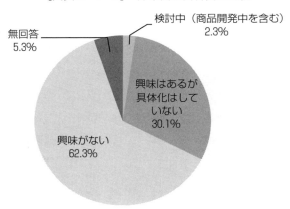

（出所）公益財団法人東北活性化研究センター，一般財団法人新潟経済社会リサーチセンター「機能性を有する食品の有効な認証・ブランド化に関する調査・研究」（2014年3月）。

が，新潟県ではセンターの他，にいがた健康ビジネス研究会等さまざまな団体により災害に関わる食やビジネスの研究，開発が進められている。

続いて，新潟県内の食品製造業者による災害食への取り組み状況をみると，2014年3月時点の調査では，災害用食品の製造の検討について，「興味がない」が約6割を占める。一方で，「検討中（商品開発中を含む）である」，「興味はあるが，具体化していない」の合計が約3割となっている（**図表Ⅱ-4-6**）。

一定の事業者が関心を示すなか，現在に至るまでセンターが主催する災害食シンポジウムや講演会だけでも数十回を重ねており，出版物と合わせた積極的な情報発信により災害食への認知度は着実に高まっている。このため，複数の地場企業が災害時でも日常食に近い食味や食感の災害食の開発に取り組むなど，災害食の製造拠点としての裾野は広がりつつある。

3　災害食の可能性

消防庁が調査した全国の都道府県と市町村における食料の現物備蓄の現状（2015年4月1日現在）をみると，最も多く備蓄されているのは乾パンで約1,864万食，次いで缶詰（主食・副食）が844万食となっている。乾パンと缶詰の人口

[図表Ⅱ-4-7] 都道府県別の人口1人当たりの食料備蓄状況

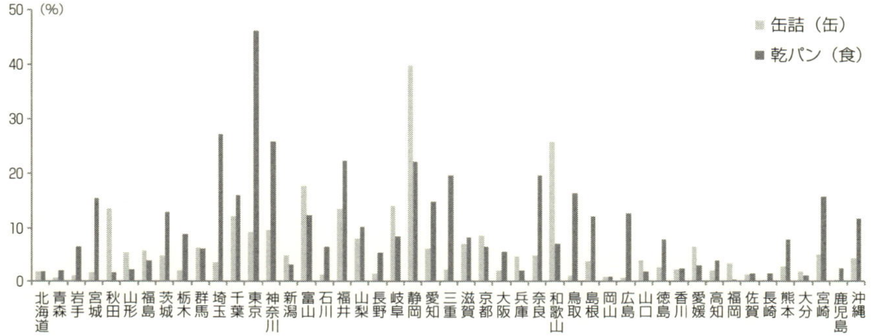

■ 缶詰（缶）
■ 乾パン（食）

北海道 青森 岩手 宮城 秋田 山形 福島 茨城 栃木 群馬 埼玉 千葉 東京 神奈川 新潟 富山 石川 福井 山梨 長野 岐阜 静岡 愛知 三重 滋賀 京都 大阪 兵庫 奈良 和歌山 鳥取 島根 岡山 広島 山口 徳島 香川 愛媛 高知 福岡 佐賀 長崎 熊本 大分 宮崎 鹿児島 沖縄

（出所）総務省『地方防災行政の現況』（2014年度および2015年4月1日現在における状況）。

1人当たりの備蓄状況を都道府県別にみると，首都直下地震など大規模地震が想定されている東京都や静岡県などの自治体による備蓄が進んでいるものの，ほとんど備蓄のない自治体もあり，被災生活の長期化などを考慮すれば，その絶対量は十分とはいえない状況にある（**図表Ⅱ-4-7**）。

また，備蓄は一般被災者向けの食料が主となることが多く，高齢者や乳幼児，障害者など要配慮者向けの備蓄が手薄になりがちであることが指摘されている。要配慮者向けの需要が限定的であり商品化が難しいことも影響しているが，新潟市にある経済団体の一般社団法人健康ビジネス協議会では，要配慮者向けの商品でもビジネスが成り立つ仕組みづくりに取り組んでいる。同協議会の担当者によると，一例として今回の熊本地震で病院や避難所などに約2万個提供された，新潟県産の米粉を原料とした食物アレルギー対応のクッキー「ライスクッキー」が挙げられた。

このクッキーは，米生産加工の㈲エコ・ライス新潟（長岡市）の米粉を洋菓子製造業の㈱美松（同）がクッキーに加工したもので，亀田製菓㈱の子会社で災害食を手掛ける尾西食品㈱（東京都）が2015年10月から販売を始めている。小麦等アレルギー物質27品目を含まず，5年間保存が可能という特徴があり，多くの人が食べられる商品として災害時だけでなく平時の需要も見込まれており，販路は全国の自治体や学校，病院などに広がっている。今後，同協議会では避難所等で分配作業を行う際に，要配慮者向けの商品であることが一目でわ

【コラム：災害食と宇宙食】

　宇宙食とは，ISS（国際宇宙ステーション）やスペースシャトルなど，宇宙船のなかで食するために開発された食品であり，宇宙飛行士の生命維持に必要な栄養素の供給や心身の健康保持のために供される食品である。

　宇宙食は微小重力環境の飲食が可能であること，宇宙船内の圧力変化に耐えられること等の宇宙固有の要求はあるものの，常温で長期保存が可能であること，食器を使わずに食べられること等の条件をクリアした食品である。また，宇宙滞在のストレスをできるだけ緩和するため，地上における平時の食生活になるべく近い食品が望ましいとされることも含め，実は災害時の食と共通点が多い。

　JAXA（宇宙航空研究開発機構）では，2006年11月に「宇宙日本食認証基準」を制定している。形状記憶麺を使用したラーメンや無重力空間での飛散防止のために粘り気を持たせた缶詰などの品目が認証されている。災害時にも同様の食生活が求められており，栄養成分のバランスや食の楽しさ，多様性が考慮された宇宙食の開発・運用の経験や仕様は，日本災害食学会の認証基準にも反映されている。

　宇宙日本食として認証されている食品は，開発コストおよび認証申請に必要な検査費用が企業負担であることから大手食品メーカーの商品がほとんどであるが，JAXAが試験・検査費用の一部を負担する制度（注：現在同制度での募集は行われていない）で選ばれた水産高校製の鯖缶詰が宇宙日本食候補品となるなど，今後中小企業等の食品が宇宙で食される可能性もある。

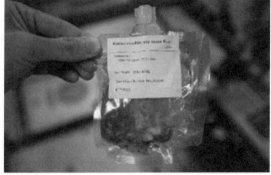

宇宙日本食のしょうゆラーメン（ラーメンにお湯を注いだ状態）
写真提供　JAXA/NASA

（注）本コラムは，筆者が執筆した『地方経済情報』（2016年8月号）のコラムを転載したもの。

かる絵表示を制定し，制度面でも差別化を図るそうである[5]。

このように，新潟県では米の加工品を軸にした"災害食といえば新潟"といわれるさまざまな取り組みが展開されている。災害に備えた食料の現物備蓄の絶対量が不足するとみられるなか，日常食に近く要配慮者の食を考慮した災害食の潜在需要は拡大するものと推測される。熊本地震を経験した熊本県の農業と食品製造業が創造的復興を推し進めるにあたり，新潟県の取り組みは示唆に富むものと思われる。

おわりに

熊本地震は熊本県の農業に大きな傷跡を残しており，従来から課題とされてきた担い手の減少や高齢化等，農業を取り巻く環境が厳しさを増すおそれがある。一方で，今回の地震が熊本の農業を強くし，さらにより安全で安心に暮らすための転換点となるように官民で取り組むことが期待される。

熊本県の農業の衰退を防ぐためには，国の支援等に基づく農地などインフラの早期の復旧が必要であり，次のステップの復興につなげるために農地の集約や国際競争力向上に向けた輸出拠点の整備等，目に見える形での施策の着実な実施が重要になる。

同時に，新潟県で地域特性を活かした復興のコンセプトの1つとして災害食研究が展開されているように，民間サイドでも被災県としての経験を活かし，農業や食品製造業における新分野を開拓することが求められる。企業の関与については，2015年に国連が持続可能な社会を構築するため世界が取り組むべき17分野の目標を定めたSDGs（エスディジーズ）（持続可能な開発目標）[6]が羅針盤となりうる。SDGsは，従来国家が対応してきた社会的課題の解決に向けて企業の関与が求められている点に特徴があり，この取り組みは企業の既存の事業領域の外側

---

5) おもいやり災害食認証制度については，一般社団法人健康ビジネス協議会ホームページを参照（http://kenbikyou.jp/）。

6) Sustainable Development Goals の略。人類の「健康問題」，「資源保護」など国連加盟国が2030年までに達成すべき共通目標。詳細については，国際連合広報センターホームページを参照（http://www.unic.or.jp/）。

[図表Ⅱ-4-8] 市場ニーズを包摂する社会ニーズ

（アウトサイド）にある社会的課題を自らの事業領域に取り入れることで（イン），新事業創出を促しているといわれる（**図表Ⅱ-4-8**）。今後，熊本県の農業のポテンシャルを活かし，企業が経営戦略のなかに食の視点から市場ニーズのみならず社会ニーズにも対応するSDGsを取り入れることができれば，地域の持続可能性をより高めることができると思われる。

【参考文献】

中沢孝 他（2012）「非常食から被災生活を支える災害食へ」『科学技術動向研究』科学技術・学術政策研究所，2012年3・4月号。

宮野英樹（2016）「災害食の可能性」『地方経済情報』公益財団法人地方経済総合研究所2016年8月号。

第 5 章

日本産農産物の輸出可能性
――貿易理論・実証に基づく考察と食の安全性

はじめに

　本章では，地方創生に向けて中心となるであろう農産業について，国際化の視点から議論する。農産業と国際化の関係では，TPPなどの貿易自由化と国内農業の衰退の議論がしばしば注目を浴びるが，ここでは地方農産物の新たな市場の開拓先として輸出市場に注目し，その可能性について考察する。

　2015年の「日本再興戦略」では，ビッグデータや人工知能などの情報関連技術の発展と並び，2020年に農林水産物・食品の輸出額を1兆円とすることが挙げられるなど，農業をこれからの日本の成長の柱とすることが想定されている。その後も輸出額は順調に伸び続け，現在では2019年に目標年が前倒しされるなど，当初は難しいと思われていた目標達成が現実味を帯びてきている。これまで農産業は，大量生産により安価に流入する輸入農産物との競争に晒される，「守られるべき」産業という認識が強かったが，近年では守られつつも海外へ積極的に進出しようという姿もみられる，非常に特異な産業となってきた。

　このような，一見矛盾した状況に対し，経済学，特に国際貿易論ではさまざまな研究がなされてきた。本章は，国際貿易論で行われてきた研究を踏まえながら，その含意をこれからの日本産農産物の輸出に当てはめることで，これから取り組むべきポイントを明確にすることを目的とする。

第1節　農産物輸出の現状と貿易理論

1　農産物輸出の現状

　学術的な考察の前に，近年の農産物輸出の現状を確認する。**図表Ⅱ-5-1**，**図表Ⅱ-5-2**，**図表Ⅱ-5-3**は，農産物輸出額と対輸出総額シェアについて，

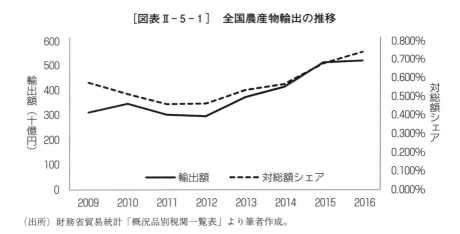

[図表Ⅱ-5-1]　全国農産物輸出の推移

（出所）財務省貿易統計「概況品別税関一覧表」より筆者作成。

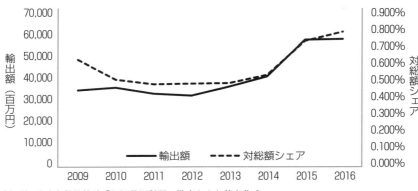

[図表Ⅱ-5-2]　九州農産物輸出の推移

（出所）財務省貿易統計「概況品別税関一覧表」より筆者作成。

[図表Ⅱ-5-3] 熊本農産物輸出の推移

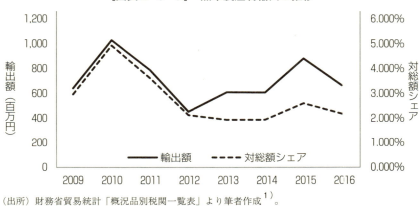

（出所）財務省貿易統計「概況品別税関一覧表」より筆者作成[1]。

それぞれ日本全国，九州圏，熊本県での推移を示している。日本全国や九州では，輸出額・シェアともに2013年以降順調に伸びており，農産物の輸出単価の低さを考慮すると，農産物輸出の存在感は十分に大きいといえるだろう。

それに対して熊本県では，全国的な傾向と同様に2013年に伸びているが，それ以降は横ばいや減少している年もみられ，順調に増加しているとは言い難い[2]。一方，農産物輸出が占めるシェアは，九州や全国では常に１％を下回っているのに対して，熊本県では低い時でも２％，高いと５％ほどになる場合もあり，熊本県における農産物輸出の重要性が高いことがわかる。全国規模では順調に増加しているようにみえる農産物輸出だが，伸び悩んでいる地方も見受けられ，貿易額を左右する要因を分析した上で適切な対策を取る必要があるといえるだろう。

1）長崎税関・門司税関の管轄区域をまとめて「九州」とし，さらに長崎税関管轄区域のなかで熊本・八代・三角・水俣・熊本空港をまとめて「熊本」としている。ここで農産物としているのは，概況品分類コード０（食料品および動物）であり，魚介類や加工食品も含んでいる。
2）ここで使用しているのは税関通過時点での貿易統計であり，県外の税関・港から輸出されているものは考慮されていない点に留意する必要がある。熊本県による団体・業者への調査では，県産農林水産物の輸出額は2013年度24.4億円，2014年度35.4億円，2015年度43.3億円，2016年度48.6億円とあり，順調な増加傾向を示す資料も存在する。

2 伝統的貿易理論と新貿易理論から見る農産物貿易

　貿易の決定要因について，国際貿易論では長年，理論的研究を中心とした考察が行われてきた。最も古いものとしては，19世紀にD・リカードが主張した比較生産費説が挙げられる。リカードは，それぞれの国が他国に比べて相対的に生産が得意な財（比較優位[3]を持つ財）に特化・輸出し，他の財は輸入によって賄うといった分業メカニズムを理論化した（リカード・モデル）。リカード・モデルに続いて，1930年代のE・ヘクシャーとB・オリーンによる，その国が持つ豊富な生産要素を中心的に用いる財の生産・輸出に特化するという考え方（ヘクシャー＝オリーン・モデル）なども挙げられるが，いずれも日本における農産物輸出の現状は説明することができない。日本はいうまでもなく工業国であり，農産物に対して比較優位は持っていない。ヘクシャーらが注目した生産要素保有量についても，耕地面積が重要な生産要素である農産業は，国土の狭さからやはり他国に比べて不利な状況であり，理論的には日本が農産物を輸出するのは不可能となる。

　このような伝統的貿易理論と現実のミスマッチは，農業だけでなくさまざまな製造業でも散見され[4]，解明が試みられてきた。その大きなターニングポイントとなるのが，P・クルーグマンに始まる「新」貿易理論である。これまでの貿易理論は，同じ産業における生産物はすべて同質と仮定しており，より効率的に生産できる側が特化して生産する，というものであった。しかし現実には，製造業のなかでも自動車やバイク，パソコンやスマートフォンといったさまざまな種類の商品が存在し，さらにそれぞれのなかでも色や機能などのバリエーションが存在する（製品差別化）。そして消費者は，常に同じものを消費して効用（満足感）を得るのではなく，差別化されたできるだけ多くの種類の

---

　[3] 比較優位の概念は，一般的な技術の優劣（絶対優位）とは異なるものだが，紙面の都合上ここでは扱わない。比較優位の詳しい説明については，石川他［2013］をはじめとする基本的な国際経済学の教科書を参照してほしい。

　[4] たとえば，日本は世界的な自動車輸出国であるはずが，同時に米国や欧州から自動車を輸入している。このような状況は，リカードやヘクシャーらの時代にはあまり見られなかった近代的な傾向であり，時代に理論を追いつかせることが急務となっていた。

財を消費することからも効用を得ている（バラエティ選好）。Krugman［1979, 1980］はこのバラエティ選好を貿易理論に当てはめることで，国際貿易は効率を考えた分業のためだけに行われているのではなく，消費可能な財の種類，バラエティを増やすためにも輸出入が発生する，という結論を導き出した。近年の統計データを用いた実証研究では，従来の貿易理論が注目した決定要因では実際の貿易額の変動のごく一部しか説明できず，このクルーグマンの視点が非常に重要であることがわかっている。

　食生活や農産業においても，この製品差別化とバラエティ選好は身近にイメージできる考え方である。毎日同じものを食べるというのは，飽きや健康面から考えられず，また同じ食品名称だとしても，手軽に食べられるスーパーマーケットのものから，たまの贅沢としての高級品まで，日々さまざまに差別化された食品を消費している。つまり，農産業やその貿易においても，この製品差別化・バラエティ選好という考え方が非常に重要であるといえる。資源や国土が乏しく，農産品を輸入に頼らざるをえない日本でも，農産品を輸入品と差別化し，海外消費者のバラエティ選好に訴えることで，輸出を拡大する余地があると考えられる。

第2節　農産物の差別化と安全性

1　農産物における差別化

　前節で，近現代の貿易を考える上では製品差別化・バラエティ選好が重要であり，その点から農産品も輸出可能性があることを示した。では，どの面において農産物を差別化するのか。自動車や電子機器であれば，色や機能，高級感などで製品を差別化でき，消費者も比較検討しやすいであろう。しかし，農産物は一目では違いがわからず，ラベルを頼りに購入し，実際に消費するまで品質はわからない。消費者にとって，わかりやすい差別化されたポイントがなければ，需要喚起，ましてや日本からの輸出は発生しない。

　農産物の品質を決めるものとしては，「おいしさ」と「安全性」が挙げられるであろう。当然ながらおいしいもの，安全なものの方が好まれるため，これ

らを向上させることで農産物を差別化し，需要を喚起することができると考えられる。しかし，「おいしさ」という概念はやや不確実で，それぞれの人の好み，国の文化によって判断が異なる，評価の難しいものである。そこで，以下ではもう1つの要素である「安全性」に注目し，その可能性を検討していく。

2　国際貿易と食の安全

　国際貿易の議論のなかで，食の安全性との関係が注目されたのは，1990年代と比較的最近である。ただしそれは，GATT・WTOや，締結数が急激に伸びていた自由貿易協定などにより関税撤廃が進むなか，それに代わる貿易障壁（非関税障壁）としてである。輸入食品に対し，危険性があるとみなされれば輸入を制限できるというSPS措置（Sanitary and Phytosanitary，衛生と植物防疫のための措置）は，国内の安全性確保のために必要不可欠なものである。しかし，過剰に高い規制は姿を変えた保護貿易手段であるとして輸出国との間の貿易摩擦の要因となり始め，安全の要求水準の高い日本も度々提訴されている[5]。

　食の安全の確保のためには安全基準は高い方が望ましいが，過剰に高いと生産者への追加的なコストが発生し，価格の上昇や輸入の制限により消費者の購入機会が奪われ経済厚生が低下する，といった相反する影響を内包している。理論的には，安全性の向上が品質改善と認識されることにより，その商品への需要が高まる効果（需要拡大効果）と，生産者への追加コストが発生し，供給が低下する効果（貿易費用効果）があると考えられ，それぞれの存在についての理論的・実証的研究が多く試みられてきた。しかし，安全性や規制の強度，品質などといった要素は数値化が難しく，特定の品目や規制に注目した限定的なものにとどまっていた[6]。

　そのなかでも，近年の注目すべき研究として，J・ベギンらによる一連の成

5）SPS措置により，必要以上に貿易を阻害してはならないというSPS協定が設けられているが，判断が難しく，WTOの紛争解決制度が利用されることがある。たとえば，日本はりんご輸入（1994年解禁）に対して，輸出国側による火傷病の検疫措置を求めていたが，過剰であるとして米国に二度提訴され，どちらも違反であるとして検疫措置が緩和されている。Honda［2012］は，提訴前の検疫措置の強さは120％の関税がかかっているのと同等であると計算しており，貿易への影響力が強いことがわかる。

果を挙げる。ベギンらは，国別・品目別の規制強度のデータベースを作成[7]し，それを用いて需要拡大効果と貿易費用効果の検証を行っている。特に，Xiong and Beghin [2014] では，切り分けて個別に検証されることの多かった需要拡大効果と貿易費用効果を同じ枠組みのなかで同時に扱うことに成功し，それによりどちらの効果が大きいのかまで議論することが可能となった。この分析の結果，植物性産物では需要拡大効果と貿易費用効果のどちらも存在することが確認され，さらに需要拡大効果の方が大きいことが明らかになった。高い安全性は，それによるコストの増加を上回るほどの需要を喚起し，結果として輸出を拡大することができるといえるだろう。今後同様の研究を蓄積し，さらには日本に限定した分析を行う必要があるが[8]，いずれにせよ，安全性向上のための追加コストに躊躇するのではなく，それを上回る需要を享受するため，安全性の高さを評価してくれる輸出先の探索や需要の喚起に取り組むべきである。

3　需要拡大につながる認証制度の利用

ここまで，安全性の高さを外国産農産物との差別化のポイントとすることで，農産物貿易に不利と考えられてきた日本でも輸出できる余地があることを

---

6) 世界的には研究が蓄積しつつあり，Honda, Otsuki and Wilson [2015] でまとめられているが，日本を対象として詳細に分析した研究はまだ僅かしか確認することができない。そのなかでも，たとえばOtsuki [2017] は，消費者に行った実験型アンケートデータに基づくコンジョイント分析を用い，規制の強さが消費者の支払意志額に与える影響を見ることで，需要拡大効果の検証を行っている。

7) Li and Beghin [2014] は，食品の国際規格であるコーデックスと，各国が個別に設けている有害物質の含有規制値を用い，品目別・国別での規制の強度を数値化する方法を提案し，実際に計算している。計算された29カ国・地域のなかで，日本は総合的に3番目に高い規制水準となっている。他に規制水準の高い国・地域として挙げられているのは台湾やオーストラリア，欧州であるが，いずれもポジティブリスト方式（残留農薬基準が設けられていない物質については一律使用禁止）が採用されている地域である。

8) 同様の枠組みを用い，筆者らも食肉貿易での影響の切り分けを試みている（Otsuki, Honda and Ni [2017]）。現時点では，いずれの効果の存在も確認できたが，植物性産物と異なり，需要拡大効果よりも貿易費用効果の方が大きいという結果が得られている。対象とする品目により効果の大小関係が異なるため，一概に安全性を高めることが常に利益を生み出すとはいえないが，いずれにせよ需要拡大効果は存在しているため，その効果を最大限に発揮できる取り組みの重要性は変わらない。

明らかにしてきたが，その条件として，十分に大きな需要拡大効果があることが必要である。消費者は，消費する農産物が安全だと認識することで需要を拡大させるが，前述のとおり，農産物の品質の評価は消費者にとっては難しく，結局のところ価格や生産国から推測せざるを得ないのが実情である。つまり，輸出国側の高い意識や生産者の自助努力によって安全性を向上させたとしても，それを輸入国側の消費者が自国のものとは差別化された高品質なものであると明確に認識できなければ，需要の拡大にはつながらず，追加コストがそのまま損失となってしまうおそれがある。

そこで有用なのが，グローバルGAP認証の取得である。GAP（Good Agricultural Practices，農業生産工程管理）認証とは，その名のとおり，品質保証というよりその生産工程にわたり適切に管理され，安全性が保たれているという認証を与えるものであり，グローバルGAPはそのなかでも最も国際的な認証ルールである。安全性の観点から押さえるべきポイントが明示されており，また取得できれば安全性の評価を世界的に得ることができる。実際に海外に農産物を輸出するにあたって，現地の消費者に直接販売する機会はほとんどなく，現地の流通・小売業との協力体制が必須である。グローバルGAP認証は国際水準の生産工程管理ができていると一目でわかるため，現地企業との企業間取引を模索するにあたり，アピールと信用確保に最適な制度であるといえる。

第3節　農産物の「安全性」を含む個別農家の「生産性」

クルーグマンの差別化財の理論と，ベギンらによる安全性の持つ相反する効果の検証に基づき，ここまでの議論を構築してきたが，国際貿易論では次の段階として新たな理論が注目されている。それは，M・メリッツより始まる「新々」貿易理論である[9]。クルーグマンによる新貿易理論により，同一産業内でも輸出入が同時に発生するメカニズムが解明されたが，その産業内の生産

---

9) Melitz (2003) からの一連の研究は，異質的企業モデル（firm heterogeneity model）と呼ばれるが，ここではクルーグマンの新貿易理論との区別のため，「新々」貿易理論と表現している。新々貿易理論については，田中 [2015] が詳しくまとめている。

者は同質であると仮定されており，個々の生産者の違いは考慮されていない。メリッツは，Melitz［2003］で初めて生産者の異質性を考慮した理論を構築し，近年の国際貿易理論の多くはこの影響を大きく受けている。

　メリッツは，生産者の持つ違いとして「生産性」に注目した。ここでいう生産性とは，一定の生産要素（労働，設備，原材料）からどれだけ多くの産出を行えるかという指標であり，単に数量の多寡だけでなく付加価値（品質）も含んだ考え方である。メリッツやそれに連なる研究によると，生産性によって生産者が直面する状況が異なり，生産性が高いと国内だけでなく輸出市場にもアクセス可能となるが，低くなるにつれ輸出市場から退出，さらには国内市場からも退出（廃業）してしまうことが明らかとなった。

　これを農産業に当てはめてみると，おいしさや安全性等の点から高付加価値な農産品を供給する農家は，国内だけでなく海外で市場拡大する機会に恵まれるといえる。一方，生産性の低い農家は，輸出のメリットを享受できないどころか，国内市場からも撤退せざるをえない，といった可能性が考えられる。あくまで仮説段階であり，メリッツの主張が農産業でも確認できるかは引き続き研究を継続する必要があるが，いずれにせよ生産性の向上やそのアピールに取り組むことは，上記のようなリスクを抑え，大量生産では敵わない海外産農産品に対抗する手段として，有用であるといえるだろう。

おわりに

　本章では，貿易理論や実証研究に基づき，農産物純輸入国である日本でも輸出を拡大する手段として，クルーグマンの新貿易理論で注目された「差別化」，さらには具体的な差別化のポイントとして「安全性」に注目してきた。安全性の高さを外国産農産物との差別化のポイントとすることで輸出の可能性が広がると考えられるが，安全性を向上させるには追加的なコストがかかり，それを上回る需要拡大を享受できなければ効果がない。その需要拡大のための取り組みとして，相手国の取引先企業へ効率的にアピールできる，グローバルGAP認証の取得が有用であると考えられる。また，メリッツによる新々貿易理論に基づけば，生産性を高めている農家は海外市場への進出が見込めるが，相対的

に生産性の低い農家については，現状維持どころか廃業せざるをえないリスクもあるといえる。

　グローバルGAP認証については，最近では取得が取引の条件としている輸入業者もあるなど，安全性や生産性の向上がアドバンテージではなくもはや淘汰されないための必須条件となりつつあるとも考えられる。農産業という産業単位で考えるだけではなく，個別農家ごとに工程管理や生産性の向上を意識し，生き残りをかけた取り組みが必要な時代がすぐそこまで来ていると言えよう。

【参考文献】

石川城太・菊池徹・椋寛［2013］『国際経済学をつかむ　第2版』有斐閣。
田中鮎夢［2015］『新々貿易理論とは何か：企業の異質性と21世紀の国際経済』ミネルヴァ書房。

【参考論文】

Honda, K. [2012] Tariff Equivalent of Japanese Sanitary and Phytosanitary: Econometric Estimation of Protocol for U.S.-Japanese Apple Trade, *Economics Bulletin*, Vol.32, No.2, pp.1226-1237.
Honda, K., T. Otsuki and J. S. Wilson [2015] Food Safety Standards and International Trade: The Impact on Developing Countries' Export Performance, *Food Safety, Market Organization, Trade and Development*, pp.151-166.
Krugman, P. [1979] Increasing Returns, Monopolistic Competition, and International Trade, *Journal of International Economics*, Vol.9, Issue.4, pp.469-479.
Krugman, P. [1980] Scale Economies, Product Differentiation, and Patterns of Trade, *American Economic Review*, Vol.70, No.5, pp.950-959.
Li, Y. and J. C. Beghin [2014] Protectionism Indices for Non-Tariff Measures: An Application to Maximum Residue Levels, *Food Policy*, Vol.45, pp.57-68.
Melitz, M. J. [2003] The Impact of Trade on Intra-Industry Reallocations and Aggregate Industry Productivity, *Econometrica*, Vol.71, Issue.6, pp.1695-1725.
Otsuki, T. [2017] Consumer's Valuation of Food Safety Regulations: An Application of Conjoint Analysis, mimeo.
Otsuki, T., K. Honda and B. Ni [2017] Food Safety Standards and Trade Patterns, mimeo.
Xiong, B. and J. C. Beghin [2014] Disentangling Demand-Enhancing and Trade-Cost Effects of Maximum Residue Regulations, *Economic Inquiry*, Vol.52, No.3,

pp.1190-1203.

（謝辞）　本章の作成にあたり，平素より共同研究でお世話になっている，大阪大学国際公共政策研究科の大槻恒裕教授より，正式公表前の研究成果の使用を許可いただきました。また，本文の作成時には，熊本県立大学総合管理学部の松永悠さんにご協力いただきました。心から感謝申し上げます。なお，本章の元となった研究成果は，JSPS 科研費 JP15H03350, JP16K17117の助成を受けています。

第6章

地域農産物のブランド化への挑戦
――二代目イモセガレブラザーズの取り組みをとおして

はじめに

　農業を産業の仕組みとして捉えると，基本は二次産業である製造販売業と同じであり，何かものを作り（一次産業の場合は生産，二次産業の場合は製造），それを流通させ販売することで生業が成立する。農業生産は自然の恩恵を利用した産業として，一次産業として位置づけられている。

　わが国ではこれまで長い間，農家は，"農家＝生産者"として生産に徹すればよく（特に米作），いわばプロダクトアウトの形で農協を通じて出荷すれば自動的に卸売市場から次工程（加工業者，販売店，消費者）に流れていくという形で経済が回っていた。もちろん健全に回っていたとは言い難く，国からの補助や援助によって維持できていた部分も大きい。つまり，製造販売業という仕組みのなかの「製造」だけに専任し，「販売」に関しては外部へ依存していたといえる。そして，今，農業の世界にもマーケットインの波が押し寄せてきており，いかに消費者のニーズに応えるかが問われてきている。そのような状況下，まさに国を挙げて農業改革に取り組んでいるわけであるが，農業にマーケットインの発想と機能を強化する方向として，農家が法人化して農業経営のなかで流通～販売まで一気通貫で取り組む方向や，企業等が野菜工場といった形で農業に参入し自事業の川上を抑えようという動きが登場するなど，新しい波が起こりつつある。ただ，これらの動きに共通しているのは，規模を求める大規模農業という形態であり，だから大手の流通と契約できたり，IT技術や最新テクノロジーを導入した農業の新しい形を目指したりすることができるといえる。一方で，多くの小規模農家は，消費者はおろか流通との接点すらなか

なか持てず，何をマーケットインすればよいのかといった情報にも触れられないという。小規模や家族経営ということで生産量が限定され，かつ，生産活動に多くのスタミナをとられ，販売・流通については従来通り農協に頼るか，独自の方法といっても道の駅や直売所，個人で行うネット通販といったニッチな展開が精一杯というのが実状である。

本当の意味で農業が改革・再生するためには，規模の大小や資本の多少にかかわらず，もっと多様なアプローチが可能な産業になることが必要であると筆者は考える。規模を追求する農業だけでなく，小さくても質や独自性を追求するなど，挑戦ができる環境が求められると思っている。本章では，熊本県大津町において，小規模農家として働く若者たちが集まり"ユニット"的な集団を結成し，農業の新しい展開や情報発信，地域ブランド作りにチャレンジを始めたケースを取り上げ，農業の新しいアプローチの可能性について論じていきたい。

第1節　ケース：二代目イモセガレブラザーズ（熊本県大津町）の挑戦

1　大津町の地域色

大津町は，熊本県の中北部菊池郡に属し，阿蘇の外輪山から流れ出す伏流水の豊かな土地である。江戸期に肥後と豊後を結ぶ豊後街道の要衝として細川藩主参勤交代の宿場町となり，さらに近隣52村余りを統轄する藩政の役所である大津手永会所が設けられ，政治・経済・文化の中心として栄え，今日の基礎が築かれた。大津町の特産品としてはカライモが有名であり，現在でも県下No.1の産出額を誇っている。

2　大津町若手農家の思いと悩み

2015年4月，大津町で農家（カライモ）の息子として農業に従事する若者6名が，大津町がまちづくりの人材育成などを目的に主催する「まちおこし大学実践研究科[1]」に集まった。同じ地域で生まれ育っているので顔見知りではあったが，ここでの出会いが新しい取り組みやチャレンジを生むきっかけになったといえる。この大津町「まちおこし大学実践研究科」とは農業や食，観

光などの分野において，まちおこし大学で学ぶ内容を活かし実践することで自分たちの収益向上（儲かる仕組み）を実現，それを大津町の活性化につなげるという仕組みづくりを，事業コンペ方式で提案し採用されれば予算がつき実践できるという実践的な学びの場である。ここで活動に参加した彼らの当時の問題意識を探っていく。

　前述したように，大津町は県下でこそカライモ産出量No.1を誇るが全国規模では熊本県自体は上位県ではなく（平成28年度は収穫量2万2,700tで6位），日本全体の競争でみれば決して強いとはいえない（**図表Ⅱ-6-1**）。加えて，流通の広域化にともなって，熊本の市場にも鹿児島などの近隣のみならず遠く茨城産のカライモが店頭に並ぶなど，産地・品種・銘柄・価格といった多種多様な競争にさらされている。そんななか，彼らが抱いた思いは，従来通りのやり方を続けるだけでは将来じり貧になるのではないかという「危機感」である。競

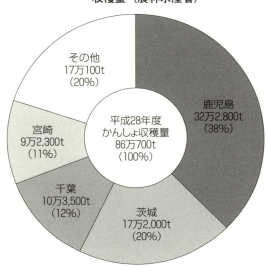

[図表Ⅱ-6-1] 平成28年産かんしょの都道府県別収穫量（農林水産省）

（注）割合については，表示単位未満を四捨五入しているため，合計値と内訳の計が一致しない場合がある。

1）大津町HP（http://www.town.ozu.kumamoto.jp/）。

[図表Ⅱ-6-2] 大津のカライモ熟成庫

(出所) おおづ「こびとのいえ」プロジェクト。

争に負ければ自分達の生活や将来が危うくなるという危機感が若手農家を動かしたのである。

　もう１つ，彼らには動機があった，大津のカライモに対する「誇り」である。県内カライモ産出量 No.1 ながらも，大津町は JA 菊池に所属しているため，JA を通じて出荷される場合，大津町のカライモは熊本産あるいは JA 菊池としてしか市場に届けられないというジレンマがあった。実は大津では，独自の貯蔵熟成の方法を古くから確立，取り入れてきたのである。農家は，それぞれ図表Ⅱ-6-2のような熟成庫を持ち，収穫したカライモを数カ月，温度・湿度が保たれた貯蔵庫で熟成してから出荷している。カライモは，貯蔵・熟成することで，デンプンが糖化し糖度が通常の1.5倍ほどになり，甘く美味しくなるという。大津町は，カライモの貯蔵庫を作った発祥の地ともいわれている。県下 No.1 の産出額と貯蔵・熟成による美味しさにも自信を持っている大津のカライモが，他の産地のものと一緒になって売られてしまう現状に彼らは大きな不満を感じていた。これがもう１つの動機である。

3　地元の活性化を考えるワークショップ

　若手農家が「まちおこし大学」で実践を学んでいた同時期に，大津町の地域活性化を住民視点で考えるフューチャーセッション[2]）が熊本県立大学との共催で開催され，そこに若手農家も参加している。

　そこでは，大津町の活性化を考えるため，町の絆となる宝物（資産や資源）探しを行い，そのなかで，やはり"カライモ"は町民のトップオブマインドとして挙げられた。地元民にとっても，カライモは大事な町の宝物と思われていることがわかり，そしてそこには，作り手である農家がプライドと考えている独自の貯蔵熟成という製法とそれによる高い品質が裏付けとなっていることが確認された。一連のフューチャーセッションを経て，図表Ⅱ-6-3に示すよう

[図表Ⅱ-6-3]　大津町ブランド構想

（出所）筆者作成。

2）フューチャーセッション：複雑な問題解決のため，多様や関係者が集まり対話と協業を行い，創造的に問題解決していくこと。

な地域ブランドコンセプトにまとめたが，そこで例として示した「大津産貯蔵熟成イモ」は，まさに若手農家の目指す方向性と合致した内容となった。

4 ユニット：二代目イモセガレブラザーズ結成と活動のスタート

　大津町の「まちおこし大学」で学びながら，「カライモオーナー制度」を企画提案，町の承認を受けた若手農家たちは，2015年秋，いよいよ動き始める。『大津産からいも 収穫＆熟成芋食べ比べ貯蔵体験！』と銘打ったイベントを実施した。大津町のカライモの特徴を知ってもらうため，①収穫し貯蔵熟成後に参加者に届ける，②熟成の有無による食べ比べを実施，などブランド化につながる企画を盛り込んだ。新聞告知を実施したところ，あっという間に定員100名が埋まり，自分達の活動や地元の産品に対する高い関心に手応えを感じたという。

　このときのチラシを**図表Ⅱ-6-4**に示すが，ここで「二代目イモセガレブラザーズ（以下，イモセガレと略す）」を名乗り，グループとしての活動を正式にスタートしている。グループは，それぞれに事業主体を持つ農家の息子たちの集合体という形態となっている。

　この収穫体験イベント開催を皮切りに，大津町で開催されるさまざまなイベントに焼き芋等を提供するなど活動を広げていった。代表例として，2016年3月大津町の畑の真ん中の農道を使って1日限りで開催された「OZUこびとのいえcafé」を紹介する。これは，先述した大津町宝探しフューチャーセッションから生まれた企画で，大津町の宝物であるカライモを活かした「カライモ貯蔵庫レストラン」というアイデアを現実的な形にしたイベントであった。イベントに先立って，大津町に点在する"カライモ貯蔵庫"に絵を描くアートイベントが開催され，また，大津産カライモを使った新作スイーツの開発も進められてきた。それらを一同に集め，町内外の方々へお披露目するイベントとして，「イモセガレ」も中心的存在として参画している。

5 二代目イモセガレブラザーズの2つの挑戦

　イベントを中心に活動を始めた「イモセガレ」は，お客様からの熱い反応を肌で感じ，さらなる挑戦を始めることとなる。2016年4月に発生した熊本地震

第6章　地域農産物のブランド化への挑戦　161

[図表Ⅱ-6-4]　イベントチラシ

（出所）二代目イモセガレブラザーズ。

の影響で大津町も大きな被害を受けることとなり，彼らの活動も中断や延期を余儀なくされたが，その想いは途切れることなく，逆に復興への決意も加わっ

て新たなステージへと移行していった。

6　大津産貯蔵熟成カライモを活用した菓子開発に挑戦

　大津産貯蔵熟成カライモを活用した，お土産お菓子の開発という話が2016年3月に持ち上がった。そもそも，この話は，「イモセガレ」のメンバーと熊本の有名菓子メーカーの担当者がパパ友であったことから，「地元のカライモをもっと広めたい」「まちおこしにつながるお菓子を作りたい」という2人の思いから持ち上がった企画である。加えて，この開発の経緯を地元のテレビ局が地域密着のローカル情報番組で追跡取材して告知をしていくという3者のコラボ企画として進められた。このテレビ局は，先述のフューチャーセッションやOZUこびとのいえcaféも取材をしており，そのなかから生まれた商品企画として一緒に取り組むこととなった。4月の熊本地震で延期を余儀なくされたが，夏頃から開発を再開，2016年12月1日に新発売までこぎつけた。新製品の名称は，『「熟いも」いきなりさんど』（**図表Ⅱ-6-5**）と名付けられた。この商品は菓子メーカーの直営店舗と道の駅大津で展開販売されているが，道の駅大津では，発売当初から菓子部門のランキング1位と高水準で推移している。発売に合わせて，コラボしているテレビ番組で特集番組として取り上げられたこ

［図表Ⅱ-6-5］　「熟いも」いきなりさんど

（出所）（株）熊本菓房（http://www.kabou.com/）。

とは高い告知効果としてスタートダッシュにつながった。また，この時点で，イモセガレは自分たちが生産し貯蔵熟成したカライモを"熟いも"と命名し，道の駅大津では，「生熟いも」として菓子と並べて展開するクロス・マーチャンダイジングにも挑戦している。

イモセガレ×菓子メーカー×テレビ番組のコラボ企画は現在も進行中で，2017年7月には第二弾「熟いも水ようかん」が発売されている。

7 大津産貯蔵熟成カライモの海外展開（台湾進出）への挑戦

もう1つのイモセガレのチャレンジは，海外進出である。大津産貯蔵熟成カライモの可能性を試す市場として彼らが選択したのは台湾であった。台湾を選定した理由としては，①県を挙げて台湾との交流拡大に取り組んでいること，②台湾が親日の市場であること，③カライモを健康食として取り入れている食文化があること，④日本ではすでに多くのカライモ銘柄（ブランド）が乱立し激しい競争下（レッドオーシャン）にあるため，比較的競争が緩やかな市場（ブルーオーシャン[3]）で戦うことを選ぶ戦略等が挙げられる。日本人女性を中心に台湾スイーツが人気であることなどから，台湾で高いブランド認知や評価を獲得することで，「台湾で人気の日本のカライモ＝大津産貯蔵熟成カライモ」として日本への逆輸入を狙うというのがイモセガレの戦略シナリオである。大津町の支援を得て，イモセガレの台湾でのテストマーケティングは2016年春，夏と2017年春の都合3回，実施された。台湾高雄の有名百貨店での催事場での展示実演販売等を中心に，市場調査や商談といった活動も行い，特に販売面では現地のカライモと比べると高単価（プレミアム）ながらも，予定数量を完売するなど高実績を残し，現地の流通関係者等からも好評価を得た。さらに，イモセガレとして培ってきたノウハウを活かし，大津町の貯蔵熟成カライモの特徴やヘルシーさを売り込むパネルを用意したり，現地の若者向けにSNSを活用した情報発信を行うなど，さまざまな形で可能性を試し，手応えを感じたという。

3）ブルーオーシャン：競争相手のいない領域（青い静かな海の転意），競争の激しいレッドオーシャンと対比．

[図表Ⅱ-6-6] 台湾で使用したパネル（実際は中国語）

（出所）二代目イモセガレブラザーズ。

　輸送や検疫・通関に関する課題や，販売価格・規格に関する課題等，多くの課題も抽出されたが，それ以上に，台湾のお客様に大津産貯蔵熟成カライモが熱烈に受け入れられたという実績がイモセガレにとっては将来への大きな期待と希望をもたらすものとなった。

第2節　考　　察

　これまで，熊本県大津町の小規模農家の若者集団の新しい試みについてレビューしてきたが，この取り組みから我々が学ぶべきことについて，2つの観点から整理したい。

1　小規模農家の戦い方に関する考察

　今回のケースで見た「二代目イモセガレブラザーズ」は大津町の小規模農家の息子たちが集まって作ったグループであり，未だ法人化等の組織化は行っていない。それぞれ個別の経営体で生産活動を行いながら，"熟いも"という自分たち地元の農産物ブランドの発信を行うという目的のために集まったグループである。エンターテイメントの世界に例えると，名前の由来となっているEXILE系のグループというよりは，メンバーが別々の事務所に所属しているユニット型のAKB系のグループに近い形態と考えられる。比較的緩やかな結

第6章　地域農産物のブランド化への挑戦　165

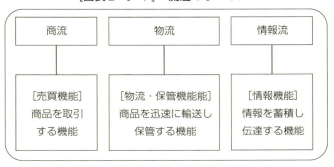

[図表Ⅱ-6-7]　流通の3つのフロー

（出所）小川孔輔著『マーケティング入門』，日本経済新聞社 p.537より抜粋。

束でスタートしたことも，活動をスムーズに動かせたポイントかもしれない。

　このイモセガレの取り組みで最も特質すべきポイントは，**図表Ⅱ-6-7**に示す流通の3つのフローのうち，情報流から先に取り組んだという点である。通常，情報流はPOSデータ等で商品の販売に関する情報を指すが，ここでは広義に捉え，商品情報の告知や宣伝などのマーケティング情報の流れも含めて考える。最初から売買を目指すのではなく，まずは自分たちの産品／ブランドやグループの活動を知ってもらう・伝えることに特化し，体験イベントや商品開発への参画，テストマーケティング実施といった活動を中心にスタートすることで，売買契約などが不要で作業負担等をメンバー間で分散できるなど小規模農家の実情に即した賢いやり方であるといえる。情報流をうまく作るために，自らのグループをブランド化しストーリーを生み出したことでマスコミ等の関心を集めた点もマーケティングをうまく行った手法として成功のポイントに挙げたい。

　このケースから，小規模農家の戦い方の1つの方向性として，**図表Ⅱ-6-8**のように，まずは，緩やかな結束でグループやユニットを形成し，情報発信というマーケティング活動からスタートするというアプローチを提案したい。この方法の最大のポイントは，お客様とダイレクトにつながるという点である。冒頭で指摘したように，小規模農家の最大の課題は，自分たちの産品を食べたり，利用してくれる消費者の声が届かないことにある。情報を発信することで

[図表Ⅱ-6-8] 小規模農家の1つの戦い方

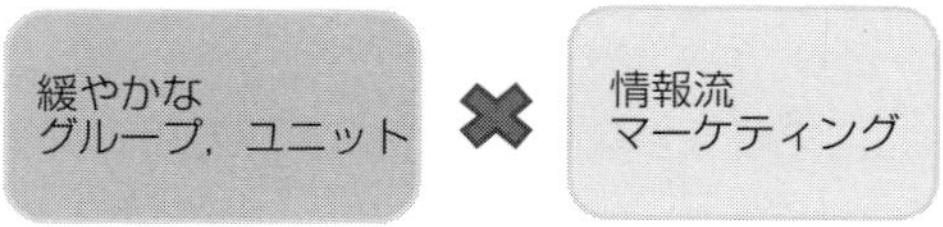

緩やかな
グループ，ユニット × 情報流
マーケティング

（出所）筆者作成。

反応が返ってくる。たとえば，収穫体験イベントの実施では，参加者から貯蔵熟成いもを食べた感想や，イベントに参加した想いなど，直接消費者と話ができたのである。活動を始める前にイモセガレのメンバーと話をしたとき，彼らの1人が「僕らはカライモを生産して出荷したら，そこから先，自分が作ったものがどこで売られているかもわからないのです。だから，スーパーに行っても自分の作ったカライモを手に取ってくれている現場を見れないんです」と嘆いていた。情報流から始めることは，消費や生活の現場を「見える化」することになる。生産者にマーケットインの視点を提供するという意味で，非常に理にかなったアプローチになっているといえる。

2　地域の農産物のブランド化に関する考察

　イモセガレが大津町や"大津産カライモ"に持つ誇りとプライドが，"大津産熟いも"や"二代目イモセガレブラザーズ"というブランド化につながったといえるが，これは，従来の農産物のブランド形成とは多少異なるニュアンスを有していると筆者は考えている。これまでは，米に代表されるように，コシヒカリ，ササニシキといった品種レベルでブランドの多くが形成されてきて，品種に産地名（多くは県や地方レベル）が加わり魚沼産コシヒカリといった産地ブランドになったりしているが，これも品種の特徴に米どころのイメージを足し算したブランド構成といえる。

　"大津産熟いも"の場合は，阿蘇の大地（火山灰）の恵みという風土，大津で古くから継承されてきたテクノロジー（貯蔵熟成），そしてそれを引き継ごうと立ち上がった若手農家の想い，それらが紡がれた物語（ストーリー）によってブランドが形成されていると分析する。中心となるのは貯蔵熟成という技術であることから技術ブランドとも定義できるが，それを超えた歴史や作り手の

熱い想いが加わることで物語ブランドとして厚みが増しているといえる。これは，ある程度狭くフォーカスされた地域とそこで育ってきた人々だからこそ作れる凝縮した物語である。ここにこそ，小規模農家が大規模農業を相手に伍していくポイントがあるように思う。小さいからこそ，狭いからこそ，濃いブランド化が可能なのである。この2つめのポイントを「_BRAND FOCUS, MARKET WIDE_」と表現したい。ブランドは狭く小さく作ることで物語を凝縮させ強いブランドとなれる，だからこそ，そのブランドはワイドにグローバルに通用するものになる，のである。"大津産熟いも"が台湾市場で好評に迎えられたのも，このブランドの物語が大きく貢献していると考察される。小さいからこそ，物語力の強いブランドを作れる可能性があるということである。

おわりに

　今回取り上げた大津町のカライモ農家の話は，若手が率先して活躍しており，世の地方創生のなかでは比較的恵まれた地域の話であるといえるかもしれない。ただ，非常にオリジナリティあふれるユニークな取り組みをしており，小さくても頑張っていける，小さいから特色を活かせるといった，これからの農業の発展に向けて，新しい方向性を示してくれる物語であると筆者は強く感じている。

　もちろん，今後の彼らの活動を展望すると，実際に産品の取引という局面へ進んでいくわけで，グループの枠組みを超えて物流や商流の責任をどう担っていくかなど，次のステップのあり方が問われてくると考える。また，彼らの活動について，これまでは自分たちでマネジメントしてきたが，今後活動の幅が大きく広がったときに，自分たちの活動をどう計画・調整していくかといったマネジメントの方法も検討を要する事態が来ると想像する。

　ただ，どちらにせよ，消費者，生活者さらにはバイヤー，共同開発者など，多くのステークホルダーの期待の声を聞くことができた彼らは，その声に応えるという大きな使命と原動力を手にしたといえ，市場（消費者）ファーストを旗印に，さまざまな困難を乗り越えて新しい農業の地平を切り開いてくれると期待したい。

【参考資料】
（1）21世紀政策研究所編［2017］『2025年日本の農業ビジネス』講談社現代新書。
（2）須田敏彦著［2000］『農業構造の変動条件とその政策的含意』農林金融（2000・5）。
（3）渋谷往男著［2009］『戦略的農業経営：衰退脱却へのビジネスモデル改革』日本経済新聞出版社。
（4）「農業再生」［2014］『週刊ダイヤモンド』（2014年11月29日号）。
（5）「儲かる農業」［2017］『週刊ダイヤモンド』（2017年2月18日号）。

第III編

地域活性化に向けての情報化と都市計画
——行政・企業・住民の協働

第1章

地方創生と自治体の政策
―― 熊本県内情報公開条例の比較分析

はじめに

　地方分権の時代，地方自治体は地域における政策主体として，自己決定・自己責任において地域の独自の課題に適合した創造性のある政策を生み出し，実施していく必要がある。地方分権一括法によって機関委任事務が廃止され，地方自治法も，自治体は「地域における行政を自主的かつ総合的に実施する役割を広く担う」と定め（1条の2第1項），（国はその本来果たすべき役割を重点的に担い）住民に身近な行政はできる限り自治体に委ねると定める（2項）。

　地方自治体には，憲法94条で条例制定権が保障されている。また，国の法令につき，地方自治の本旨に基づき，かつ国と自治体との適切な役割分担を踏まえて，解釈・運用されることが求められる（地方自治法1条の2第12項）。法（条例を含む）を政策実現のための手段として用いることを総称して，政策法務というが，政策法務の視点からも，自治体がその地域の特性に応じた自主性・自立性を発揮する上で，自主的な条例の制定や法律・条例の自主解釈に基づく地域政策の実施は，非常に重要である[1]。

　本章では，本編が「まちづくり」，「情報」をキーワードとすることを踏まえて，まちづくりの前提である情報共有原則の重要な手段である情報公開制度について，熊本県内の情報公開条例の規定内容を比較分析することをとおして，分権時代ないし「地方創生」における自治体の法政策を考察する。

---

1) 政策法務は，これらの手段を行使する場面に応じて，①立法法務，②執行法務，③評価・争訟法務に分化されるが，本章では，条例に基づく法政策＝立法法務を中心に叙述する。

第1節　自治体の政策と情報公開

1　自治と情報共有原則

　情報共有は，市民参加，協働という言葉とともに，自治体行政ないしまちづくりの基本理念として日常的に用いられている言葉である。最初の自治基本条例といわれるニセコ町まちづくり基本条例や，同様に先駆的な川崎市自治基本条例などでも情報共有原則が謳われ，熊本市自治基本条例も，情報共有・参画・協働を基本原則として定めている（4条）。すなわち，「情報なくして参加なく，情報なくして協働叶わず」である[2]。情報共有原則は，行政が保有する情報は市民との共有財産であるという考え方を前提にしているが，実際には行政が保有している情報が圧倒的に多いから，行政情報の提供を規定することには積極的意味がある。他方，行政・議会・市民や市民活動団体も公共主体と位置づけると，共有財産として相互に利用すべきである点も視野に入ってくる[3]。

　情報共有の最も重要な手段は情報公開制度である。情報公開とは，行政の保有する情報を公開することで，以下の3つの種類がある[4]。①国民・住民の請求に基づいて，行政がその保有する情報（行政文書）を開示する制度（開示請求）に加え，②行政機関が自らの判断によって情報を公開すること（情報提供），③国民・住民からの請求によらず行政機関による情報の公表が義務づけられているもの（情報公表）もある。情報公開法制度の中心は開示請求制度であるが，これら3つの概念それぞれのメリットを活かした総合的な情報公開施

---

2) 藤原静雄［2011］「情報共有の政策法務」北村喜宣・山口道昭・出石稔・礒崎初仁編『自治体政策法務』有斐閣487頁。
3) 松下啓一［2007］『自治基本条例のつくり方』ぎょうせい73頁。なお，玉名市自治基本条例の解説では，「自治を推進するためには，市民，市議会，執行機関が容易に情報を共有することが不可欠です。また，情報の共有は参加や協働を行ううえでの前提条件でもあります。実際には，自治に関する情報は執行機関が多くを保有しているため，執行機関からの情報発信がまず大事なことですが，三者相互の情報発信，情報共有も求められています。」としている。
4) 宇賀克也［2013］『行政法概説Ⅰ・行政法総論（第5版）』有斐閣180頁。

策が求められる。たとえば菊陽町情報公開条例26条は，「町は，その保有する情報を積極的に町民の利用に供するため，この条例の規定による行政文書の開示を行うほか，情報提供施策及び情報公表施策の拡充整備を図ることにより，情報公開の総合的な推進に努めるものとする」と規定する。

2 国・自治体の情報公開法制

情報公開制度は「自治体先行」で展開してきた。1983年に神奈川県で情報公開条例が制定されて以来（最初は山形県金山町），自治体の情報公開条例は独自の展開をみせる。国では，1999年に「行政機関の保有する情報の公開に関する法律」（行政機関情報公開法）が成立し，2001年4月から施行された。2001年には，「独立行政法人等の保有する情報の公開に関する法律」も制定された。国の情報公開法の制定をきっかけに，自治体の情報公開条例は国の制度を意識した見直しが行われる。2010年総務省調査によると，全国ほとんどすべての地方自治体で情報公開条例が制定されている（全国で未制定は3町村，熊本県内はすべて制定）が，近時では，制度の定着にともなう再度の見直しが課題となっている。

3 法律と条例との関係

地方の情報公開制度については，法律に地方自治体の責務が規定されていることから（行政機関情報公開法25条），法律の規定を標準に，その理念・趣旨に基づく仕組みを構築する努力が法的に求められている。他方，地方自治体の自律性の尊重および憲法94条で条例制定権が保障されていることから，当該地域の事情に適した条例の規定を設けるかは，自治体の創意に委ねられている。つまり，情報公開条例の諸規定は，国の情報公開法と同じ水準の情報公開を実現するべきで[5]，それを下回る条例の規定については見直しが求められる。他方，情報公開をより一層進めている条例の規定・施策は，まさしく地方分権時代の創造性のある自治体政策として評価されるべきものである[6]。

情報公開条例も，自主条例の制定である以上，法律に違反することはできず

---

5) もっとも，国の情報公開法よりも低い水準の規定を設ける条例が直ちに違法というわけでもない（高橋滋・斎藤誠・藤井昭夫編著［2011］『条解行政情報関連三法—公文書管理法・行政機関情報公開法・行政機関個人情報保護法—』弘文堂464頁）。

(憲法94条，地方自治法14条1項)，条例と法律との関係に関する最高裁の一般的基準（徳島県公安条例事件，最大判1975年9月10日）に従わなければならない。条例の法律適合性の判断については，法律と条例の趣旨，目的，内容，効果を比較し，両者の間で矛盾・抵触があるか審査される。すなわち，①ある事項について，国の法令中にこれを規律する明文の規定がない場合でも，当該法令全体からみて，上記規定の欠如が特に当該事項についていかなる規制をも施すことなく放置すべきものとする趣旨であると解されるときには，これについて規律を設ける条例の規定は国の法令に違反することとなりうる。逆に，特定の事項についてこれを規律する国の法令と条例とが併存する場合でも，②後者が前者とは別の目的に基づく規律を意図するものであり，その適用によって前者の規定や意図する目的と効果をなんら阻害することがないときや，③両者が同一の目的に出たものであっても，国の法令が必ずしもその規定によって全国的に一律に同一内容の規制を施す趣旨でなく，それぞれの普通地方公共団体において，その地方の実情に応じて，別段の規制を施すことを容認する趣旨であると

[図表Ⅲ-1-1] 条例の法律適合性の判断（最高裁の判断枠組み）

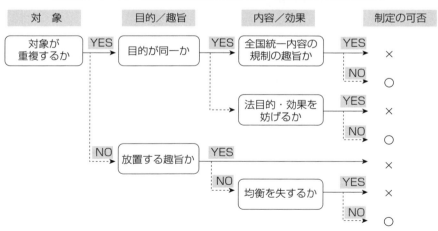

（出所）北村喜宣［2015］『自治体環境行政法（第7版）』第一法規33頁。

6）松井茂記［2003］『情報公開法（第2版）』有斐閣409頁は，情報公開を一層進めるものについて，法律の水準まで引き下げる必要がないとしている。

解されるときは，国の法令と条例の間にはなんらの矛盾抵触はなく，条例が国の法令に違反する問題は生じえない。

第2節　熊本県内の情報公開条例の比較

　情報公開（開示請求）制度とは，ごく簡単にいえば，①誰が，②誰に対して，③どの情報の，④どこまでの内容を，⑤どのような手順で，開示請求をすることができるかというものある。ここでは，①開示請求者，②対象機関，③対象文書，④不開示情報，⑤開示請求の手続について，熊本県内の情報公開条例の規定内容を比較分析し，その特徴を概観する。

1　開示請求者

　情報公開法は，何人に対しても行政文書の開示請求を認めている（3条）。したがって，外国に居住している外国人も開示請求権を有する。自治体の情報公開条例でも「何人も」型は多いが，当該自治体の住民だけでなく，当該自治体に通勤・通学をしている広義の住民に加え，実施機関が行う事務事業に利害関係を有する者を開示請求者とする条例もある。この「住民」型であっても，請求の趣旨・目的を問わず，文書の開示請求権が認められる。

　熊本県内では，熊本市，荒尾市，山鹿市，菊陽町，長洲町，芦北町，西原村などが「住民」型であるが，熊本県，八代市，宇土市，玉名市，水俣市，天草市，南小国町，あさぎり町，五木村等が「何人も」型を採用している。

2　対象機関

　情報公開法は，国会，裁判所を対象機関としていないが，内閣を除く国の行政機関を網羅している（閣議文書は内閣官房が保有しており，内閣官房は対象機関に含まれるため，実質的にはすべての行政機関が対象となっている）。情報公開条例においても，情報公開の対象となる「実施機関」は，長，委員会（公安委員会を含む），監査委員など形式的意味における行政機関をすべて含んでいる。また，議会を実施機関にしている自治体がほとんどである（熊本県内ではすべての情報公開条例）。執行機関に限らず，議会も住民に対する説明責任を負うも

のであるから，条例上の実施機関にするのは当然である。

　地方自治体の周辺には，地方独立行政法人，地方3公社（土地開発公社，地方住宅供給公社，地方道路公社）のほか，補助金等の交付を受ける財政支援団体など，多種多様な組織が存在する。これらの団体の情報公開を推進することは，自治体法政策の課題である。法制度設計の方法としては，①団体を実施機関に加える方式，②団体の情報公開努力義務を定め，団体に対して長が情報公開を指導できる規定を置く方式，③団体に関する文書で法令上請求できる文書について，長の収集義務を明記する方式，④団体と地方自治体との間で情報公開協定を結び団体から情報提供させる方式等が考えられる[7]。

　地方自治体と同視しうる団体については，上記①の方式により実施機関に加えるべきである。地方3公社や地方独立行政法人については，地方自治体の分身としての性格が強いことから，これらは情報公開条例上の実施機関となしうると考えられる[8]。熊本県情報公開条例2条1項は，県が設置した独立行政法人および住宅供給公社・道路公社を実施機関に加えている。宇土市，菊池市，阿蘇市なども，土地開発公社を実施機関としている。

　他方，出資法人は独立の法人格を有し地方自治体と同視することは難しいことから，上記②〜④の方式が用いられる（熊本県情報公開条例33条，水俣市情報公開条例23条など）。自治体の先駆的な施策として，福岡市情報公開条例は，実施機関が保有していない出資法人等に係る文書の開示請求があったときは，当該出資法人に対し，当該文書を提出するように求めることができるとし（39条3項），実施機関および出資法人等は，上記の文書の提出および当該文書の開示決定等を円滑かつ適正に行うため，その提出を求める文書の範囲その他必要な事項について定める協定を締結するよう努めるものとしている（同4項）。

　指定管理者は私的主体であるが，自治体の代行として公共施設の管理運営を担うことから，これを情報公開条例上の実施機関としうるかについては議論がある。行政改革推進本部特殊法人情報公開検討委員会報告書には，「指定法人等の中には，行政事務を行政機関から委任を受けて実施しているものがある。

7）大橋洋一［2013］『行政法Ⅰ（第2版）―現代行政過程論』有斐閣343〜344頁。
8）宇賀克也［2010］『情報公開と公文書管理』有斐閣285頁。

この場合，当該指定法人等は，当該行政事務を自らの名と責任において行っていると考えられ，理論上，当該行政事務について自ら国民に対する説明責任を負うものとして整理することは可能である」とある。指定管理者も行政事務を代行する機関であり，そのような指定管理者としての業務に関しては，国民主権の理念に基づく説明責任を語りうるから，指定管理者を実施機関とすることは理論上可能である。実際，全国の自治体には，実施機関に含めたり（尼崎市情報公開条例2条1号），処分権限を有する指定管理者を実施機関にしている例がある（藤沢市情報公開条例4条2項）。また，指定管理者の保有文書を条例上の「行政文書」概念に含める方式もある（草加市情報公開条例2条4号イ）。

ただ，多くの自治体では，指定管理者の情報公開措置を求める規定（努力義務）と同時に，自治体が指導できる旨の規定を置くものが多い。たとえば熊本県情報公開条例33条の2は，「県の公の施設を管理する指定管理者……は，この条例の趣旨にのっとり，当該公の施設の管理に関する情報の公開に努めるものとする。」「実施機関は，指定管理者に対し，当該指定管理者が管理する県の公の施設の管理に関する情報の公開が推進されるよう，必要な指導に努めるものとする」と規定する。他方，これを一歩進めて，自治体が指定管理者に対して情報の提出を要請し提出させる方式をとる自治体もある。たとえば熊本市情報公開条例26条2項は，「実施機関は，指定管理者が管理を行う公の施設に関する文書，図画等であって実施機関が保有していないものに関し，閲覧，写しの交付等の申出があったときは，当該指定管理者に対し，当該文書，図画等を実施機関に提出するよう求めるものとする」と規定する。

3　対象文書

情報公開法は，情報公開の対象となる「行政文書」について，行政機関の職員が職務上作成または取得した文書，図画および電磁的記録であって，職員が組織的に用いるものとして，当該行政機関が保有しているものと定義する。自治体の情報公開条例では，「行政文書」「公文書」など表現にこそ違いがあれ，上述の定義は最も一般的なものであり，内部文書やマル秘文書であっても，以下の（a）〜（d）を満たせば対象文書となる。

　（a）　職務上，作成または取得した文書。職務外のものは含まれない。

(b) 文書・図画・電磁的記録。開示請求の対象となる文書は，紙の文書だけでなく，行政情報を記録したテープや電子ファイル等も含まれる。また，行政職員の"頭の中の情報"や"組織的記憶"等，情報そのもの（無形の情報）ではなく有形の記録を対象文書とする。

(c) 組織的に用いるもの（組織共用文書）。行政機関内部で事案処理された，すなわち決裁・供覧等を経た文書である必要はなく，実質において組織的共用といえる保有状況にあればよい。「組織的に用いる」とは，組織における業務上の必要性により利用・保存するものであるか否かが問題となる。たとえば，職員のメモ類については，組織として利用する実質があれば開示対象となるが，純然たる個人的記録であれば対象から外れる。

(d) 行政機関・実施機関が現に保有するもの。開示請求の対象となる文書は，行政機関が保有しているものでなければならない。物理的に存在しないもの（作成・取得していない，廃棄・返却等により不存在）は，対象外となる。

自治体の情報公開条例には，電磁的記録のすべてを対象としていないものや決裁・供覧の手続が終了したものに限り対象文書とするものがごく一部ながらなお存在している[9]。熊本県内でも，「実施機関の職員が職務上作成し，又は取得した文書，図画及び写真」として，「決裁又は供覧の手続が終了し，当該実施機関の職員が組織的に用いるもの」を要件とする例が少数ながら存在するので，速やかに条例を改正することが望まれる。

なお，宇土市文書管理条例は，文書概念につき「行政機関等の職員がその職務に用いることを目的として作成し，又は取得した」文書等と定義して，文書概念を広げて捉えている。つまり，職務上作成・取得したという通常の定義よりも広く，仕事のために簡単につくったメモなども文書の概念に含めている。これは，文書概念を拡大して情報をできるだけ文書化する立法例として注目される[10]。

---

9) 宇賀克也・前掲注（8），286〜287頁。

4 不開示情報

　情報公開法・条例では，開示請求があったとき，当該文書は開示請求者に対して開示されなければならないとし（原則開示），例外的に不開示となる情報を類型化している。情報公開条例の不開示事由の類型には，法令秘，個人に関する情報，法人等に関する情報，公共の安全等に関する情報，審議・検討・協議に関する情報，事務・事業に関する情報がある。

(1) 個人に関する情報

　氏名，生年月日その他の記述により特定の個人を識別することができるもの（個人識別情報）は，原則として不開示とされる。また，他の情報と照合することにより個人識別情報となり得るものについても不開示となる（モザイクアプローチ）。ただし，個人識別情報であっても，公にされることが予定されている情報，人の生命，財産等の保護のため必要な情報，公務員の職名および職務内容に関する情報は，開示されることとされている。

　食糧費支出関係文書の開示請求が争われた事件（最判2003年11月11日）において，最高裁は，国および地方公共団体の公務員の職務の遂行に関する情報は，公務員個人の社会的活動としての側面を有するが，公務員個人の私事に関する情報が含まれる場合を除き，不開示情報にあたらないとし，食糧費が支出された会議等に出席した公務員の役職，氏名は不開示情報に該当しないとした。ただし，これらの会議等に出席した私人に関する情報は個人情報であるとして不開示としている。

　不開示の個人情報を定める方法としては，個人識別情報型のほか，秘密性・秘匿性を備え開示により個人のプライバシーを侵害するおそれのある個人情報を不開示とする方法（プライバシー情報型）がある。熊本県内では，ほとんどすべての情報公開条例が個人識別情報型であるが，プライバシー情報型の例もある（五木村情報公開条例7条1号）。

10）原田久［2004］「情報公開と行政広報—行政広報の視点からみた情報公開制度の再設計」市町村アカデミー監修『情報公開制度と個人情報保護』ぎょうせい2004年109～110頁。

(2) 法人等に関する情報

　法人等に関する情報（個人の事業活動に関する情報を含む）のうち，公にすることにより，当該法人等の競争上の地位や正当な利益を害するおそれのあるものは，不開示とされる。行政機関の要請を受けて非公開にすると約束をして提供されたものについては，そのような非公開の約束が合理的と認められる限り，不開示とされる。ただし，人の生命，健康，生活または財産を保護するために，公にすることが必要であると認められる情報は開示される。

　学校法人が補助金の交付申請に際して県に提出した財務会計書類（資金収支計算書，消費収支計算書，貸借対照表など）の開示が争われた事件において，最高裁は，法人等情報に該当するためには，「競争上の地位その他正当な利益を害するおそれ」が「客観的に明らかでなければならない」とした上で，当該情報からは競争上の地位を害するような「経営上のノウハウ等を看取することは困難」であり，開示しても「学校運営等を阻害したり，その信用又は社会的評価を害するものということはできない」と判断して，法人等情報該当性を否定した（最判2001年11月27日）。

(3) 審議・検討・協議に関する情報

　行政機関内部で審議・検討・協議されている事項に関する情報で，公にすると率直な意見の交換や意思決定の中立性が不当に損なわれたり，不当に市民の間に混乱を生じさせ，公益を害するおそれがあると認められるものは，不開示とされる。

　市民団体が鴨川の河川管理者である京都府知事に対して，府知事が設置した鴨川改修協議会に提出されたダムサイト候補地点選定位置図の開示を請求した事件で，最高裁は，本件文書は意思形成過程における未成熟な情報であり，公開することにより府民に無用な誤解や混乱を招き，協議会の意思形成を公正かつ適切に行うことに著しい支障が生じるおそれがあるとした（最判1994年3月25日）。他方，専門家が調査した自然界の客観的，科学的な事実およびこれに関する客観的，科学的な分析の情報については，審議・検討情報該当性を否定している（最判1995年4月27日）。

(4) 事務事業に関する情報

　行政機関の行う事務事業に関する情報であって，当該事務事業の性質上，公にすることにより，その事務事業の目的が損なわれ，その適正な遂行に支障を及ぼすおそれのある情報は不開示とされる。

　用地買収に係る買収価格について，最高裁は，①土地の価格は公示価格を基準として客観的に定まっており，当事者間の自由な交渉の結果が売買価格に反映することは少ないこと，②買い取られた土地については不動産登記簿に登録され公示されるから，買収価格について周辺の環境等からおよそ見当をつけることも可能であること，③用地取得業務には公金が伴い，その透明性の確保と説明責任の観点からすると，買収価格は公表されるべきものであること等を理由に，個人地権者に関する買収価格については開示すべきとしている（最判2005年7月15日，最判2005年10月11日）。

5　開示請求の手続

(1) 期　　限

　開示決定等は，適法な開示請求がなされてから法定の期限内に行うのが原則である。熊本県内の自治体の場合，条例で定められた期限は14日（熊本市，玉名市，天草市，菊陽町，美里町など）・15日（熊本県，八代市，人吉市，荒尾市，益城町，和水町，西原村，相良村など）となっている。ただし，事務処理上の困難その他正当な理由があるときは，上記期間につき30日ないし45日（条例によりさまざま）以内の限度で延長できる。さらに，開示請求に係る行政文書が著しく大量であるため，期間を延長してもそのすべてについて開示決定等をすることにより事務の遂行に著しい支障が生ずるおそれがある場合には，開示請求に係る行政文書のうち相当の部分につき当該期間内に開示決定等をし，残りについては，相当の期間内に開示決定等をすれば足りる。

(2) 決定の種類

　開示請求に対する実施機関の決定の種類には，(a) 全部開示決定，(b) 部分開示決定，(c) 全部不開示決定がある。(b) は，文書の一部に不開示情報（個人の氏名等）が記録されていて，その部分だけを分けて除外する（氏名が記載さ

れている部分だけ黒く塗りつぶす）ことが容易にできるときは，それ以外の部分を開示しなければならない。

　(c) には，①請求された文書の不存在を理由とする場合，②請求された文書の全内容が不開示事由に該当する場合，③請求された文書の存否を答えることが不開示事由に該当するので，文書の存否を明らかにせずに不開示決定を行う場合（存否応答拒否）がある。たとえば特定の個人に対する滞納処分に関する情報，懲戒処分に関する情報について，当該個人の氏名に関する部分を黒塗りにしても，滞納している事実や懲戒処分を受けた事実（個人情報）がわかってしまうので，当該文書の存否を明らかにしないで不開示決定をする。

(3) 手 数 料

　ほとんどの自治体で（熊本県内ではすべて），文書の開示に係る手数料は無料である。ただし，開示の実施に係る必要な費用（コピー代など）は，開示請求者が負担することになる。もっとも，近年は大量請求との関係で，手数料徴収が立法政策上の課題となっている。

(4) 行政手続条例の適用

　情報公開条例に基づく開示請求に対する決定は，行政手続条例上の「申請に対する処分」にあたるから，申請に対する処分手続の基本ルールが適用される。審査基準を設定・公表する義務や拒否処分（不開示決定）には理由提示が必要であるなど，行政手続条例による規律が及ぶ。理由提示（付記）はどの程度詳しいものが必要かについて，最高裁は，「非開示事由のどれに該当するのかをその根拠とともに了知し得るものでなければならず，単に非開示の根拠規定を示すだけでは，当該文書の種類，性質等とあいまって開示請求者がそれらを当然知り得るような場合は別として，……理由付記としては十分でない」（最判1992年12月10日）としている。

　情報公開制度の運用において，不開示決定に際しての理由付記のあり方が問題とされた。特に文書の不存在を理由とする不開示決定について，単に「文書を保有しない」と記載するのみで，必ずしも不存在の理由についての付記は徹底されてない状況が見受けられた[11]。熊本県内の多くの自治体でも，不開示

決定の理由付記について，単に根拠条文のみを記載するもの，文書不存在のみを記載し，どのような理由で（廃棄，作成・取得していない等）存在しないのかの記載がまったくないもの等が少なくない。立法上の施策としては，条例に理由付記について明記することも考えられる（熊本市情報公開条例11条2項，水俣市情報公開条例10条2項など）。

おわりに

情報公開制度は，各自治体にとって「標準的な装置」となっているが，今日では，制度の定着化とそれにともなう見直しが課題となっている。情報公開条例の今日的課題にはさまざまなものがあるが，ここではむすびにかえて，情報共有原則の理念とは乖離した制度運用の実態として問題視されている「権利濫用的な大量請求」について述べる。

権利濫用的な大量請求とは，情報公開の実務上，分割請求や抽出請求等で対処できるものではなく，以下のような窓口での対応の限界を超えているものである。すなわち，①許認可の拒否，監査の却下・棄却等に不満で，当該実施機関（あるいは室・課）のすべての文書を請求する，②行政監視の名目のもとに（継続反復して）全庁にわたる（特定の室・課に反復継続的に）請求を行う，③特定の室・課の文書について，ファイル基準表に従って大量の文書の請求を繰り返す，④職員に対する脅迫的言動が見られる（あるいは職員に人事異動にともなって請求対象の部署も異動先に変える），⑤開示（一部開示も含む）決定後に閲覧をしない，などである[12]。

熊本県内では，情報公開請求の数が統計上さほど多いというわけでもない（開示請求が年間1件もない，不服申立て事案が今まで1件もない自治体もある）。特定の「熱心な」住民により繰り返しなされる請求はみられるようであるが，窓口での対応の限界を超える濫用的な大量請求というものではない。この問題の所在は，一方で開示請求の「現実」への対応と他方で情報共有原則の理念という

11）IAM行政管理研究センター編［2006］『情報公開制度改善のポイント』ぎょうせい，258～259頁。
12）藤原静雄・前掲注（2）490頁。

両者の関係をいかに捉えるかにあり，各自治体の政策法務のあり方が問われる場面である。以下では，全国の自治体での対応と裁判例の動向を概観しておく。

権利濫用的な大量請求については，権利濫用の法理の適用が検討される。権利濫用が許容されないことは法の一般原則であり，法・条例の明文規定がなくとも認められるから，情報公開条例に基づく開示請求も，権利濫用であれば拒否処分が可能である。しかし，明文の根拠規定なしに，権利濫用の法理を適用することにはやはり躊躇があるようである。そこで，解釈指針として濫用の類型，濫用と判断する基準や指標を定めたり，さらに，権利濫用といえる請求を禁止する規定を条例で明文化する自治体も増えている（千葉県，福岡市など）。

裁判例では，厚さ60mに及ぶ大量文書の開示を求めた市民の申請について，権利濫用の法理を説いたものがある（横浜地判2002年10月23日）。しかし，裁判例の傾向として[13]，大量請求であることのみで権利濫用の法理を適用することには消極的である（高松高判2007年8月31日，佐賀地判2007年10月5日，さいたま地判2007年10月31日等）。権利濫用を否定する裁判例が多いなか，その適用を肯定した裁判例もある（横浜地判2010年10月6日）。ここでは，単に大量請求であることのみで権利濫用を認めたのではなく，実施機関の業務に著しい支障を生じさせることを目的としたものと評価されたことが，例外的に権利濫用と認める理由となっている。

情報公開条例では，手数料を無料とするのが原則であるが，手数料は濫用抑止との関連でも議論されてきた。ただし，金額によっては，一般の開示請求も抑止してしまう負の面もあり，当然に慎重論も出てくる。手数料の徴収には条例改正が必要であり，どのように対処するかは，立法政策の問題といえる[14]。神戸市では，会社または会社に勤務する者が会社の業務の執行のために開示請求することが明らかであると認められる場合には，1,000円の請求手数料を徴収し，また，開示請求を何人にも認めた上で「広義の住民」の開示請求者に限定して請求手数料300円を徴収している。

---

[13] 権利濫用の法理の適用をめぐる裁判例の動向について，宇賀克也［2013］『情報公開・個人情報保護—最新重要裁判例・審査会答申の紹介と分析』有斐閣266〜267頁，参照。
[14] 宇賀克也［2010］「地方公共団体における情報公開の課題」『季報情報公開・個人情報保護』37号76〜77頁。

第2章

地方創生時代における
行政の組織編成

はじめに

　少子高齢化，人口減少という社会的課題に対応するため，地方創生をスローガンにした各種施策が実施されている。まち・ひと・しごと創生本部によれば，地方創生とは「政府一体で，各地域がそれぞれの特徴を活かした自律的で持続的な社会を創生する」ことであり[1]，日本政府が各地域の創生活動を支援する形で，多くの地方政府において多様な活動が実施されている。

　当然のことながら，地方創生に向けた取り組みは1,718団体による個別の取り組みだけではなく[2]，各団体に対する支援や調整活動はもちろんのこと，連携した取り組みも重要となるであろう。果たして効果的な地方創生の取り組みを実現するためには，どのような組織編成あるいは組織的対応が求められるのであろうか。行政活動の基盤は組織であり，地方創生の取り組みについても組織構造や組織編成の観点からの検討が欠かせない。行政の組織編成については，従来からその編成方法や管理手法の検討が必要であると指摘されてきた[3]。本章では，行政学の関心の1つである行政の組織編成や組織活動の観

---

1) 内閣官房・内閣府総合サイト，地方創生に関するページ（http://www.gov-online.go.jp/cam/chihou_sousei/）[平成29年9月27日]。
2) 平成28年10月10日時点で1,718（市791町744村183）の市町村が設置されている。これについては，総務省ホームページ，広域行政・市町村合併に関するページ（http://www.soumu.go.jp/kouiki/kouiki.html）[平成29年9月27日]を参照した。
3) 真山達志（編）[2012]『ローカル・ガバメント論：地方行政のルネサンス』ミネルヴァ書房，6-8頁を参照。真山は1940年代から行政学の主要なテーマであったが，最適解は見つかっていないと指摘している。

点から，地方創生の担い手としての組織のあり方について考察する。

第1節　地方政府における行政の組織編成

　地方政府は，住民の福祉の増進を図ることを基本として，地域における行政を自主的かつ総合的に実施する役割を広く担うため[4]，議事機関と執行機関を設置している。執行機関には，地方政府の長と独自の執行権限を有した各種の行政委員会が含まれる。本節では，地方政府の組織を法制度および組織マネジメントの観点から概観し，行政組織の特徴について考察する。

1　法制度的アプローチ

（1）　行政組織の特徴

　地方政府における組織の特徴について法制度の観点から考察した場合，以下の3つが挙げられる。

①　首長主義

　日本国憲法第93条第2項は，「地方公共団体の長，その議会の議員及び法律の定めるその他の吏員は，その地方公共団体の住民が，直接これを選挙する。」と定めている。つまり，住民が議会と執行機関の長の双方を直接に選出することにより，両機関を対立させている。そして，その権限を分立した上で，相互の均衡抑制を図ることにより，地方自治や地方行政の民主的かつ公正な運営を期待している[5]。このように，首長を住民が直接選挙で選出する仕組みを首長主義という。国政では議院内閣制が採用されているため，これは地方政府の特有の特徴といえるであろう。

　また，首長の地位や権限については地方自治法第147条が「普通地方公共団体の長は，当該普通地方公共団体を統轄し，これを代表する。」と定めている。また同法第148条は「普通地方公共団体の長は，当該普通地方公共団体の事務を管理し及びこれを執行する。」と規定し，首長は地方政府の代表とし

　4）地方自治法第1条の2を参照した。
　5）髙部正男［2003］『執行機関（最新 地方自治法講座⑥）』ぎょうせい，3頁を参照。

て，地方政府の事務はもちろんのこと，地方政府全体を統括すると位置づけられていることがわかる。

他方で，長と議会が対立した場合の調整手段として，議会には長の不信任議決権を与え，長には議会の解散権を与えることによって，議院内閣制の要素を加味した独特の制度となっている[6]。しかし，首長には再議請求や専決処分等の権限が与えられており，全体として首長の優位性や優越性を内包した仕組みになっている[7]。

② 執行機関の多元主義

2つめの特徴は，複数の執行機関に事務を分掌させ，それぞれの機関がその判断と責任のもとで事務を処理する仕組みを採用していることである。これらの仕組みは，首長への権限集中を排除するとともに，委員会制度を通して住民参加の促進を意図して導入されたといわれている[8]。具体的には，教育委員会や農業委員会，人事委員会，監査委員会などの委員会が各地方政府に設置されている。

たとえば，教育委員会の制度においては政治的中立性の確保や継続性・安定性の確保，地域住民の意向の反映の3点が制度意義として掲げられている[9]。特に3点めに関しては，教育分野が地域住民にとって身近で関心の高い行政分野であることを考慮して，専門家のみでなく，広く地域住民の意向を踏まえた運営をすることが求められている。

③ 基本構造の画一性

日本国憲法第92条は「地方公共団体の組織及び運営に関する事項は，地方自治の本旨に基いて，法律でこれを定める。」とし，本規定によって地方自治法が定められている。地方自治法は，その第7章において執行機関について定め，そのなかにおいて行政組織の基本的仕組みについて規定している。つまり，人口が100万人を超える大都市から数百人の小規模町村までその構造は地

---

6) 同上（高部）4頁。
7) 真山（註3）42-46頁を参照。
8) 高部（註5）4-5頁。
9) 文部科学省ホームページ，教育委員会制度に関するページ（http://www.mext.go.jp/a_menu/chihou/05071301.htm）〔平成29年10月7日〕。

方自治法の規定によって画一的な仕組みとなっている。他方で，町村総会の制度や政令市における区役所の設置など例外的なものもあるが，基本的な構造は画一的である。

(2) 内部組織の編成

先述のように地方政府の基本的構造や仕組みは画一的で厳格なものとなっているが，首長の下に設置されている内部組織についてはどうであろうか。

地方政府の長が，その職権に属する事務を処理するためには，それらを分業して担当する組織が必要となる。これらの組織は，法的には長の補助機関といわれる。地方自治法第158条第1項は，「普通地方公共団体の長は，その権限に属する事務を分掌させるため，必要な内部組織を設けることができる。この場合において，当該普通地方公共団体の長の直近下位の内部組織の設置及びその分掌する事務については，条例で定めるものとする。」と規定している。これは，地方政府の長がその裁量によって必要な局部課組織を設けることができることを示している。具体的には，第一次的な内部組織の設置は条例事項であるが，それ以下の組織は規則等で対応することにより任意で設けることができ，内部における組織設置の自由度が高いことがわかる。

2　組織マネジメント的アプローチ

前項では，行政組織を法制度的な側面から概観したが，組織マネジメント的な側面からみた場合，どのような特徴がみられるであろうか[10]。

組織マネジメントの観点から行政組織を捉えた場合は，組織とはその目標達成のために調達された人員や物品，金銭，情報などの資源を有効に活用するための経営体として捉えられる。実際に，地方政府は持ち得る資源を活用しながら住民ニーズに対応した行政サービスを実施する責務を負っている。当然にその資源は有限であるため，効率性や有効性を意識した行政運営が求められる。

また，政府組織に限らず，一般に大規模組織の構造は，頂点に独任制の長を

---

10) 石原俊彦，山之内稔［2011］『地方自治体組織論』関西学院大学出版会，3頁では行政組織を考察の対象とする場合には，経営体という観点からの考察も重要となることが言及されている。

置く階統制の構造をとっており、以下のような特徴が挙げられる。

(1) 官僚制組織としての特徴
① 分 業 化
　地方政府は、多様な業務を負うことから、それらの重複を避け、業務を分担している。それが分業化である。また、業務の細分化は、その業務の専門化にもつながる。日本の行政組織においては、人事異動が定期的に実施されるため、業務に対する専門化が図られるか否かに対しては賛否両論があるが、少なくとも職務上の兼任の負担が低下するにつれて、担当業務に対する知識や技術を高めることは可能であろう。このように、組織はそれぞれの機能を特化することよって、的確に住民ニーズや外部環境の変化に迅速に対応することができる[11]。

② 階 層 化
　行政組織は外見的にピラミッド型の組織編成となっており、上から下への階層構造となっている。大都市行政の場合、局部課制を採用している地方政府が多く、ピラミッド型の頂点に首長を位置づけ、その下に局長や部長などの規模の大きな部門の責任者が位置づけられる。また、その下に課長や課長補佐などの中間管理職が、その下には係長、係員が配置されている。他方で、小規模町村の場合には課係制を採用している団体が多いため、頂点に位置する町長や村長の下には課長が、その下に係長、係員が配置されることになる。

　職員規模が大きくなれば、階層の数が高くなる傾向があり、当然にピラミッドも高くなる。職員規模が小さければ、それとは逆の現象が現れる。

③ 権限の配分
　権限とは、組織における各階層の職位に割り当てられる職務遂行上の権利や能力を指す[12]。地方政府では、分業化により協働して業務を遂行していくため、事前に職務範囲や権限を定めることにより、合理的かつ能率的に業務を遂行することが目指される。そのため、組織においてはあらかじめ各々の職位に

---

11) 桑田耕太郎、田尾雅夫 [2011] 『組織論（補訂版）』有斐閣、151-153頁を参照。
12) 田尾雅夫（編）［2010］『よくわかる組織論（やわらかアカデミズム・わかるシリーズ）』ミネルヴァ書房、6-7頁。

対して権限とその責任が付与されており，それによって外部環境の変化に対する迅速な対応が可能となる。権限の範囲が曖昧である場合，決定の迅速性が阻害されたり，無責任主義を生み出し，分業化や階層化の逆機能を生じさせる可能性がある。

④ ライン・スタッフの配置

ライン組織とは，職務に関わる指揮命令を首長から下位の係員に至るまでに一人の直属の上司から受ける組織，またスタッフ組織とはライン組織に対して助言や職務の支援，業務の調整を行う組織のことである[13]。大規模化，高度化，複雑化した現代行政においてライン組織のみで業務を執行することは非効率的である。ライン組織の負担を軽減し，また多様な業務を調整するためにラインとスタッフを組み合わせた組織構造となっている。

（2） その他の特徴

上記以外にも以下のような特徴が挙げられる。

地方政府のみならず，政府の究極的な組織目標は公益の実現である。組織目標とは，組織員が共有し，達成しようとしている状態を指す[14]。政府は，民間企業のように特定の利害関係者のために個々の私益を追求するのではなく，公益すなわち全体の利益の実現を目指して活動することが求められる。受益者の数も多く，また活動の目標も数値化することが難しいため，その成果の把握は困難となる場合も多いが，細分化された組織業務を調整および協働させていく上で，公益性の概念は行政判断や活動の方向性を示す最高のものさしである。

また，政府活動は，民間企業のように効率的に物品やサービスを生産し，利益を生み出すというものではなく，正義や公平性という価値のもと，国民や住民から徴収した資源を効率的に配分したり，ある一定の利益を保護するために規制を行うなど政府特有の活動の特徴がみられる[15]。

それ以外にも，地方政府は管轄するその地域全体に目を向け，地域と一緒に活動を行う組織であるため，地域住民の意識や自発的活動も組織経営とは切り

---

13) 同上（田尾）128-129頁。
14) 同上（田尾）10-11頁。
15) 桑田（註11）339-341頁を参照。

離すことができない[16]。たとえば，積極的な住民参加がなされている地域では，組織編成のみでなく，その規模や運営方法にまで影響を与えるであろう。

第2節　地方創生時代における行政組織

　地方政府が継続的に行政活動を継続させるためには，外部環境の変化に適応することが不可欠である。人口減少や少子高齢化などの社会問題に対応するための組織編成を検討する必要があるであろう。本節では，現在の行政組織の実態について確認したのち，地方創生時代における行政組織のあり方について検討する。

1　行政組織の実態

(1)　地方政府の自主組織権

　1990年代以降の地方分権改革によって，都道府県の自主組織権に関する規制が緩和および撤廃され，それぞれの地域の実情に応じた特色ある組織編成が可能となっている。一般に，首長の下に，どのような行政組織を編成するかを決定することができる権限を自主組織権という。市町村では従来から比較的に自由な組織編成がなされてきたといわれているが，都道府県においては法定局部制や標準局部制などにより中央政府による強い統制が行われていた。地方政府の自主組織権を尊重し，組織運営の合理化を図る目的のもと，これらの規制が撤廃されたのは2003年のことである。

　市町村の自由度を象徴する内部組織が千葉県松戸市「すぐやる課」（総合政策部内）である。この組織は，当時の市長が唱えた「すぐやらなければならないもので，すぐやり得るものは，すぐにやります」という精神に沿い，昭和44年（1969年）に発足したといわれている[17]。その他にも，兵庫県芦屋市「お困りです課」，和歌山県有田市「みかん課」，佐賀県武雄市「お住もう課」「お結び課（ご縁係）」など，インパクトのあるユニークで市民にとっても親しみや

16）同上（桑田）347頁。
17）松戸市ホームページ，すぐやる課に関するサイト（http://www.city.matsudo.chiba.jp/kurashi/suguyaru/qa.html）［平成29年10月5日参照］。

すい，わかりやすい名称の組織は数多い。

(2) 市町村における組織設置の実態―熊本県を事例として―

では，地方政府は何を目的に組織を新設するのであろうか。以下の**図表Ⅲ-2-1**は，熊本県域において平成の大合併を経験した団体がそれを契機に新設した組織名とその設置目的の一部を整理したものである。**図表Ⅲ-2-1**からは以下のような設置背景を読み取ることができる。

① 業務の専門性や技術性への配慮

税務分野や情報分野の業務は，一定の専門的知識や技術が求められる。業務を集中的に担う組織を新設することにより，専門性や技術性に対応し，またそれらを育成することを目的として組織を設置していることがわかる。

② 多くの地域に共通する社会問題への対応

日本全国で発生している災害や人口減少，少子高齢化問題などに対応するために，それぞれの政策に集中的に取り組む組織を設置している。これらの問題は，多くの地域に共通する課題であるため，どの団体にも類似する組織が見受けられる。

③ 個々の市町村が抱える個別課題への対応

上記のように共通した問題もあれば，その地域特有の問題あるいはその地域が優先して取り組むべき課題がある。それらの課題に取り組むために組織を新設している。

④ 行政技術の進展への対応

情報技術の進展により，従来は対応できなかった行政サービスや政策に取り組むことができるようになった結果，そのための組織が新設されている。

⑤ 行政資源の増加への対応

合併により，財源や職員が増加したことにより，従来は対応できなかった行政サービスや政策に取り組むことができるようになった結果，そのための組織が新設されている。

⑥ 類似・近似事務の統合

事務の効率性を高め，各種問題に柔軟に対応するために，類似・近似事務を統合し，その事務を担当するための組織が新設されている。

[図表Ⅲ-2-1] 新設組織との設置目的

分野	新設組織の名称	新設の目的
総務	行政改革課 監理係 行革管財係 納税係	所管をまたぐような業務の調整および行政改革の推進（行政改革課） 行政改革と契約事務などの専門化および強化（行革管財係）
	防災交通係 危機管理課 防災危機管理課	防災業務の専門化および強化（防災交通係） 地震や風水害などの防災対策をはじめとする危機管理体制の強化（防災危機管理課）
	企画振興部 企画財政課	財政規模の拡大や電算・地域情報化への対応：従来まで総務課で所管していた企画部門と財政部門を独立（企画財政課）
	情報推進係 情報管理室 情報統計課	地域の主要な施設を結ぶ利便性の高い情報通信体系を築き，幅広い住民サービスの展開（情報管理室）
	総務部 市長公室 文書法規係 学校規模適正化推進室	政策の実現に向けた庁内の全体調整を要する重要案件の処理および政策の進捗状況の管理（市長公室） 条例や規則等のチェック，文書管理の一元化（文書法規係） 複式学級の解消や学校施設の老朽化の改善（学校規模適正化推進室）
産業振興	商工観光部 商工観光課	観光PRや商工業活性化，イベントの実施専門担当課として情報提供やサービス向上（商工観光課）
	産業政策課 企業誘致室 産業雇用創出課	経済発展，産業振興，雇用の機会の増大（企業誘致室） 企業誘致の拡充と地場産業の支援強化，6次産業化の推進（産業雇用創出室）
	農業振興課 ブランド推進課	農林畜産物の広告宣伝，販路拡大により農家経営の安定（ブランド推進課）
保健福祉	子育て支援課 高齢介護課	子育て支援体制に関する施策の企画および調整（子育て支援課） 高齢化社会に対応し，高齢介護施策の重点的な取り組み（高齢介護課）
都市計画建設	都市整備課 環境衛生課 水道局総務課，上下水道課	主要地域の整備，都市機能強化施策の重点的な取り組み（都市整備課） 上水道および下水道事業の効率的かつ一体的な運営（上下水道課）
住民協働	地域生活課 総合窓口係 まちづくり支援課	地域公共交通対策や移住定住の促進，周辺地域の活性化の推進（地域生活課） 合併による広域化対策（総合窓口係） 地域コミュニティ政策の企画および総合調整（まちづくり支援課）

| 教育
文化 | 文化課
スポーツ振興課 | 各種団体の取りまとめ，効率的・効果的な取り組み（スポーツ振興課） |
| 男女共同参画人権 | 男女共同参画課
人権啓発課 | 男女公共参画社会の推進など（男女共同参画課） |

（出所）熊本県「市町村合併に関するアンケート」および各団体のホームページを参考に筆者作成[18]。

2 地方創生時代における行政組織

　前述のとおり，組織は多様な要因によって新設や改組が実施されていることが確認できた。外部環境の変化に適応しながら，目前の課題に対応するためには効果的な組織編成が必要である。本項では，これまでの考察を振り返りながら，組織編成の際に求められる考慮要素について言及する。

（1）総合的な改革

　地方分権改革やNPM型行政改革，地方創生の取り組みなど地方政府を取り巻く環境は急速に，そして確実に変容している。これらの状況の変動に応じて，迅速かつ的確に対応するために，組織もまたそれに対応することができる構造であることが求められる。

　たとえば，民間企業においては迅速な決定を意図した現場への権限委譲やスムーズな情報伝達を意図した階層の簡素化および単純化，現場レベルでの素早い対応を意図した専門家の活用など多様な取り組みが実施されている[19]。このような民間企業における取り組みを参考にして，一部の地方政府においても組織改革の一環として組織階層を低くするフラット化の試行もみられるようになっている[20]。

　しかし，これらの取り組みはメリットのみではなく，昇進ポスト数の削減によるモチベーションの低下，権限委譲を受けた下位者の情報収集や処理能力，専門性を高める必要性などといった懸念事項もあることが指摘されており，単

---

18) 本アンケートは，熊本県が市町村合併の成果と課題を取りまとめるために実施した合併市町村を対象にしたアンケートである。
19) 田尾（註12）144-145頁を参照した。
20) 真山（註3）17-20頁。

に構造を変革するだけでなく構造と密接に結びついている雇用や人事・給与などの制度も根本的に見直す必要があると指摘されている[21]。単に先行する民間の取り組みを形だけ模倣するのではなく、人事制度はもちろんのこと、先述した公益性や公平性、地域性といった行政組織の特徴を考慮した総合的な改革が必要となる。

（2） ネットワーク化と組織連携

　地方創生に向けた取り組みはそれぞれの地方政府が個別に取り組むだけではなく、連携した取り組みも重要となる。すなわち、組織間のネットワークが重要となる。ネットワークとは、複数のアクター間の結合関係の構造を示すものであり、職員同士の個人間ネットワーク、組織と組織を結合する組織間ネットワークやそれらの複合的なネットワークなど多様である[22]。先述したとおり、多くの地域に共通する社会問題へ対応する場合、地方政府内のネットワークはもちろんのこと、地方政府間を結合するネットワークは組織にとって大変重要な資源となる。また、冒頭で述べたとおり、少子高齢化や人口減少という社会問題は個別の地域のみが抱える課題ではなく、すべての地域が一体となって取り組んでいかなければならない課題である。そのため、広域的な観点から連携することによって効果的かつ効率的な取り組みが実現するのではないであろうか。たとえば、第30次地方制度調査会の答申を踏まえ、2014年5月に地方自治法が改正され、連携協約制度（連携中枢都市圏）や事務代替執行制度が創設されている。地方政府間の連携のための各種制度は整っており、それの制度をいかに活用するかが鍵となる。そのためには、市町村のみでなく、それらの連絡調整機能を担う都道府県の役割が重要になるであろう。

おわりに

　本章では、行政組織の編成や構造の観点から、地方創生の担い手としての組

---

21) 同上（真山）20頁。
22) 田尾（註12）146-147頁を参照した。

織のあり方について考察を試みた。

　地方創生時代の行政組織は，目まぐるしく急速に変化する外部環境へ対応できる組織編成が求められている。柔軟性や機動性はもちろんのこと，人的・組織間ネットワークを活用した政府間連携，また構造面のみからではなく，人事制度や組織文化等の変革と連動した組織変革が求められる。

　また，中央地方関係の視点から地方政府の組織のあり方を評価した場合，自主組織権の面ではその自律性は確保されていると考えることもできるが，財政面では3割自治という表現に象徴されるように，中央政府からの移転財源の依存から抜け出せない。地方創生の柱の1つが「地方の自立・自律」であるが，これらを真に実現するためには，職員の政策一般能力の向上が不可欠であろう。具体的には，課題設定能力や政策形成能力，合意形成・調整能力，コミュニケーション能力などの政策立案で求められる一般的能力を高める必要がある。これらの能力を保持することにより，地域課題に対して，少ない財源のなかで創意工夫を凝らした取り組みが実現するのではないであろうか。

【参考文献】
曽我謙悟［2013］『行政学』有斐閣。
真山達志（編）［2012］『ローカル・ガバメント論：地方行政のルネサンス』ミネルヴァ書房。
石原俊彦，山之内稔［2011］『地方自治体組織論』関西学院大学出版会。
桑田耕太郎，田尾雅夫［2011］『組織論（補訂版）』有斐閣。
高部正男［2003］『執行機関（最新 地方自治法講座⑥）』ぎょうせい。
伊藤正次［2015］「人口減少社会の自治体間連携：三大都市圏への展開に向けて」『都市とガバナンス Vol.23』3-9頁。

第3章

行政における情報マインド
――計画業務に適用する問題解決フレームワーク

はじめに

　地域活性化施策は一般的にさまざまなステークホルダーと関連しており，施策内容自体も社会のニーズに合わせて多様化の傾向にある。それゆえ行政は非常に複雑かつ広範囲な課題を扱いながら，さまざまな施策を計画・実行することが多い。また昨今は，職員数の減少によるマンパワー不足や団塊世代の一斉退職による知識の空洞化，住民や産業界等のさまざまなステークホルダーへの説明責任（アカウンタビリティ）に対する重要性の高まりなどがあり，したがってリソース上（人的・知識的・時間的）の制約も，以前と比べてより一層厳しいものとなっている。このような背景のなかにあっても，地域行政には効率的・合理的な業務遂行が期待される。

　地域活性化施策の具体的な提言・事例紹介については他の章に譲るとして，本章では，上記の背景を鑑み，"問題の本質"を捉え，業務を効率化に遂行するための方法としての問題解決フレームワークについて概説する。複雑極まりない社会の捉えどころのない問題に対し，汎用的に使える方法をもってして構造化しようとする多くの行政の取り組みに資することができれば幸いである。

　なお，問題解決フレームワークは特定業務や特定業界向けなど些末のものも含めると，書籍等によれば200以上が存在しているとみられるため，本章ですべてを紹介するには至らない。本章はこれら多くの方法のなかでも基礎的な概念として，共通して用いられる方法のみを選択している。

　まず第1節では問題解決の全体像を述べ，第2節以降で問題解決フレームワークについて概説する。

第 1 節　問題解決の道筋

　本章では，地域活性化の実現等，現実の社会において解決すべき「問題」を，**図表Ⅲ-3-1**に示すように現状と目標・願望を定めた際の，その2者間の明確化されたギャップであると定義する。この定義のもとでは，ギャップを埋めることが「問題解決」となる。問題解決を行う際，単に，前例・経験・忍耐力・体力にものをいわせて試行錯誤でやっているのであれば効率向上や正確性は望めない。

　問題解決に至る道筋は，**図表Ⅲ-3-2**に示すようなプロセス（問題設定，問題把握，目標設定，問題解決，総合評価）に分けて考えることができる。そして，各プロセスには効率的に仕事ができる先人の知恵（定跡）がある。これを，「問題解決フレームワーク」と呼ぶ。

　各プロセスの実施にあたっては，「問題解決フレームワーク」に沿って，多種多様な情報を収集・整理・活用しつつ，思考の発散・収束の過程を繰り返すことになる。そのため，上記過程と情報通信システム（いわゆるICT）は親和性が高く，システムの良し悪しが「問題解決フレームワーク」の有効性・信頼性を大きく左右するといっても過言ではない。また，情報を扱う人間側の情報リテラシー・情報マインドの高さも当然重要であろう。

［図表Ⅲ-3-1］　社会に出てから解決を求められる問題

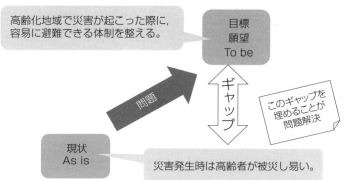

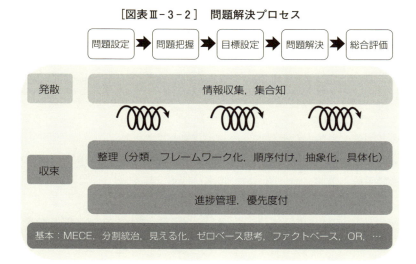

[図表Ⅲ-3-2] 問題解決プロセス

具体的に本章では，基本的な「問題解決フレームワーク」として，MECE，フェルミ推定，意思決定マトリックス，WBS，ガントチャートを順に紹介する。

第2節　MECE

『漏れなく重複なく』事柄を扱う考え方を問題解決フレームワークでは，MECE（ミーシーもしくはミッシー，Mutually Exclusive and Collectively Exhaustive）という。漏れや重複があると，機会の喪失，ムダや混乱が発生する可能性があり，これを防ぐためにMECEを意識することが重要である。また，たとえばブレーンストーミングで出されたアイデアをまとめる際にMECEであることに留意すると検討の精度が向上する。

MECEに基づく分類はいろいろと考えられる。

人間の分類：「年齢別」，「ABO式血液型」，「1～12月の誕生月」，「既婚者／未婚者」

脊椎動物の分類：「哺乳類，鳥類，爬虫類，両生類，魚類」

職員の分類：職能の違い「部長，課長，係長，主任，主事」

「ABO式血液型」は4種類しかないため，人間はそのどれかに分類される。1年は1月から12月までの12種しかないため，人間は「1～12月の誕生月」のどれかに入る。

なお，MECEのようで実はMECEではないものもあるので注意が必要である。分類の難しい例として以下ものが挙げられる。

雑誌の分類：週刊，隔週刊，月刊，季刊，旬刊，等々

通勤手段：公共交通機関，自家用車，徒歩，等々

問題解決に使われているフレームワークには，たとえば，経営における3C，4P，販売戦略におけるPEST，生産管理におけるQCDのようにMECEの考え方に沿っているものが多くみられる。

業務上の問題解決に向けMECEの考え方で項目を抽出するには，まず，全体を正確に定義し，その次に観点を固定し，その後観点ごとに項目を導き出すことが重要である。項目を導き出す秘訣には，①既存のフレームワークを活用する，②時系列で考える，③対立概念（効果／効率，事実／判断，需要／供給等）で考えるなどの方法が有効である。

漏れなく書き下す方法としては，樹形図を用いる，集合の図を用いる，不等式を用いる，数式で表す等が代表的なものである。以下，それらを紹介する。

1 樹形図を用いる方法

いろいろな項目を漏れなく並べるために『木構造／ツリー構造／樹形図』がよく用いられる。たとえば，行政の組織図を例に取ると**図表Ⅲ-3-3**のように示される。『木構造／ツリー構造／樹形図』は，漏れなく数え上げるために用いると非常に便利である。

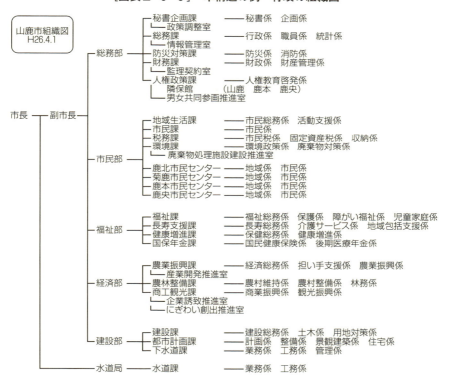

[図表Ⅲ-3-3] 木構造の例　行政の組織図

(出所) 山鹿市ホームページ (www.city.yamagakumamoto.jp) より一部抜粋。

2　集合の図を用いる方法

　図表Ⅲ-3-4のように集合を図として書くことも可能である。これは『ベン図』と呼ばれる。

　決裁文書の例でみると，図表Ⅲ-3-5のように部署をまたいで合議が必要な場合を俯瞰的に示すことができる。

　なお，ベン図は行政や各種団体の理念の表現にもよく用いられている。

［図表Ⅲ-3-4］　ベン図

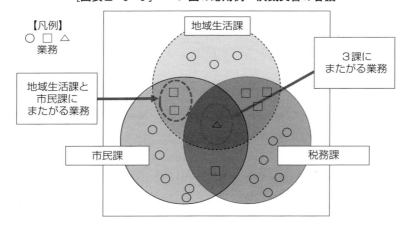

［図表Ⅲ-3-5］　ベン図の応用例　決裁文書の合議

3　不等式を用いる方法

　支出に関し，500万円以下は部長権限に，1,000万円以上は市長権限と定めたとする。この場合，下のような不等式を書けば，考慮漏れのあること，つまり（500万円＜P＜1,000万円）の場合が抜けていることは，すぐにわかる。

　　0 ≦ P ≦500万円　　　部長

1,000万円≦P　　　　市長

4　数式で表す（要因に分解する）方法

　費用を，費用＝数量×単価　と分解すると，費用を考えるには，数量と単価を考えればよいことがわかる。

第3節　フェルミ推定

　天災が発生した場合には，食料その他の生活物資，医療等の支援を考えるために，被災者数を早急に見積もる必要があるが規模が大きくなると容易ではない。規模が大きな天災の例としては，2011年3月11日に発生した東日本大震災が挙げられる。震災の死者・行方不明者は約1万8千人に上るが，人数の収斂には時間を要している。

（注）　この場合は，早急に見積もる方法として，ある特定の集団のなかでの死者・行方不明者が（連絡網の充実や職務の性格等から）明確に計数できるならば，その割合から全体での死者・行方不明者を推定することが考えられる。
　　　　具体的には以下の式を用いる。
　　　　　　ある集団のなかでの死者・行方不明者／ある集団の人数
　　　　　＝死者・行方不明者総数／日本に住む人の総数
　　　∴　死者・行方不明者総数
　　　　　＝日本に住む人の総数×ある集団のなかでの死者・行方不明者／ある集団の人数
　　　この考え方は，個体群生物学における捕捉・再捕捉法と呼ばれる手法のアナロジーといえる。捕捉・再捕捉法は，湖に棲む魚の個体数推定に使用されている。

　個体群生態学で用いられている標識再捕獲法（Mark-recapture），捕獲再捕獲法（Capture-recapture）とも関連がある。

このように世の中には，正確ではなくてよいけれど概数を知りたい，正確な値はわからないけれど大まかな値を導きたいことが多々ある。それに応える方法がフェルミ推定である。

フェルミ推定は，イタリア，ローマ出身の天才物理学者のエンリコ・フェルミ（1901年9月29日－1954年11月28日）が名前の由来となっている推定方法で，知識・常識をもとに，問題を小さい要素に分け（MECE，分割統治），計算式を作り，仮定を置いて値を求める。

より具体的に述べると，「1．対象を大局的にとらえ」→「2．いくつかの要素に分解し」（モデル化）→「3．要素ごとにさまざまな仮定・推定で値を導出し」（計算実行）→「4．全体の値を算出する」（計算実行）→「5．現実性検証」（可能なら，検証）というプロセスで問題を解決する。その際に，必要に応じてMECE，分割統治，ディシジョンツリー等の考え方を活用して，問題を細分化する。社会では，必要なはずの材料が欠けている，というのは往々にして起こる。そのときには問題解決のためのロジックや提案力が必須となる（コンサルティング会社のように企画を中心としている企業では，推定する能力を測るために入社試験でフェルミ推定を行うような試験を課すことがある）。

では，例題を通して大まかな方法を説明する。

例題1）世界中の人が皆横になって寝そべるとしたらどのくらいの広さが必要でしょうか。

人体は大きさもばらばらだが，ここでは思い切って，人間を　幅1m，高さ2m　の平面とする。すると，1m×2m×70億（㎡）必要であることがわかる。このように<u>簡略化・デフォルメして考える</u>ことも効果的である。

例題2）熊本県に高校生は何人いるか。

日本の年齢別人口は柱状ではないが，大胆に各年齢が一様に分布していると仮定する。高校進学率はほぼ100％であるから，高校生つまり15歳から17歳の人たちは，170万×3/80≒6万4千人となる。実際は約4万9千人（平成27年度　学校基本調査）であり，そう外れていないこと

がわかる。このように，全体から部分を考えることも重要である。

例題3） 頭髪は何本あるでしょうか[1]。

図表Ⅲ-3-6に示すように，頭髪は1cm²に何本あるか想定し，頭皮の面積を乗ずれば頭髪数は求められる。例題2）の逆で，部分から全体を考えると有効な場合の例である。

この項の冒頭で紹介した東日本大震災の例も本例題と類似したものである。

[図表Ⅲ-3-6] 例題3 回答例

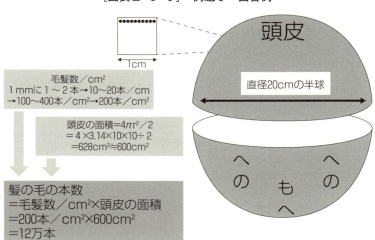

例題4） 熊本市にピアノ調律士は何人いるでしょうか[2]。

本問題は，エンリコ・フェルミが好んだとされる有名（古典的）な例である。フェルミはシカゴの事例で示したが，ここでは熊本市を例にとり，説明する。

複数の側面から大きく考えると，「ピアノを保有する全世帯での年間

1）ローレンス・ワインシュタイン［2008］『サイエンス脳のためのフェルミ推定力養成ドリル』日経BP社，106頁。
2）前掲書，21～23頁。

作業時間」は「全ピアノ調律士の年間総労働時間」に等しいはずである。これが閃けば，「ピアノを保有する全世帯での年間作業時間」と「全ピアノ調律士の年間総労働時間」は個別に考え，小さい要素に分解できる。「ピアノを保有する全世帯での作業時間」は，「1台の作業時間」×「ピアノ保有全世帯数」×「年間調律回数」であり，ピアノ保有全世帯数は，全世帯数とピアノ普及率の積である。

一方「全ピアノ調律士の年間総労働時間」については，「ピアノ調律士1人の1日の労働時間」×「年間総労働日数」×「ピアノ調律士数」で求められる。そして「ピアノを保有する全世帯での作業時間」と「全ピアノ調律士の年間総労働時間」を等しいとすれば，これからピアノ調律士数の式が導ける。

次に実際の数値を当てはめる。「①熊本市　人口は70万人」以外は，大胆に，次のように仮定してみる。

②熊本市　平均3人／世帯
③ピアノの保有　10世帯に1台の割合
④ピアノの調律　1回／年
⑤調律師の調律に要する時間は　2時間／台
⑥週休二日→調律師は約250日／年　労働

図表Ⅲ-3-7にこの分解の様子，計算の進め方を示す。

[図表Ⅲ-3-7] フェルミ推定の計算過程

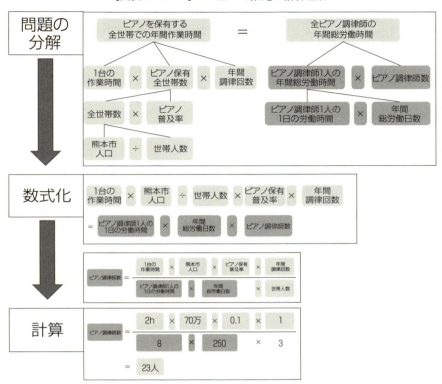

第4節 意思決定マトリックス

　左端列に尺度を書き，行方向に，方式・製品等々のオールタナティブを列挙し，各尺度対応に評価を比較した表である。例を**図表Ⅲ-3-8**に示す。このように表現すると判断しやすさが増すことがわかる。

　比較は，尺度ごとに，可能／不可能，有／無，大／小，多／少，○／×／△，の形で行うのが最も初歩的だが，より説得力を持たせるため，尺度ごとに得点や順位を付けたり，総合評価を付けることもよく行われている。この例を**図表Ⅲ-3-9**に示す。なお，○／×／△や数値，順位を使用した場合は意味

[図表Ⅲ-3-8] 意思決定マトリックス

尺度＼計画案	計画1	計画2
実現性	可能	不可能
効果	高	低
新規性	無	有
将来性	有	無
実現工数	多	小

[図表Ⅲ-3-9] 意思決定マトリックス

尺度＼	計画1	計画2	計画3	計画4	計画5
実現性	5		10		
効果	7	10	4		
新規性	6		5	10	
現状との親和性	9		7		10
将来性	2		3	10	
実現工数	10		4		
合計点	39		33		

着実 / 魅力的 / 先駆的 / 長期的視野 / 迅速性

得点が高いほどすぐれている

を凡例として明記する必要がある。特に，数値と順位では自分の意図と逆に伝わる可能性もある。

また，始めに大きなカテゴリーを考え，次にそのなかで尺度を考え，最後に系統立てて並べるなど，尺度の並べ方も重要である。

第5節　WBS

進捗管理に必要な作業項目を考える際に有効な手立てとして，作業分解図／作業分割構成図（Work Breakdown Structure, WBS）という概念がある。WBSはプロジェクト実行にあたり計画段階で検討し作成すべきものである。具体的

には，仕事あるいは成果物（Work）を細かく分解（Breakdown）し，さらに構造（Structure）化して表現する。WBSはプロジェクト計画の初期に作成されることで，プロジェクトマネジメントにおけるコントロール単位を明確化するものとなる。

実際の作成では，次のようなプロセスをたどりプロジェクトで実施されなければならないすべての作業を洗い出すことになる。

① まずプロジェクトの目的を定め，最終的な成果物（製品，サービス，結果など）を具体的に決定する。
② 次にその成果物を要素や中間成果物に分割・定義していく。分解・定義には，ボトムアップに要素を洗い出していくアプローチ，上位の最終成果物からトップダウンに分割していくアプローチ，その併用アプローチなどの方法がある。
③ 要素は，『木構造／ツリー構造／樹形図』で表現する。
④ プロジェクト開始段階では要素が不確定である場合は，大まかな分割・分類だけを定義しておき，プロジェクトが進行するに従って細分化する。
　　分割・分類の切り口は，主に次のような方法をとる。
　　　○対象となる成果物（製品など）の構成要素ごとに分けるやり方，
　　　○目的と手段で整理するやり方，
　　　○手順や作業フローに沿って作業を展開するやり方

各枝の深さは一様でなくても構わないが，1つの分岐点における分割基準は統一されている必要がある。

WBSを導出する取り掛かりとして，定番のフレームワーク・金言（たとえば，PDCA，バリューチェーン，5W1H，4P，SWOT，3C，QCD，ヒト・モノ・カネ）を活用し，そのキーワードを用いることも有効である。

WBSの具体例を，**図表Ⅲ-3-10**に示す。

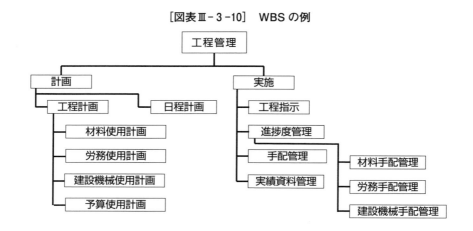

[図表Ⅲ-3-10] WBSの例

第6節 ガントチャートとマイルストンチャート

1 ガントチャート

　ガントチャートとは，縦軸にWBSもしくは作業項目やプロジェクトメンバーを，横軸を時間軸として一項目ごとに予定と実績を記入した表であり，バーチャートの一種である。

　実績を書き込んでいくことで，進捗状況が確認できる。さまざまな記法が存在し，EXCEL等で作成でき，無料ソフトもある。

　作りなれないと特に縦軸が貧弱となり，ひどい場合では単なる予定表になってしまう。しっかりとしたチャートを作るためには横方向は，プロセス（一連の流れ）を考え，縦方向はWBSを並べることに注意する必要がある。

2 マイルストンチャート

　主要な要素成果物，重要なイベントの予定開始日・予定終了日を記載したものである。なお，マイルストンとは，milestone：一里塚，画期的事件が原義である。

　経験上，ガントチャートとマイルストンチャートを同一チャート上に記述し

[図表Ⅲ-3-11] ガントチャート＋マイルストンチャート例：某県の予算編成過程

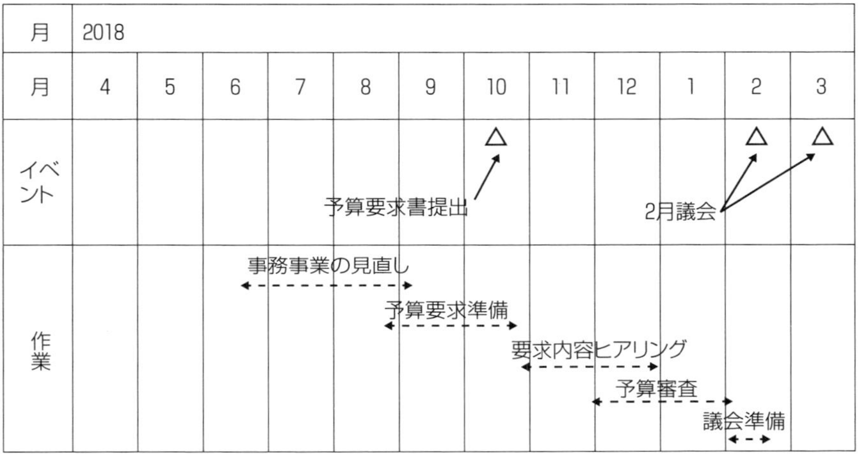

月	2018										
月	4	5	6	7	8	9	10	11	12	1	2	3
イベント							△ 予算要求書提出				△ 2月議会	△
作業			事務事業の見直し ←-----→		予算要求準備 ←-----→		要求内容ヒアリング ←-----→		予算審査 ←-----→	議会準備 ←→		

たものが，使い勝手がよい。具体例を，**図表Ⅲ-3-11**に示す。

おわりに

　問題解決手法のうち，計画業務に適用可能な汎用性のある項目について解説した。

　本章で述べた方法以外にも，経営，販売戦略，生産，プレゼン等々個別分野・課題向けに，いろいろなフレームワークが提案されている。本章で述べた内容をもとに，今後もいろいろな手法を習得し，適切に使用して，業務を効率的に進めることで，計画業務をさらに円滑に進めることができる。研鑽を詰まれることを期待したい。

　当然ながら，現代社会の複雑な問題を調査し，分析し，理解する際には基礎的教養や一般知識を身につけることも忘れてはならない。

【参考文献】

堀公俊［2013］『ビジネスフレームワーク（日経文庫）』日本経済出版新聞社。

グロービス経営大学院［2008］『改訂3版 グロービスMBAクリティカル・シンキング』ダイヤモンド社。

ローレンス・ワインシュタイン［2008］『サイエンス脳のためのフェルミ推定力養成ドリル』日経BP社。

Graham Upton, Ian Cook 著　内田雅之訳［2010］『統計学辞典』共立出版。

東大ケーススタディ研究会［2009］『現役東大生が書いた地頭力を鍛えるフェルミ推定ノート』東洋経済新報社。

第4章

ルーラル地域における通信環境整備
──課題と提案

はじめに

　本章では，公共サービスではないものの，極めて公共性の高くなってきたブロードバンド通信環境を，ビジネスベースであまねく広く整備・維持する方法を提案する。

　具体的には，過去のブロードバンド整備事例をもとに，現在における課題の整理と提案を行う。

　固定電話は，ユニバーサル・サービスとして，基金制度のもと，全国広くあまねく提供されているが，ブロードバンド・サービスや携帯電話サービスは，ビジネスベースでの提供となっており，若干の未整備地域が残っている。

　近年，有線・無線を問わず，常時接続型の通信環境の利活用が進んでいる。SNS（Social Networking Service）の普及や，IoT（Internet of Things）の進展等，地域においても，常時接続型の通信環境が必要になるときが到来すると考えられる。

　本章では，技術進歩を勘案し，ユニバーサル・サービスではないものの，極めて公共性が高くなってきた常時接続型のブロードバンド通信環境の整備・維持方法について，官民連携，複数のアプリケーションの同一インフラへの相乗りの2つの観点から，課題の整理と提案を行う。

第1節　過去のブロードバンド整備事例

　本節では，過去のブロードバンド整備事例をもとに，ルーラル地域におい

て，通信環境を整備・維持するための工夫を述べ，課題を考察する。

1　地域における通信環境整備の工夫─官民連携

　通信事業は，固定費が多く，少ない加入者で採算をとることが難しい。**図表Ⅲ-4-1**に示すように，固定費が多くなる分，損益分岐点加入者数が多くなるという事業構造を持っている。そのため，採算の見込める都市部ではビジネスベースでのサービス提供が行えるものの，加入者数が少ないと見込まれるルーラル地域では，純粋なビジネスベースでのサービス提供は難しい。

　ルーラル地域で，ビジネスベースでのサービス提供を可能にするには，何らかの工夫により，損益分岐点加入者数を引き下げる**図表Ⅲ-4-2**のような事業構造を実現させる必要がある。

　宮崎県児湯郡木城町では，2004年4月1日に光ファイバをアクセス回線とするインターネット接続サービスを開始した。

　木城町では，①アクセス網区間を木城町が整備し，民間開放を行い，②それをNTT西日本がIRUで借り受けて，中継網区間まで含めたブロードバンド・サービスを木城町に卸売し，③木城町が，住民向けにインターネット接続サービスを小売りする，という工夫を行っていた（**図表Ⅲ-4-3**参照）。

　具体的には，町が整備した加入者系光ファイバ網をNTT西日本がIRU

[図表Ⅲ-4-1]　**ルーラル地域における通信環境整備の収益構造**

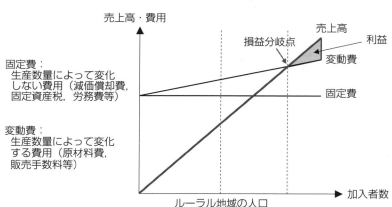

[図表Ⅲ-4-2] ルーラル地域において通信環境整備を実現するための収益構造

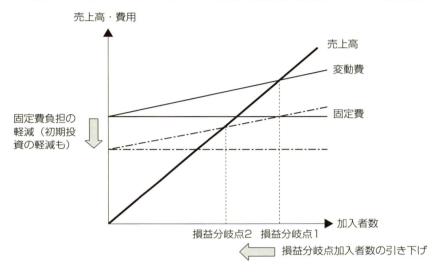

[図表Ⅲ-4-3] 木城町における通信環境整備

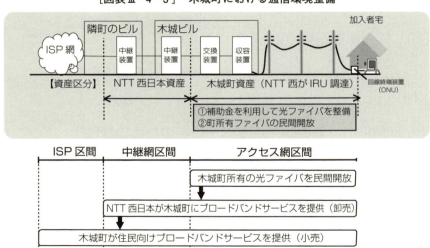

(出所) 木城町情報センタ・NTT西日本宮崎支店作成資料「山間部における日本最大の光ブロードバンドの町—木城町について」, 2004年6月をもとに筆者が大幅に加筆修正。

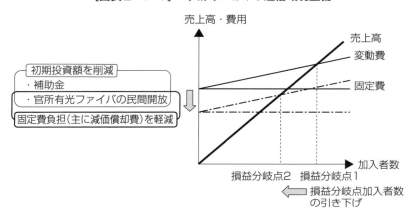

[図表Ⅲ-4-4] 木城町における通信環境整備

（Indefeasible Right of User：破棄し得ない使用権と呼ばれる関係当事者すべての合意がない限り，破棄したり終了したりすることができない回線使用権のこと）契約で借り受け，木城町に定額制高速インターネット接続サービスを提供していた。木城町は第二種通信事業者免許を取得し，NTT 西日本から定額制高速インターネット接続サービス提供を受け，住民向けにインターネット接続サービスを提供していた。

これにより，**図表Ⅲ-4-4**に示すように，固定費負担を軽減することで，損益分岐点加入者数が少なくても採算が取れるモデルを実現した。

2　地域における通信環境整備・維持のための課題

地域において，通信環境を整備・維持するためには，主に3つの課題が考えられる。

1つめは，加速化する高齢化，減少する人口にどう対応していくかという課題である。これは，減少の一途をたどる課金人口が減っていくなかで，ビジネスベースで整備した通信環境をどうやって維持していくかという問題である。

国のブロードバンド振興策により，未整備地域はわずかになったものの，既存の整備済み地域のなかで，人口減少に直面する自治体は少なくはない。少ない人口で，いかに投資を回収し，設備を保守・更改して，通信環境をビジネス

ベースで維持していくかを考える必要がある。

2つめは，補助金や自治体による債券の発行に限界があるということである。国の財政のみならず，地域の財政も厳しいところが多く，国や自治体が補助金や債券の発行で，通信環境整備に係る固定費を負担することに限界が来ている。

3つめは，公共設備の民間開放を利用したビジネスベースのインターネットアクセス環境提供の限界である。現在，通信環境が整備されている地域では，これを利用しているところも多い。しかし，少子高齢化が進み，課金人口が減少していけば，単一のサービスだけを提供していては採算が合わないことになる。

第2節　地域における通信環境整備状況

2001年1月，IT戦略本部は，e-Japan戦略を策定し，5年以内にブロードバンド環境の整備と，それを利活用した豊かな社会を実現することなどを目標とした[1]。また，総務省においては，2006年にu-Japan政策が策定され，2010年にユビキタスネットワーク社会の先導者となることが目標として掲げられ，ネットワークの整備や利活用が進められてきた[2]。その結果，ブロードバンド基盤の整備状況は，2015年3月末で，超高速ブロードバンドが，99.98％（固定系は99.0％）となっており，残り約1万世帯が未整備となっている。ブロードバンドは，100％（固定系は99.9％）となっている[3]。

居住地域における携帯電話の整備状況は，2012年度末で，99.95％であり，エリア外人口は，3.9万人となっている[4]。

---

1) 高度情報通信ネットワーク社会推進戦略本部（IT戦略本部）[2001]「e-Japan戦略」（1月22日）。
2) 総務省「『e-Japan戦略』[2007] の今後の展開への貢献」。
   http://www.soumu.go.jp/menu_seisaku/ict/u-japan/new_outline01.html［閲覧日：2017年9月16日］。
3) 総務省［2016］「ブロードバンド基盤の整備状況（平成27年3月末現在）」。
   http://www.soumu.go.jp/main_sosiki/joho_tsusin/broadband/:［閲覧日：2017年9月16日］。
4) 総務省［2014］「携帯電話の基地局整備の在り方に関する研究会報告書」，携帯電話の基地局整備の在り方に関する研究会（3月）。

現在では，固定電話サービスがユニバーサル・サービスとして，日本全国広くあまねく提供することを義務づけられている。不採算地域への提供にあたっては，基金制度が運用されており，固定電話，携帯電話の明細書にある「ユニバーサル・サービス料」が原資となっている。ユニバーサル・サービスの提供義務を負うNTTは，経営上の観点から，固定電話への投資を減らし，電話中心の事業から，ブロードバンド・ソリューション中心の事業に経営を転換している[5]。

ブロードバンド・サービスや，携帯電話サービスは，公共性が高くなってきたものの，ビジネスベースでの提供となっており，若干の未整備地域が残っている。このようなルーラル地域では，ブロードバンド・サービスや携帯電話サービスをユニバーサル・サービス化して欲しいという声も上がっている。

第3節　地域において通信環境を整備する意義

通信環境の未整備地域は，あとわずかとなった。地域において，通信環境を整備する意義は何であろうか。概ね2つに分けて考えることができる。

1つめは，デジタル・デバイドの観点である。通信環境が整備され，ネットワークにつながる人が増えれば増える程，「持てるもの」と「持たざるもの」との格差が大きくなる。これは，ネットワークの外部性に起因するといってよいだろう。ネットワークの外部性とは，より多くのつながりを持つネットワークが大きな価値を持つことをいう。SNSやIoTの普及を勘案すると，デジタル・デバイドを解消しておく必要がある。

2つめは，移動人口の観点である。鉄道や道路のトンネルで，採算が見込まれないところでは，電波遮蔽対策が取られていないため，携帯電話がつながらないところがある。また，居住地域の0.05％にあたる未整備地域でも携帯電話はつながらない。経済活動が活発化するにつれて，移動人口も増すことが考えられる。その際，シームレスな経済活動が行えるよう，移動人口も考慮に入れて，携帯電話の未整備地域をなくしていくことが望まれる。

5）NTT［2014］「個人投資家様向け会社説明会」2014年6月，7頁。

第4節　デジタル・デバイド・ゼロに向けた提案

ルーラル地域における通信環境整備・維持は，どのように進めていけばよいのだろうか．3つのポイントを整理した．

1　「在る物」の徹底的活用——複数アプリの相乗り

ルーラル地域における通信環境整備が盛んであったころ，複数の事例を調査した．「在る物」を徹底的に活用するという観点からは，次の3つの事例が特筆すべきものとして挙げられる．

1つめが，公設光ファイバの民間開放で整備を行った宮崎県児湯郡木城町である．2つめが，神戸情報ハイウェイの民間開放や兵庫県の助成金制度を利用することで初期投資額を下げて過疎地域へのADSL（Asymmetric Digital Subscriber Line）整備を実現した，関西ブロードバンドである．3つめが，行政用ネットワークのアップグレードに合わせて，住民向けブロードバンド環境整備を進めた北海道紋別郡上湧別町の事例が挙げられる．

いずれの事例も，行政が整備したネットワークの目的外使用を利用して，イニシャルコストやランニングコストを下げることで，ビジネスベースでの通信環境整備を実現している．

これら3つの事例に共通するのが，官民の異なるトラヒックが同一の基盤に相乗りしていることである．

ここで提案したいのが，同一インフラへの複数サービスの相乗りである．同軸ケーブルを利用したCATV（Community Antenna Television）では，電話，インターネット，テレビの3種類のサービスを提供するトリプルプレーがすでに行われている．これをさらに多様なニーズを持った，複数のステークホルダーに展開し，収益構造を改善することを考えたい．

今までは，**図表Ⅲ-4-5**の左側のように，用途ごとに異なったインフラが構築されていた．これらが，同一インフラに相乗りすれば，収益構造は，**図表Ⅲ-4-6**のようになり，少ない加入者数でもビジネスベースでの提供可能性が開ける．ここには，地域の観光振興や，産業振興に利用されるインターネットを

［図表Ⅲ-4-5］　複数サービスの相乗り

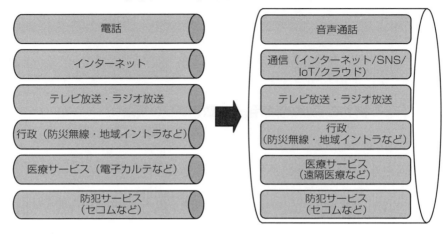

［図表Ⅲ-4-6］　同一インフラ相乗り時の収益構造（図表Ⅲ-4-2の再掲）

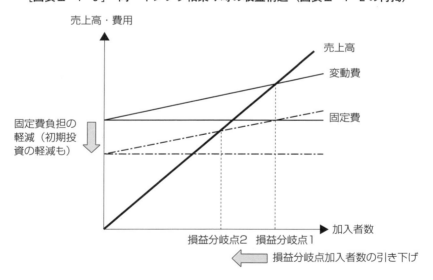

利用した情報の受発信も含まれる。

　相乗りするサービスのなかには，緊急時に細い帯域でもよいから確実につながる必要がある緊急通報や，常に安定的につながることが求められる遠隔医療

用のネットワーク,たまに切れてもいい情報検索・閲覧のためのインターネット利用など,さまざまなサービスが混在することが特徴である。

技術進歩によって可能になったIPv6（Internet Protocol version 6）のマルチプレフィックスを利用した優先度別の通信など,実装に向けた実現性も高くなっているといえよう。

ここで,複数サービスの相乗りを実現させる事業主体について考えておく必要がある。官が整備したインフラの民間開放,WIDE[6]のように研究目的で整備したネットワークの目的外使用も考えられる。いずれの場合も,ネットワークを整備する人のインセンティブ設計と,相乗りによる効果のマッチングをうまく行うことが必要となる。

2 通信環境整備と地域振興の同時進行

2つめは,地域振興の観点である。通信環境は,整備してもうまく使わないと効果がない。

神尾・松林［2016］によると,「メガリージョン」とは,「世界中の人・モノ・カネ・情報・知的財産を集めるだけの吸引力・魅力を備えている大都市（圏）」であり,都市・生活インフラとして,大容量通信インフラが設備されていることが,地域振興のための1つの条件として挙げられている[7]。わが国のすべての地域が,「メガリージョン」化することは難しい。いくつかの「メガリージョン」が存在すれば十分足りると思われる。その他の地域は,ルーラル地域も含めて,「今よりも振興すること」を目的として,産業を誘致し,Iターン・Uターン人口を増やし,地域の活力を底上げするための足がかりとして,通信環境を整備することが望まれる。

神尾・松林［2016］では,ドイツのエアランゲン市において,官民連携で整備されたICTインフラを使って,地元の伝統ある医療系大学と,シーメンス・ヘルスケア社が協働で実践的研究を行っている事例が紹介されている。また,日本の事例として,地元企業が都市の形成に関わった宇部市の例も紹介されて

6）WIDE Project.（http://www.wide.ad.jp/）［閲覧日：2017年9月16日］
7）神尾文彦,松林一裕［2016］『地方創生2.0　強い経済を牽引する「ローカルハブ」のつくり方』東洋経済新報社,24頁。

いる。すなわち，宇部興産が石炭で得た利益を，次の発展に活用すべく，産業転換（石炭から，セメントへ，そして化学へ）を進めると同時に，インフラ整備にも活用したことで発展してきたというものである。これらの事例は，インフラ整備と産業振興策の同時進行の必要性を示唆しているといえよう。

3　知（無形資産）の蓄積

　Kotler［2014］は，多国籍企業の立地条件として，経済の安定性や成長性，通信インフラの存在といったハード的な要因と，生活の質，労働者のコンピテンシー，マネージメントスタイル，アントレプレナー精神といったソフト的要因を挙げている[8]。神尾・松林［2016］も，地域の成長のために，インフラなどの有形資産の構築も必要であるが，無形資産の蓄積の重要性を説いている。

　クラウドサービスや，IoTの普及により，ネットワークへの常時接続要望は確実に存在する。クラウドサービスがどこからでも使えること，どこにいてもさまざまなIoTサービスを利用できることは，今後，知の蓄積をしていく上でますます重要性を増すであろう。

おわりに

　通信分野における技術進歩により，アンバンドルが進み，IPv6の出現により，同一インフラで優先度ごとの通信を実現させる可能性も出てきた。これにより，設備投資額の減少に加え，同一インフラの官民共同利用・複数サービス相乗りにより初期投資額および運営費軽減のための工夫を実施することで，ルーラル地域の需要規模に合わせた小規模事業展開の可能性が現実味を帯びてくる。

　ICTツールが商用サービスだけでなく，医療や見守り，介護といった公共性の高いサービスに利用されるようになったとき，行政用のインフラ，商用の

8）Kotler, Philip and Milton［2014］, *Winning Global Markets: How Business Invest and Prosper in the World's High-Growth Cities*, Wiley, pp. 77-78.（邦訳：フィリップ・コトラー，ミルトン・コトラー［2015］『コトラー　世界都市間競争〜マーケティングの未来』竹村正明監訳，碩学舎。）

インフラと二重投資をする余裕のないルーラル地域において，官民がインフラを共同利用することにより，民間企業の創意工夫と効率性メカニズムを利用したサービス展開が可能となる官民協働のあり方は，今後，人口減少に直面するルーラル地域における通信，放送を含めた社会的基盤整備を考える上で，今でも多くの含意を有するといえる。

　本稿で取り上げた事例は種々の課題に直面しながらも，今日まで事業展開を続けてきている。これらが理想型というわけではないが，これらの事例の根底に共通してみられる要素は今後ルーラル地域における通信環境整備を実践する上で多くの示唆をもたらすといえよう。

【参考文献】

1. 参考文献

［１］　神尾文彦・松林一裕［2016］『地方創生2.0　強い経済を牽引する「ローカルハブ」のつくり方』東洋経済新報社。
［２］　北久一［1974］『公益企業論（全訂新版）』東洋経済新報社。
［３］　財団法人電気通信振興会［2003］『地域情報化ハンドブック』。
［４］　林紘一郎『ネットワーキング―情報社会の経済学』，NTT出版。
［５］　藤井資子［2006］「第７章　プラットフォームを支える通信インフラ」『地域情報化：認識と設計』NTT出版，156-168頁。
［６］　Baumol, W. J., J. C. Panzer and R. D. Willing［1982］, *Contestable Markets and the Theory of Industry Structure*, Harcourt, Brace and Janonovich.
［７］　Kotler, Philip and Milton［2014］, *Winning Global Markets: How Business Invest and Prosper in the World's High-Growth Cities*, Wiley.（フィリップ・コトラー，ミルトン・コトラー［2015］『コトラー　世界都市間競争～マーケティングの未来』竹村正明監訳，碩学舎。）
［８］　Shapiro, Carl, and Hal R. Varian［1998］, *Information Rules: A Strategic Guide to the Network Economy*, Harvard Business School Press.（千本倖夫監訳，宮本喜一訳［1999］『「ネットワーク経済」の法則』IDGジャパン。）

2. 参考論文

［１］　藤井資子［2005］「過疎地域における地元密着型ベンチャーを活用したブロードバンド通信環境整備：官民連携による条件不利地域でのブロードバンド通信環境整備」『情報通信学会誌, Vol. 22, No. 3』情報通信学会，43-50頁。
［２］　藤井資子［2005］「過疎地域におけるブロードバンド通信環境整備・運営形態：公設民営の成立要件」『情報通信学会誌, Vol. 23, No. 2』情報通信学会，47-59

頁。
［3］藤井資子［2010］「参加型ネットワークの持続的提供における優先度概念の有効性」『情報通信学会誌, Vol. 27, No. 4』情報通信学会, 59-73頁。
［4］藤井資子［2011］「コモンズのビジネスモデル：インターネットでのボランタリーな価値創造とビジネスの両立」『情報社会学会誌, Vol. 5, No. 1』情報社会学会, 19-31頁。

3. 報告書
［1］NTT［2014］「個人投資家様向け会社説明会」6月，7月。
［2］高度情報通信ネットワーク社会推進戦略本部（IT戦略本部）［2001］「e-Japan戦略」（1月22日）。
［3］総務省［2007］「『e-Japan戦略』の今後の展開への貢献」。
（http://www.soumu.go.jp/menu_seisaku/ict/u-japan/new_outline01.html）［閲覧日：2017年9月16日］
［4］総務省［2016］「ブロードバンド基盤の整備状況（平成27年3月末現在）」。
（http://www.soumu.go.jp/main_sosiki/joho_tsusin/broadband/）［閲覧日：2017年9月16日］
［5］総務省総合通信基盤局［2003］「全国均衡のあるブロードバンド基盤の整備に関する研究会　中間報告『ブロードバンド・ゼロ地域脱出計画』（案）」。
［6］総務省総合通信基盤局電気通信事業部高度通信網振興課［2002］「地方公共団体が整備・保有する光ファイバ網の第一種電気通信事業者等への開放に関する標準手続」。
［7］総務省［2014］「携帯電話の基地局整備の在り方に関する研究会報告書」，携帯電話の基地局整備の在り方に関する研究会（3月）。

4. その他
［1］WIDE Project（http://www.wide.ad.jp/）［閲覧日：2017年9月16日］
［2］木城町情報センタ・NTT西日本宮崎支店［2004］「山間部における日本最大の光ブロードバンドの町木城町について」。
［3］藤井資子・菊池豊［2006］「地域におけるICT整備〜たくさんのアプリを共通のインフラで」（RIBB Ⅱ シンポジウム2006 in 帯広　発表資料）。
［4］藤井資子・菊池豊［2006］「地域におけるICT整備―課題と提案―：たくさんのアプリを共通のインフラで」（ITRC meet20発表資料）。

第5章

情報メディア技術と地域との関わり
―― アートおよびエンタテインメント分野の可能性

はじめに

　情報メディア技術の発展は，日常生活の実用的な活用だけでなく，アートやエンタテインメントといった余暇の過ごし方まで浸透してきている。都市部では，積極的に新しいアートやエンタテインメント活動が進められているが，地域での取り組みは少ない状況である。それは，地域の特性が関わっており，地域に根付くことが難しいことが要因として考えられる。

　本章では，都市部と地域との違いを挙げ，それに基づき地域が継続して取り組むことができる複数の条件について言及する。アートやエンタテインメントは，日常生活を豊かにするだけではなく，産業への波及効果も期待できる。地域においても，その恩恵を受けることが，社会全体を豊かにすることにつながると考える。

第1節　情報メディア技術と地域

1　情報メディア技術によるアートおよびエンタテインメント

　情報技術は，公共交通機関用ICカードから各自治体での手続に至るまで導入されており，情報化社会である現代においては，日常生活に欠かせない技術である。それは，生活の利便性向上だけではなく，アートやエンタテインメント分野にも大きな影響を与えており，情報メディア技術やインタラクティブ技術が新しいアートやエンタテインメントを生み出している。従来のエンタテイ

ンメントには，テーマパーク，スポーツ，音楽鑑賞等が代表例として挙げられる。これらの共通点は，体感することにより楽しさを提供することにある。

近年の情報メディア技術によるエンタテインメントのキーワードは，体感であり，バーチャルリアリティ（VR）技術のテーマパーク施設やプロジェクションマッピングによるスポーツ施設が登場している。さらに，情報メディア技術を積極的に取り入れたアート作品も増え，総称してメディア・アートと呼ばれている。日本の主なメディア・アートの発表の場である文化庁メディア芸術祭では，来場者数と応募数が毎年増加しており，人々への注目が年々高まっていることがわかる[1]。アートやエンタテインメント分野では，情報メディア技術との関わりを一層強めており，今後も多様な作品が増えると予想される。

2　情報メディア技術の浸透

情報技術の高度化と多様化は，ビジネスのみならず日常生活に至るまで，各状況での利便性や実用性，効率性を向上させてきた。特に注目すべき点は，行政や企業主体の団体だけでなく，一般の有志団体や個人制作者が高度な情報技術を活用していることである。これは，高度な技術を活用できる環境が整備されたことで，数多くの応用開発が可能になり，個別の状況に適応した情報技術による課題解決が進められたことが理由として挙げられる。

同時に，情報技術が実用レベルで体系化したことで，開発に対する敷居が下がり，各開発者のアイディアが比較的容易に具現化できることもその要因となっている。特に，音声，画像，動画といった複合的なメディアが容易に扱えるなかで，ソーシャルネットワーキングサービス（SNS）やチャット等のコミュニケーションツールが情報メディアを用いた便利なサービスとして世の中で増え続けている。

3　地域との関わり

現在の情報メディア技術と地域との関わりを考えると，各自治体で運営する

1）文化庁メディア芸術祭（http://festival.j-mediaarts.jp/）参照，第1回（平成10年度）の応募数が730作品，第20回（平成29年度）では4,034作品が応募され，約5.5倍の応募総数となっている。

スマートフォンアプリ，デジタルサイネージやインターネット動画を活用した広報活動等，情報発信やコミュニケーションサービスが普及してきている。一方，アートやエンタテインメント分野では，都市部と比較して地域でのイベントや各種施設が少ない状況にある。情報メディアの事例に限らず，従来から都市部と地域には人口の違いからこのような差異が生まれている。アートやエンタテインメントは，一般の人々にとっても豊かな生活を送るなかで必要なものであり，文部科学省も文化芸術の振興を推し進めている。それにもかかわらず，地域でアートやエンタテインメント活動が活性化し難い現状は，制作や運営を可能にする地域体制や各種施設が十分ではないことが理由として考えられる。

その解決には，ヒト，モノ，カネに関する諸課題に取り組み，人手，機材，そして施設不足をどのように補填するかが論点となる。日常生活にも情報メディア技術が浸透してきた世の中であっても，アートとエンタテインメント分野に限っては，単純に地域に導入できるわけではなく，地域の課題を正しく認識して，解決のための条件を満たす姿勢が求められる。

第2節　アートおよびエンタテインメント

1　近年のアートおよびエンタテインメント

娯楽の多くは，各々に適した方法でリラックスしたり，爽快感や達成感を得たり，心身のリフレッシュを目的に行う。平成28年度の総務省統計局が行った調査[2]によると，平成23年度の調査結果に比べてほとんどの娯楽が増加傾向にあることが報告されている。そのなかでも，テレビゲーム・パソコンゲームが全体的に増加しており，とりわけ40代〜50代が増加傾向にある。今後もこの傾向が進むとすると，ゲームに取り組む割合が全年齢で高くなる可能性がある。スマートフォンが普及したことにより，時間や場所を選ばずに手軽に楽しむことができ，同時にテレビゲームが流行した世代が積極的に娯楽として楽し

2）総務省統計局（http://www.stat.go.jp/）参照。25歳を境に平成23年度と比較して平成28年度の結果でテレビゲーム・パソコンゲームの項目で行動者率が上昇している。

んでいることが増加の要因となっていると考えられる。今後も，情報メディアによるエンタテインメントが多くの世代に浸透することが見込まれる。

また，芸術や文化の面では，平成23年10月時点での文部科学省の調査[3]によると，日本の博物館は年々増設され，5,747の施設がある。一方で，全体の入館者数は増えているものの，1館当たりの入館者数は減少傾向にある。ただし，美術博物館の入館者数は，右肩上がりに増加しており，科学博物館や動物園などの施設の約2倍の入館者数となっている。国民全体として，芸術に関する興味が高まっていることが示唆される。前述の文化庁メディア芸術祭の人気からも，メディア・アートの需要がさらに高まることが予想できる。

2 情報メディアが提供する新しい体験

近年の情報メディアによるエンタテインメントは，公共性や複数人での体験など多くの人が参加できる仕組みが取り入れられている。メディア・アートの実例では，金沢駅に設置される噴水時計からテーマパークのイベントで実施されるプロジェクションマッピングなど，常設展示からイベントまで多様な形態で目にすることができる。

テレビゲーム・パソコンゲームとの違いは，前者の噴水時計では，通行人が意図していなくても目にでき，公共性を有している点である。時間情報を自動で噴水制御と連動させるため，人の手を必要とせず運用でき，常設展示を実現している。また，後者のプロジェクションマッピングは，大勢の人々が同一空間でその体験を共有する点に違いがある。体験の共有がお互いの共感を生み出し，よりよい体験として記憶に残ることがメリットだといえる。また，建物に付加価値を付けるという意味では，静的な建物に対して動的な映像を投影することで，その建物に新しい価値を生み出すという点でも，資源の再活用の面でメリットが生まれている。特に，東京工芸大学の調査[4]によると，日本におけるプロジェクションマッピングの認知度は，約6割に達しており，日本各地

---

3) 文部科学省（http://www.mext.go.jp/）参照，平成22年度の入館者数は，美術博物館61,711人，科学博物館33,742人，動物園31,731人となっている。

4) プロジェクションマッピング，東京工芸大学（https://www.t-kougei.ac.jp/）参照，平成27年の調査結果を示す。

でもイベントが盛んに開催されている。一方で，イベント視聴経験は，実際に現地でみた経験があると回答した人が全体の約16％以下にとどまっており，多くの人々は動画での視聴経験のみとなっている。現地での視聴を希望する人々は，全体の約75％にのぼり，今後の需要の高さがうかがえる。

3　エンタテインメント産業

　デジタルコンテンツ白書調べ[5]では，国内のコンテンツ産業の市場規模は，ほぼ横ばいで推移している。一方で，海外の市場規模はアジアを中心に拡大し，世界では2020年に約85兆円が見込まれている。情報メディア技術の利点は，さまざまな形態でコンテンツを展開できる点であり，広報の幅を広げつつ，関連グッズの販売やイベントの集客につながる。コンテンツ産業の市場規模拡大にともない，情報メディア技術が関連するエンタテインメント産業も広がりをみせることが予想される。

　近年の事例では，書籍，映画，ゲームなどでコンテンツを連携させる取り組みや，テレビゲームの広報用にプロジェクションマッピングを用いた事例もある[6]。また，メディア・アートの利点は，芸術鑑賞を目的としていない場合でも，公共の場で目にする機会があるため，提示される情報に触れるきっかけを作り，SNSによる情報拡散や実際に足を運び作品をみることにもつながる。直接的な広報活動ではなくても，メディア・アートを介して情報を提示することが広報の効果を生み出す。SNSによる情報拡散を活用した広報活動は，現代の有効な広報手段であるため，それを可能にするメディア・アートは，その芸術性のみならず，産業の発展にも貢献する。

　さらに，VR（Virtual Reality）産業も急速に成長することが見込まれており，VRを主体としたテーマパーク施設も開設されている。VRの特徴は，視聴覚や触覚を連動させることで，実体験と同等の感覚を得る，または，体験者が未

5）一般財団法人デジタルコンテンツ協会（著），経済産業省商務情報政策局（監修）[2017]『デジタルコンテンツ白書2016（映像コンテンツビジネスのパラダイムシフト）』一般財団法人デジタルコンテンツ協会．

6）SQUARE ENIX, MMが，FFになる．（http://www.finalfantasy.jp/）参照，2017年にイベントとしてプロジェクションマッピングを実施．

体験の感覚を提示する点にある．エンタテインメント分野以外にも，医療シミュレーションやスポーツトレーニングにも応用され，他分野への波及効果が見込まれる．今後の情報メディアによるエンタテインメント産業のなかでも，特に発展が期待できる分野である．VR産業が活性化することで，エンタテインメント産業を大きく牽引することになる．

第3節　地域の特性と課題

1　都市部と地域との違い

　地域における情報メディアのアートやエンタテインメントについて議論するにあたり，論点となる都市部と地域との違いについて述べる．都市部と地域では，第一に人口の違いがある．当然ながら，人口の規模が大きいほど多くの集客数が見込め，産業の面でも高い利益が期待できる．そのため，地域でアートやエンタテインメントに関する活動を行うなかでも最も重要な違いとなる．

　次に，流通の違いが挙げられる．インターネットから簡単かつ迅速に物品を購入できるようになったとはいえ，作品によっては特殊な装置が必要となり，近隣に専門店がない限り入手まで時間を要する．作品制作の速度面では，流通の違いが制作速度に影響するため，必要機材や装置の準備が困難な環境は，制作の遅れにもつながる．

　これら人口と流通に関する都市部のメリットから，制作者や運営団体が都市部に集まり，制作と運営面の規模も都市部と地域との間に違いが存在する．よって，制作者数や運営団体の規模が各地域で十分に確保できるかが課題となる．制作者数や運営団体の規模は，情報共有セミナーやイベント数にも直結し，情報共有の機会が少なくなるほど，新しい技術やサービスの情報を得ることが難しい．同時に，デザインや開発，企画に携わる他業種の人々が集まる機会が減少し，アイデアソンやハッカソンといったイベントが活性化しない（多業種で意見交換をする場がほとんどない）という課題が浮かび上がる．文部科学省は地域でのイノベーションを推進し，地域活性化を図っているが，イノベーションを創出する機会の少ない地域の現状では，都市部と差別化して独自の

アートやエンタテインメントのあり方を模索することすら難しい。

悲観的な見解ではあるが，地域全体の知識や技術レベルを向上させ，地域全体の教育の質を高めないことには，後継の技術者が育たないだけでなく，優秀な人材が都市部に流出してしまう。さらに，運営基盤も弱体化すれば，最終的に制作や運営が立ち行かなくなる危険性もある。以上のことから，都市部と地域との違いには，人口，流通，制作者数，運営団体の規模が挙げられ，それらが都市部と比較して各地域で情報メディアに関するアートやエンタテインメントを提供する上で，複合的な障壁となり，地域での活性化の妨げになっているといえる。人口と流通面に関しては，特効薬的な解決策があるわけではないため，制作者数と運営団体の規模に対する改善策が求められる。

2　地域における特性

前節で説明した都市部と地域との違いを念頭に，地域における情報メディアを用いたアートおよびエンタテインメントの特性を挙げ，それらの有効性と実現可能性について言及する。地域において，メディア・アートやVR，プロジェクションマッピングに関するイベントや展示を実施する際に，産業の観点では集客力が注目する点の1つとなる。地域で活動する際には，人口が少ないことから集客を小さく見積もることになる。集客力を高めるために，大規模なイベントを実施する場合，初期投資が十分で，安定的な制作と運営が可能な実績のある団体が主体となり，毎年継続して活動しない限り，一過性のイベントで終わってしまうこととなる。たとえば，国や自治体からの助成金や補助金，クラウドファンディングを活用して初年度の予算を確保したとしても，目新しさから資金を得ることはできるものの，各助成金や補助金の打ち切り，あるいは，クラウドファンディングで継続的に資金を獲得することの難しさなどが影響して，安定的な資金調達が困難となることも想定される。

イベントの継続性を考慮すると，単なる話題作りに大きなイベントを開催するのではなく，小さなイベントであっても，地域主体で継続的に開催することが先決だと考える。ただし，イベントの効果を単体でみたときには，大規模な一過性のイベントは有用であるといえる。工芸や食品分野では，地域性を商品に取り入れ付加価値を付けることで，地域外に販売して成功する事例も珍しく

なく，地域性を活かして地域外の消費者が求める商品へと改良したことが実を結んでいる。一方で，情報メディア技術となると地域性を考慮しない傾向にあり，ほとんどは都市部と同じ内容で実施している。それは，各地域の特色を取り入れた作品制作に対して，労力と時間的コストが過剰になることが原因だと考えられる。

集客力の面でいえば，地域の人々だけをターゲットとするのではなく，他県の人々も観光と併せて呼び込むことが大切であり，その実現には，地域性を取り入れて県外への訴求力を高めることが求められる。初回のイベント開催では，都市部で実績のある個人や団体が活動の主体となることは，イベントの実施を円滑化できるメリットがあるが，徐々に地域が主体として運営できる体制を構築することで，地域性を強化することも必要だと考える。まずは，地域に根付くことを目指して，小規模ながらも地域の人々に対して新しいアートやエンタテインメントに触れる機会を作り出し，地域全体で盛り上げる体制を構築することが望ましい。そのためには，高コストな作品ではなくても，新しい情報メディアの体験を提供可能な独自の作品づくりを実現しなければならない。

VR 作品の制作は，個人制作では数十万円，企業主体で制作する大型 VR 作品となると一千万円を超え，制作費の幅が広いことがわかる[7]。同様にプロジェクションマッピングの制作費も，数十万から数百万円と規模に比例して高くなる。規模が大きくなればプロジェクタの価格やレンタル料が跳ね上がり，長編のコンテンツ制作となるとその費用がさらに増してしまう。いずれのケースでも，制作費を安価に抑えるためには，作品の規模を縮小することになるが，体験者の満足度を下げない工夫を設ける努力が求められる。

国内最大の学生向け VR コンテストとして，1992年から International Virtual Reality Contest（IVRC）が開催されている[8]。IVRC は，学生企画の VR 作品やインスタレーション作品を具現化し，その独自性，技術性，有用性を競うコンテストである。企業とは異なり，制作費を抑えつつ新しい体験を実現しなければならない。そのなかで，各作品の体験の満足度を高めるために，

7）桜花一門［2017］『VR コンテンツ最前線 事例でわかる費用規模・制作工程・スタッフ構成・制作ノウハウ』翔泳社．

8）International collegiate Virtual Reality Contest（http://ivrc.net/2017/）参照．

体験そのものの独自性や新規性を追求している。例年数多くの来場者が訪れており，特に優れた作品はコンピュータグラフィックスに関する世界最大の国際会議であるSIGGRAPH[9)]にも出展し，それらの体験は国内外でも高い評価を受けている。各作品の制作費は，PCやヘッドマウントディスプレイなどを除くと，数万円程度に抑えている。耐久性やメンテナンス性は，企業やプロの制作者の作品と比較すると劣るものの，連続して数日間の展示に耐えられる作品も多く，アイディアが予算を抑える好例だといえる。地域での制作においても，コスト軽減の手段として，完成度だけを重視するのではなく，地域性を高めることで独自性や新規性を積極的に作品へ取り入れることが効果的だといえる。

3 地域での活動における条件

これまで，地域活動における継続性に注目してきた。継続性を重視する上で，前節までの議論を踏まえ，ヒト，モノ，カネの観点から地域特性に沿った継続に向けた条件を以下に列挙する。ただし，必ず満たすべき条件ではないことを付け加えておく。

条件1．地域で作品制作やイベント運営を行う体制が整備されている。
条件2．体験の質を確保しつつ安価に制作できる作品である。
条件3．屋内外問わず設営場所を選ばない作品である。
条件4．イベント運営にて特別な知識や技術を必要としない作品である。

条件1は，継続条件として最も重要であり，地域主体で制作や運営が可能であるかは，地域性を高める上でも求められる条件である。新たにイベントを開催する際には，実績のある都市部の企業や団体が主体となることもあるだろうが，少なくとも地域で活動できる個人や団体が積極的に関与することを推奨する。メディア・アート，VR作品，プロジェクションマッピングの制作では，現場でのリハーサルやプロトタイプテストが行われる。これは，トラブル防止を目的としており，耐久性やメンテナンス性の向上にも役立つ。地域での制作は，機材の運搬費やプロトタイプテストのための交通費を抑えるメリットがあ

---

9) ACM SIGGRAPH（https://www.siggraph.org/）参照。

る。継続性の面では，地域における団体の規模が徐々に大きくなることで，継続的なイベントとして実施できる地域の体制が構築される。

　条件2については，体験の質を維持しつつ，予算を抑えた作品制作を心掛けることで継続性が高まると考える。初回イベントでは，複数の団体へ協力を呼びかけて，大きなイベントを開催するケースが多い。継続的な実施を進めるためには，前年度の成果が関与するため初年度が重要であることは理解できるが，単年度での評価だけでは，地域性が取り入れられないままとなる。地域の体制が縮小すると，労力や金銭的なコストが膨大となり，イベントの継続が難しくなる。特に，情報メディアのアートやエンタテインメントは，その制作費用に際限がなく，規模が大きくなるにつれて費用が大きく膨らむ。地域で新しい取り組みが受け入れられるかについては，初回イベントの評価が重要であることは承知の上だが，これまで未体験のアートやエンタテインメント作品に触れることは，作品の規模にかかわらず地域の人々が興味や関心を持つきっかけとなり，独自性や新規性を確保することによって，一定以上の満足度を確保することができる。たとえば，熊本県立大学の学生が主催したプロジェクションマッピングイベントでは，学生団体が独自のコンテンツを制作し，イベントの企画や運営を行った。その結果，約80名の人々が集まり，アンケート調査の結果でも満足度が高く，次の体験の機会を望む人々も多い結果となった[10]。初回のみ大規模なイベントを開催し，年々規模を縮小するようであれば，地域での満足度も下がり継続的な実施が難しくなる。地域で活動を支えていく仕組みづくりを目指し，地域の目玉となる特色あるイベントとして地域が育てていくことが求められる。

　条件3については，あらゆる場所で展示できる作品にしておくことで，地域の施設が十分に備わっていなくてもイベントを実施でき，会場を一時的に改築する必要がなく，追加コストも発生しない。作品のスケールについても，可能な限りコンパクトな作品とする，あるいは，スケーラブルな作品にすることで多くのイベントに対応できる。プロジェクションマッピングは，一般的に建物

---

10) 吉田匠吾，森川純樹，小川泰輝，岩崎未佳，関戸智絵，辻田桜，中山いづみ，石橋賢 [2017]，映像情報メディア学会技術報告，Vol.41, No.12, in：体験型プロジェクションマッピングがもたらすインタラクティブ性の効果に関する考察，2017, pp.5-8。

や壁面に投影することが多いが，特定の形状をモチーフとした作品ではなければ，投影サイズを自由に変更することができる．各展示場所に応じた可変型の作品とすることも，本条件を満たす手段の1つである．

最後に，条件4は，常設展示を想定したときに，長期的な展示には作品を運用するための専門的な知識や技術が必須となる問題から挙げた条件である．その解決のためには，作品の仕様を知識や技術のないスタッフでも運用できるようにマニュアル化することが有効だと考えられる．

以上4条件を満たすことで，地域における情報メディアのアートおよびエンタテインメントに関する活動を継続的に進めていく体制が構築されると考える．

4 地域おこし

地域おこしの事例には，近年コンテンツ産業が注目されている．徳島県では，「マチ★アソビ」と呼ばれるアニメを題材としたイベントを2009年より開催し，年々来場者が増加して，10代，20代といった若者の集客性が強い特徴がある[11]．これは，コンテンツ・ツーリズムと呼ばれ，アニメの舞台となった場所を実際に訪れるという動機づけにより観光客を増やしている．映画やドラマの撮影場所を訪問する行動と同じであり，コンテンツ自体が強い集客力を有し，それを観光誘致に活用する地域おこし事例である．

メディア・アートやVR，プロジェクションマッピング等も，デジタルコンテンツとの親和性が高く，スマートフォンアプリの戦略と同様に，アニメや漫画のコンテンツを連携させることで発展することが期待できる．今後の情報メディアを用いたアートやエンタテインメントのイベントは，コンテンツ主体で発展する可能性が高い．ただし，徳島県のケースは，数千万規模の公的資金の投入と組織的支援があってこそ成り立つものであり，情報メディアのアートやエンタテインメントにおいても，地域の理解と協力が必要不可欠である．

---

11) 松村豊大，北山友紀［2013］，徳島文理大学研究紀要，Vol.86, in：【研究ノート】アニメイベントによる徳島市中心市街地活性化策再考，pp.65-72．

おわりに

　これまで，情報メディアによるアートおよびエンタテインメントに関して説明し，都市部と地域の違いを中心に地域の特性について述べた。地域特性を見い出すなかで地域での課題が浮き彫りとなり，継続性と実現可能性を両立した活動のための4条件を挙げた。また，地域おこしの将来的な展望についても示唆した。特に，地域主体でイベントを実施できる体制づくりが急務だと強く主張したい。多くの新規イベント実施には，国内外の著名な個人や団体に協力を依頼し，大規模なイベントを企画して集客をねらう傾向にある。一時的な助成金やクラウドファンディングで集めた資金は，スタートアップには有効であるものの，継続的な運営を見据えると金銭的なコストも考慮して中長期的な計画でイベントを実施することが望まれる。たとえば，将来的な活躍を見込んでベンチャー企業を地域に誘致する，または，学生団体を中心に活動するなど，徐々に地域の体制を構築していく必要がある。

　情報メディアにおけるアートおよびエンタテインメントは，コンテンツ産業と連携することで今後ますます成長することが見込まれる。ただし，一部の地域を除き，現状では地域への恩恵はあまり期待できない。小規模であっても，地域主体で継続的に実施することが継続性の強化につながり，継続することで情報メディアのアートやエンタテインメント産業が成熟した際に地域に還元され，地域創生事業の1つとして大きな役割を果たすことが期待できる。地域性を高めた情報メディアによるアートやエンタテインメントの活動は，県外の人々への観光誘致にも役立ち，地域においても新たな余暇の過ごし方として根付いていく。いくつかの条件を満たすことで，地域で情報メディアのアートやエンタテインメントを根付かせることができると考える。

【参考文献】
文化庁メディア芸術祭（http://festival.j-mediaarts.jp/）［2017.9.28］
総務省統計局（http://www.stat.go.jp/）［2017.9.28］
文部科学省（http://www.mext.go.jp/）［2017.9.28］
プロジェクションマッピングに関する調査，東京工芸大学（https://www.t-kougei.ac.jp/）［2017.9.28］

一般財団法人デジタルコンテンツ協会（著），経済産業省商務情報政策局（監修）
　［2017］『デジタルコンテンツ白書2016（映像コンテンツビジネスのパラダイムシフト）』一般財団法人デジタルコンテンツ協会。
SQUARE ENIX，MM が，FF になる。（http://www.finalfantasy.jp/）［2017.9.28］
桜花一門［2017］『VR コンテンツ最前線 事例でわかる費用規模・制作工程・スタッフ構成・制作ノウハウ』翔泳社。
International collegiate Virtual Reality Contest（http://ivrc.net/2017/）［2017.9.28］
ACM SIGGRAPH（https://www.siggraph.org/）［2017.9.28］
吉田匠吾，森川純樹，小川泰輝，岩崎未佳，関戸智絵，辻田桜，中山いづみ，石橋賢［2017］，映像情報メディア学会技術報告，Vol. 41, No.12, in：体験型プロジェクションマッピングがもたらすインタラクティブ性の効果に関する考察，2017, pp.5-8。
松村豊大，北山友紀［2013］，徳島文理大学研究紀要，Vol.86, in：【研究ノート】アニメイベントによる徳島市中心市街地活性化策再考，2013, pp.65-72。

第6章

熊本市中心市街地の再開発と近未来
―― 都市社会学の観点から

はじめに

　本論文の目的は，熊本中心市街地の再開発と近未来についての紹介を概要的に行い，それを都市社会学の観点から考察していくところにある。

第1節　本章の目的

　熊本市を中心に形成されている熊本都市圏[1]の特性は，熊本経済の中枢を担う農業および製造業が郊外に拡がり，熊本市の中心市街地が形成されているところにある。大津町，益城町や西原村では，阿蘇山から流れる良質な水を用いた水田や麦畑が拡がっている。このように，熊本都市圏の郊外では，農業が成長してきた。後述のとおり，それが熊本中心市街地の都市成長を促してきたのである。

　熊本都市圏を発達させてきた産業は，農業だけではない。熊本都市圏のうち，阿蘇くまもと空港（熊本空港）に近いエリア（益城町）においてテクノポリス団地が発達している。そこでは，半導体製造等のハイテク産業が稼働している。さらに九州自動車道・益城インターに近い益城町と熊本市東区や，九州

---

1) 本稿では，熊本市への通勤率が夜間人口の10％以上の市町村を基準とする。三菱東京UFJリサーチ＆コンサルティング株式会社（2015）における熊本経済圏の地域経済動向に基づき，中心都市への通勤率が夜間人口の10％を基準とすると，構成市町村は，以下のとおりになる。熊本市，宇土市，宇城市，合志市，菊池市，阿蘇市，上益城郡御船町，上益城郡嘉島町，上益城郡益城町，上益城郡甲佐町，上益城郡山都町，下益城郡美里町，玉名郡玉東町，菊池郡大津町，菊池郡菊陽町，阿蘇郡高森町，阿蘇郡西原村，阿蘇郡南阿蘇村。

道沿線の菊陽郡や合志市方面では，「合志技研」に代表される北部九州の自動車部品工場拠点が発達している。そればかりでなく，コンビニエンスストアの弁当工場，「再春館製薬所」に代表される化粧品部門や，「株式会社えがお」のような健康食品の製造部門も発達している。東区戸島には，トラックターミナル[2]が発達している。これは九州自動車道至近で物流の拠点として機能していることを意味する。

上述のように近年の熊本都市圏では，農業のほかに，在来型の製造業，ハイテク産業や，流通業が発達している。上述の部門で働く人々とその家族は，熊本都市圏郊外に住まいを構えていることが多い。または大牟田・久留米方面に住まう人々もいる。彼／彼女らは，余暇を過ごすとき，主にマイカーを使い熊本中心市街地に集まる。彼／彼女らは，鶴屋百貨店，熊本パルコや，上通，下通やシャワー通りのような，熊本を代表する大型商店街で消費を行い余暇を過ごしてきた。

言い換えれば郊外では，農業，在来型の製造業，ハイテク産業や，流通の拠点が発達している。こうした産業に従事している人々が，熊本市の中心市街地の成長を促す消費を行い，サービス業（飲食店や小売店）への需要を高めてきた。

熊本市は2010年に政令指定都市となった。2011年3月12日には，九州新幹線の博多から鹿児島中央までの区間が開通した[3]。熊本は九州新幹線の主要駅[4]として位置づけられている。熊本から福岡（博多），広島，岡山，新神戸（地下鉄を用いて三宮）や新大阪（JR神戸線または地下鉄御堂筋線を利用すると，大阪梅田）などの西日本主要都市への，アクセシビリティが改善された。2015年には熊本交通センター（熊本市中央区桜町）が閉鎖された。九州産交ランドマーク株式会社と桜町再開発株式会社（九州産交グループ）による，桜町の再開発事

2）主に，東区小山・戸島を挙げることができる。

3）九州新幹線は，2004年に新八代から鹿児島中央の区間で部分開業している。小倉方面から新八代まで特急が運行されていた。新八代で新幹線に接続し，鹿児島中央まで向かう時刻が組まれていた（JR九州ホームページ参照）。

4）速達タイプのうち，博多の次に熊本に停まる電車は，所要時間は28分。新鳥栖，久留米に停まる電車は，博多から熊本まで34分。鹿児島中央には約50分で到着する。阪神エリアから，熊本，鹿児島へのアクセスが非常に便利になった。

業が開始された。現在，新しい公共施設として「熊本城ホール」(仮称) の建設が進んでいる (熊本日日新聞，2017年8月25日)。

またJR熊本駅においても近い将来，JR博多シティ，JRおおいたシティに次ぐ大規模駅ビル開発が計画されているとの報道がなされていた (熊本日日新聞，2015.3.24)。そして2017年11月のプレスリリースでJR九州は，2021年の開業を目指して工事が進められている仮称「JR熊本駅ビル」の開発概要を発表している。「AMU」(JR九州大型商業施設ブランド) とJR九州のホテルブランド「ブラッサム」も進出するとのことである (JR九州，2017.11.8)。熊本中心市街地の大規模再開発をつうじて，九州の中枢都市として，更なる成長が期待されている (熊本日日新聞，2015年3月24日)。

このように熊本市中心部では，熊本城ホール (桜町) の再開発が進められている。また先述のとおりJRによる熊本駅ビルの開発も計画されている。今後熊本市内のショッピング街区は，桜町の熊本城ホール，JR熊本駅の商業施設，鶴屋百貨店，熊本パルコや，熊日会館が構える通町筋，そして上通，下通，新市街の大規模商店街により構成されることになる。これは，西日本屈指の商業施設集積街区が生まれることを意味する。熊本都市圏郊外で勤務する人々や，熊本に住まう多くの人々が，買い物のために，大規模中心市街地に集まるものと期待できる。

しかし，2016年4月14日以降，現在まで熊本地震が断続的に発生している。余震そのものは減少しているが，一連の地震活動は終わっていない。震災による被害が未だ深刻な状況である[5]。特に熊本都市圏の基幹産業である農業に，大きな損害を与えている。テクノポリス[6]として整備された，阿蘇くまもと空港とその周辺地区，農地と住宅街により構成されている大津町，益城町や西原村も大きな被害を受けた。北部九州の自動車部品製造拠点も被災した (益城町，菊陽町，合志市や菊池市など九州自動車道沿いに所在)。損傷の大きい農地の復旧や住宅の再建に関しては，未だ復旧の目途が立っていない。基幹産業の再生と，建物の復旧が喫緊の課題となっている。

---

5) 現在も余震も続いている。
6) 阿蘇くまもと空港近くの，テクノリサーチパークが代表例。

さらに観光産業を支えてきた熊本城も，大きく損壊した。阿蘇地域の土砂崩れも激しく，阿蘇大橋も崩落した。熊本と大分を結ぶ豊肥線のうち，肥後大津から大分までの区間で復旧の目途は立っていない[7)8)]。立野地区の復旧が待たれる。また，熊本空港を発着する国際線も，熊本とソウル仁川を結ぶアシアナ航空が一時的に運航を見合わせた。現在は熊本とソウルを結ぶ路線が再開されている。なお震災後は，熊本と仁川を結ぶ路線はアシアナ系列のLCCが運航されている。熊本—香港線は，HKエクスプレス（LCC）により運航されていた。しかし，一連の熊本地震により発生した震災は，国際線の旅客機路線網にも大きな制約を与えてきたことは間違いない[9)]。

　ただし，熊本市の中心市街地では上述のような大きな課題を抱えながらも，実は震災発生前から再開発事業が着々と進められてきた。中長期的にみれば，熊本の再開発は，九州の中枢都市として成長する機運を高めている。しかし基幹産業である第一次産業（とりわけ農業）において，震災からの復旧が遅れている。そのため中心市街地への消費需要に伸び悩みが発生することも予想される。熊本県の農地等の速やかな復旧こそが，飲食店やシティホテルへの需要を生み出すチャンスとなるであろう。しかし，熊本の再開発を復興のシンボルとして扱うとしても，熊本震災からの本質的な復興を見失う可能性もある。

　そこで，本稿では，熊本市内で進められている再開発事業を概要的に紹介し，それを都市社会学の観点から批判的に考察していくことを目的とする。本論文の構成は，以下のとおりである。まず第2節では，調査対象と調査方法について述べる。第3節では熊本の人口構造と産業構造について説明を行う。人口構造については，熊本市の人口構造を対象とする。産業構造については熊本県を対象とする。第4節では熊本の二大商店街である上通・下通を概要的に紹介し，第5節では，桜町再開発事業についての説明を行う。第6節では，本稿

---

　7) 2017年九州豪雨により，さらなる被害が生じている（2017年7月5日NHKニュース「クマロク！」（NHK熊本放送局），2017年7月5日RKKニュースJUST（RKK）などのニュース番組など参照）。

　8) 熊本地震による阿蘇から大分方面で，部分復旧を遂げたが，2017年九州北部豪雨と台風18号による土砂災害により，再び災害が発生し，復旧の目途は立っていない。

　9) 2017年台風18号による被害も発生し，豊肥線の阿蘇から大分県側の区間で再び運転の見通しが立たなくなった。

の考察を述べ，それを結論とする。特に熊本中心市街地における再開発が，復興という都市成長のなかで，どのように位置づけられるのかについて，批判的に考察を深める。

第2節　調査対象と調査方法

　本稿における調査方法は，以下のとおりである。まず，熊本県ホールの宣伝のため，本学に来訪頂いた，熊本県コンベンションセンターの青山光一氏をはじめとした3名のスタッフの方から，熊本城ホールについてのご案内を賜った。ご案内を頂いた期日は，2016年4月12日（水）であった。本来であれば，4月17日（月）に調査を行う予定であった。しかし一連の熊本地震による被災により，6月にご案内を賜った。

　次に鶴屋百貨店，NEWS，熊本パルコやCOCOSA熊本（下通）の立ち並ぶ通町筋の非参与観察を行い，街区を構成している商業施設を実態的に把握した。続いて，高級衣料品や高級時計を扱う商店街により構成されている上通の非参与観察を行い，空間構成を実態的に把握した。また時計店の現スタッフや，飲食店の店長への短時間の聞き取りを行い，下通との共通点と違いについて把握することができた。そればかりでなく，下通の非参与観察を行い，空間構成を実態的に把握した。さらに下通の裏路地に入ると，風俗店街の巡検（歩いて街の様相を知ること）を行った。また，上通の裏に所在する，藤崎宮駅前（菊池電車）からホテル日航熊本の駐車場まで伸びるファッションストリートの上乃裏通りの非参与観察を行い，飲食店の店主に数十分の聞き取りを行った。本稿の調査対象地は，通町筋，上通，下通，新市街，上乃裏通りであり，調査対象者は，上通，下通，新市街，上乃裏通りに飲食店を構える店主である。調査方法は，巡検と，半構造化面接（質問を行いながら会話（フリーディスカッション）を行うこと）に基づくインタビューであった。

　なお，本調査に協力して頂いた調査対象者の個人情報や，経済活動に関わるすべての情報は，聞き取り調査が終わり，本稿が定まった時点で，すべて溶解処分し，外部への漏えいがないよう処理を行った。以上が本稿における調査方法である。

第3節　熊本の地理的位置・人口・産業

1　熊本の地理的位置

　まず本節では，熊本市の地理的位置について概要的に説明する。熊本県は，北側の福岡県，北東の大分県と南東側の宮崎県，南の鹿児島県に囲まれている中九州の県[10]として扱われている。また八代海（島原湾）や有明海に面して程近い距離に長崎県がある。金峰山を越えて熊本西港に向かうと，島原半島をよく観ることができる。フェリーを使用すると，熊本から島原まで，およそ50分で向かうことができる。

　熊本市，合志市，菊池郡菊陽町，上益城郡嘉島町，上益城郡益城町により構成されている熊本都市圏は，熊本県のなかでも北部に位置する。中心市街地は，通町筋（熊本城至近）を中心に形成されている。交通センターが，公共交通機関（バス）の結節点となってきた。これは九州の鉄道網が，現在のように発達していない時期が長かったため，九州島内移動の路線バス移動が歴史的に必要不可欠であったという経緯によるものである[11]。

　交通センターから博多・天神行きの高速バス（西鉄バス／九州産交）に乗車すると，JR博多駅博多口，西鉄天神までおよそ2時間弱で到着する[12]。交通センターから福岡空港国際線ターミナルまでも2時間弱で到着する。よって熊本都市圏は，福岡市中心部，福岡県筑後地方[13]と，鳥栖市・基山市（佐賀）[14]

---

10) たとえば人吉球磨地方は，鹿児島県や宮崎県に近く，霧島連山に近い。気候も熊本地方とは異なる。
11) JR熊本駅は中心市街地から離れている。そのため博多・天神への移動手段として，新幹線ではなくバスを選択する人々が多く，混雑時間帯には速達タイプと各停タイプ併せて5分に1便運行される。
12) 九州自動車道を経由。
13) 2017年九州豪雨で甚大な被害が発生している。
14) 基山パーキングエリア（佐賀県三養基郡基山町）は，九州自動車道の筑紫野ICと鳥栖JCTの間に位置する。西鉄バスや九州産交により運行されている高速路線バスがすべて停車する，「高速基山バス停」が設置されている。基山PAは，福岡，大分，佐賀，長崎，熊本，鹿児島方面のバスの乗り継ぎ拠点として機能している。

への利便性が高い位置にある。

　また山陽・九州新幹線（新大阪―鹿児島中央）を利用すると，熊本から博多まで最速約30分で到達する（鹿児島中央を出ると，熊本，博多のみに停車し，山陽新幹線に直通する電車）。広島まで約1時間40分，岡山まで約2時間15分，新神戸まで約2時間50分，新大阪まで約3時間5分ほどで到達する。それにより，京阪神，岡山や広島からのビジネスユーザーが増え，熊本と西日本諸都市との法人取引が活発になっている。

　ただ先述のとおり熊本市は，城を中心に都市が形成されている。熊本市の中心市街地である通町筋（とおりちょうすじ），上通（かみとおり），下通（しもとおり），駕町通り（かごまちどおり），銀座通り，西銀座通りや，新市街といった大型商店街は，熊本城を中心に形成されている。そのため，JR熊本駅から中心市街地の銀天街まで向かうためには，電車やバスに乗る必要がある。そのため熊本駅から中心市街地へのアクセスが悪いという観光客や，ビジネスパーソンからの声も多い（2017年5月5日聞き取り調査）。

　このように，JR熊本駅は中心市街地から距離があるため，中心市街地ほどにぎやかではない[15]。ただ近年ビジネスホテルやおしゃれなドミトリーや，マンションの建設が進んでいる。また熊本市が熊本駅周辺を「森都心（しんとしん）」と称した開発事業を進め，公共ホール等や小売・サービスを目的とした施設を整備している。

2　熊本の人口構造

　まず，熊本市の人口推移をみていくこととする。熊本市は平成22年（2010年）に政令指定都市となっているが，継続的に人口の増加を体験している。図表Ⅲ－6－1に示されるように，世帯数は，熊本地震が発生した平成28年（2016年）を除いて増加している。世帯あたりの人員は徐々に減少傾向にあり，核家族世帯ないし一人暮らしが増えたものと推察される。なお男女別の人口をみると，総じて女性の人口が多い。

---

[15] JR熊本駅前は中心市街地ではない。交通センターの所在地である辛島町，花畑町や，鶴屋百貨店・熊本パルコや熊日会館の集まる通町筋界隈が，中心市街地である。JR熊本駅から中心市街地まで，電車で約20分。バス利用でも所要時間は，約20分（交通センター経由）。

人口の推移

[図表Ⅲ-6-1] 熊本市の人口推移（熊本市，2017：3）

(各年10月1日現在)

年＼区分	世帯数	人口 総数	人口 男	人口 女	世帯当たり人員
明治33年	9,914	61,301	33,290	28,011	6.2
38年	10,845	61,185	33,077	28,108	5.6
43年	12,441	63,976	34,607	29,369	5.1
大正4年	12,921	69,304	36,340	32,964	5.4
9年	13,787	70,388	36,661	33,727	5.1
14年	29,032	147,174	73,923	73,251	5.1
昭和5年	32,418	164,460	81,957	82,503	5.1
10年	38,336	214,270	105,480	108,790	5.6
15年	39,813	243,574	116,838	126,736	6.1
22年	55,286	245,841	119,024	126,817	4.4
25年	59,853	267,506	128,067	139,439	4.5
30年	72,008	332,493	159,500	172,993	4.6
35年	90,949	373,922	178,014	195,908	4.1
40年	107,634	407,052	192,538	214,514	3.8
45年	128,559	440,020	206,854	233,166	3.4
50年	153,540	488,166	231,188	256,978	3.2
55年	180,239	525,662	251,011	274,651	2.9
60年	194,486	555,719	265,037	290,682	2.9
平成2年	211,207	579,306	275,424	303,882	2.7
7年	246,700	650,341	310,118	340,223	2.6
12年	260,672	662,012	314,455	347,557	2.5
17年	270,530	669,603	316,048	353,555	2.5
22年	302,413	734,474	344,291	390,183	2.4
23年	305,929	736,010	345,013	390,997	2.4
24年	308,985	737,689	345,601	392,088	2.4
25年	312,527	739,541	346,700	392,841	2.4
26年	315,318	740,204	347,020	393,184	2.3
27年	315,470	741,115	348,475	392,640	2.3
28年	317,466	739,606	348,152	391,454	2.3

(出所) 熊本市総務課。

[図表Ⅲ-6-2] 熊本市における人口動態の推移（グラフ）

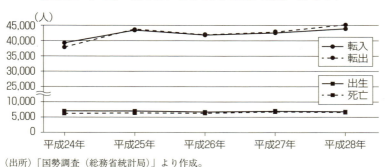

（出所）「国勢調査（総務省統計局）」より作成。

　次に，熊本市の人口構造を経年変化でみていくこととする。**図表Ⅲ-6-2**をみると，転出・転入が平成25年（2013年）をピークにいったん下がり始めたが平成26年（2014年）から平成28年（2016年）にかけて，大きな増加を経験した。つまり熊本市では，社会増（市外からの流入による人口増）を体験している。平成28年（2016年）に転出が大きく増加している理由は，2016年4月14日（木曜日）以降，断続的に発生している熊本地震と震災によるものであると推察できる。

　最後に自然動態について概要的に説明する。**図表Ⅲ-6-2**から，出生数と死亡数は，平成24年（2014年）から平成28年（2016年）にかけて，大きな増減を経験していない。つまり熊本市の人口増加は，震災が発生する前までは，総じて社会増によるものであることがわかる。ところが，**図表Ⅲ-6-1**からわかるとおり，熊本震災が発生した後，熊本市からの転出が増加した。つまり社会減へと転じたことがわかる。

3　熊本の県内総生産の割合

　続いて，**図表Ⅲ-6-3**に従って，熊本県の産業について概要的に説明する。三菱東京UFJリサーチ&コンサルティングによれば，県内総生産（2009年度）は，53,661億円と全国の1.1％を占めている。この経済規模は全国でも中位（47都道府県中25位）にある（三菱東京UFJリサーチ&コンサルティング，2015）。

　産業構成比をみると，農業のウエイトが高く，第一次産業のウエイトは，

[図表Ⅲ-6-3] 熊本県の産業構造

		熊本県	熊本県のシェア		構成比		
			九州対比	全国対比	熊本県	九州	全国
県内総生産		億円 53,661	% 11.6	% 1.1	% 100.0	% 100.0	% 100.0
	第一次産業	1,505	15.2	2.8	2.7	2.1	1.1
	農業	1,273	16.4	2.9	2.3	1.6	0.9
	第二次産業	10,553	11.4	0.9	19.2	19.4	22.8
	建設業	2,461	10.0	1.0	4.5	5.2	4.9
	製造業	8,021	12.0	0.9	14.6	14.1	17.9
	第三次産業	42,937	11.5	1.1	78.1	78.5	76.1
	卸・小売	5,522	9.4	0.9	10.0	12.4	12.5
	サービス	13,598	11.5	1.2	24.7	24.7	23.1
	政府サービス	7,273	12.7	1.5	13.2	12.1	9.4
県民所得		億円 39,587	11.7	1.1	―	―	―
	1人当たり	千円 2,183	―	―	―	―	―

(出所) 2015年国勢調査（総務省統計局）。

[図表Ⅲ-6-4] 熊本県の就業人口

		熊本県	九州対比	全国対比	熊本県	九州	全国
就業人口		万人 87.4	12.9	1.4	100.0	100.0	100.0
	第一次産業	10.0	18.6	3.4	11.5	8.0	4.8
	農業	9.1	19.1	3.4	10.4	7.1	4.4
	第二次産業	19.3	13.2	1.2	22.1	21.6	26.1
	建設業	8.0	12.0	1.5	9.1	9.8	8.8
	製造業	11.3	14.2	1.1	12.9	11.7	17.3
	第三次産業	57.1	12.2	1.4	65.3	69.3	67.2
	卸・小売	15.4	12.2	1.4	17.6	18.7	17.9
	サービス	12.2	12.2	1.3	13.9	14.7	15.4
	公務	3.8	12.8	1.8	4.3	4.3	3.4

(出所) 2015年国勢調査（総務省統計局）

2.7％と全国平均（1.1％）の約2.5倍の水準にある。一方，第二次産業のウエイトは，19.2％と全国平均（22.8％）に比べ低めに止まっている（三菱東京UFJリサーチ＆コンサルティング，2015）。第三次産業のウエイトは，78.1％と全国平均（76.1％）を上回っている。

また三菱東京UFJリサーチ＆コンサルティングによると，熊本県では，電子部品・デバイス・電子回路製造業，生産用機械器具製造業，食料品製造業等の特化係数が高く，ハイテク産業が発達している（三菱東京UFJリサーチ＆コンサルティング，2015）。

このように，熊本県全体の産業構造と就業人口から，農業，製造業やハイテク産業が基幹産業であり，これらの基幹産業に従事する人々の所得が，特に熊本中心市街地のサービス業全体を支えているものと理解することができる。

それでは，熊本県の第三次産業を支える，熊本市中心市街地や，現在再開発中の大規模商業施設や，熊本駅再開発の紹介を次節で行い，今後の熊本に期待できる要素と課題を見い出していくこととしよう。

第4節　熊本の二大商店街——上通・下通

まず，小売・サービス業の集積する熊本市の二大商店街である，上通と下通について記述する。通町筋を基準に，北側の商店街が上通，南側が下通として発達している。上通と下通を貫く筋が，通町筋として位置づけられている。上通には地元の価格帯の高い衣料品店や飲食店，ホテル日航熊本が入居する熊日会館が立ち並ぶ。上通には，地元の個人事業主が経営する店舗が多い。通町筋には，熊本を代表する百貨店である，鶴屋百貨店が営業している。

下通(しもどおり)は，大手ドラッグストア，ファストファッションチェーン店，大手飲食チェーン店や，大手居酒屋チェーン店も入居する，九州屈指の大型商店街である[16]。2017年，この下通に下通NSビル（通称：COCOSA熊本）が開業した。COCOSA熊本には，東京や大阪，そして福岡には出店しているものの熊本に

16）震災前は地元の事業者による飲食店が多かったものの，現在では全国チェーンの居酒屋が震災前より増加している。特に下通にその傾向が見られる。

は出店していなかった衣料品店，ヘアサロンが，開業した。また西部ガスショールームやマックスバリュ九州[17]の店舗により構成されている。

通町筋界隈には，鶴屋百貨店，熊本パルコ，ユナイテッドアローズ，BEAMSや，COCOSA熊本が立ち並んでおり，ファッショナブルな雰囲気を醸成している。特に土曜日・祝日になると，多くの若年層の消費者が来街し，熊本中心市街地の空間が，にぎやかになる。鶴屋百貨店に入居するテナントには高級なインポートブランド製品の販売店がある。熊本パルコには若者が嗜好する衣料品店が多数入居している。

また，通町筋界隈には，ユナイテッドアローズやBEAMSが立ち並ぶ。オークス通りや上乃裏には，個人事業主が経営しているセレクトショップやおしゃれなバーが集まっている。こうして熊本の中心市街地における都市アメニティの充実度は，高いということができる。特に通町筋界隈，上通，上乃裏通りや，オークス通りは静かな空間にファッショナブルな雰囲気を醸成するセレクトショップや飲食店が集中している。それが，熊本市の中心市街地における，都市アメニティの充実度を高めた大きな要因であると考えられる。

第5節　桜町再開発事業

1　旧・交通センターの時代

熊本における都市アメニティの充実度の高まりは，上通・下通・通町筋界隈によるものだけでない。交通センター跡地の桜町再開発事業が，今後の熊本における，都市アメニティの充実度を大きく高める一番大きな要素となるといえよう。

先述のとおり，JR熊本駅は熊本市の中心市街地から離れており，九州屈指のバスターミナル・交通センターを中心とした公共交通機関の拠点が形成されている。この交通センターから熊本都市圏を結ぶ路線バス，熊本空港や福岡空

---

17) ダイエーがイオンの傘下企業となったため，マックスバリュ九州がテナントとして入居している。

港への空港バス，福岡をはじめとした九州各地への高速バスが多数運行されている。

熊本県庁の跡地（現在は水前寺に所在）に建設された交通センターは，地下街「センタープラザ」（現在は辛島公園地下駐車場）とともに1969年に開業し，県内外のバスが発着する拠点として機能してきた。交通センターを経営していた熊本交通センター株式会社の親会社である九州産交が，県内外を結ぶバス路線を稼働させていた。

交通センターは，単なるバスターミナルではない。九州屈指の地下街として位置づけられた「センタープラザ」，交通センターホテル，ホテル食堂，ショッピングセンター，スケートリンクやボーリング場，そして県民百貨店（オープン当初は，岩田屋[18]。県民百貨店の直前はくまもと阪神[19]）であった。大きなバス乗り場と商業施設により構成された交通センターは，熊本における交通網の中枢を担うターミナルビルとして位置づけられてきた。このように，熊本の都市化を急速に促した事業が，交通センターの開発であった。また，交通センターホテルは7階建てで，109室の部屋があり，会議場，披露宴会場，ホテル食堂やコーヒーショップが入居していた。この交通センターは，2015年8月末で運用が終了した。交通センタービルに入居していた交通センターホテル，県民百貨店などの商業施設も営業を終了した。現在，九州産交ホールディングスを中心に桜町再開発事業が進められている。

2019年に新しい交通の拠点，ホテルや商業施設が入居する新しいターミナルビルが完成する。それにより，現在修復事業が進められている熊本城向け観光客の宿泊施設が整備されることとなる。国際学術会議などのアカデミック・カンファレンスホールも完成し，観光，ビジネスに最適な施設として位置づけられるものと見込んでいる（熊本市コンベンション協会への聞き取り 2016.5.10）。

---

18) 現在の岩田屋は，三越伊勢丹ホールディングス。
19) 阪急阪神ホールディングスによる事業支援。阪急阪神HDは，阪急ガーデンズ（西宮，東京大井町），阪神百貨店，阪急百貨店（大阪梅田，東京銀座）のような百貨店や，HEPナビオ，そしてハービス大阪のような高級ファッションビルやヒルトン大阪の経営を通じて，百貨店事業に長けている。交通センター百貨店の終焉期（県民百貨店）は，阪急阪神HDが中心となり経営支援がなされた。阪神百貨店が「くまもと阪神」として事業支援を行った。

2　桜町再開発事業

　それでは，交通センターの跡地の再開発事業「桜町再開発事業」とは，どのような再開発事業なのか。桜町再開発事業の正式名称は，「熊本都市計画桜町地区第一種市街地再開発事業」である。開発する場所は，熊本市中央区桜町3番13号，14号である。敷地面積は，30,266.83m²で，延床面積は160,330m²である（九州産交ランドマーク，2017）。構造・規模は，鉄骨造，一部鉄骨コンクリート造である。商業棟が，地上4階，および地下1階である。住宅・ホテル棟が地上15階建という事業である（九州産交，2017）。

　また商業施設は，約140店舗入居予定で，バスターミナルは，26バース[20]となる。これは，一日に4,300台発着する規模のターミナルである。公益施設は，先述の「熊本城ホール」で，最大3,000名を収容できる公益施設となる。シティホテルが入居することになり，約200室を有するホテルの開業が予定されている。また，分譲マンションは約160戸で，9つのスクリーンを有するシネマコンプレックスなどの入居も予定されている（熊本桜町再開発株式会社，2017）。開業は2019年夏を予定しており，事業主は，九州産交が再開発事業を目的として設置した，熊本桜町再開発株式会社である。商業運営会社は，九州産交HD傘下の九州産交ランドマーク株式会社である。

　メインターゲットは，高感度な30歳代から40歳代の都市生活者である（九州産交，2017）。熊本中心エリアに集まる，行動的で日常生活に潤いを求める30歳代から40歳代のヤングアダルトや，アダルト層向けの商業施設となる。ターミナルを日常的に利用する近隣のオフィスワーカーも想定したアメニティが整備される（熊本桜町再開発株式会社，2017）。サブターゲットは，バスを利用するシニア世代と，ヤング世代で，好奇心旺盛で自分の時間を楽しむ「アクティブシニア」を想定した商業施設を誘致する。戦略ターゲットとして，国内外からの観光客に焦点が当てられ，年間を通じて訪れる観光目的の来街者にも魅力的な施設として開発が進められている（熊本桜町再開発株式会社，2017）。

　桜町の地理的位置を説明すると，桜町再開発地区の北西にJR熊本駅があ

---

[20] バスの停車位置のこと。

る。JR熊本駅は，市電の辛島町電停から約10分の位置にある。イメージの左側にある辛島公園は，新市街と面している。熊本城は，桜町再開発地区の東側に位置する。よって，屋上庭園から熊本城が一望できることとなる。

桜町再開発事業により更新された新しい交通センター[21]に関するプレスリリース資料によると，1階がバス乗り場である。このバス乗り場はエスカレーターにより商業施設と直結する予定である。施設内の空間デザインは，デジタルサイネージをメインとしたものとなっている。施設内の空間デザインは，丹青社が選定された。また，熊本城ホールの屋上庭園のイメージを参照すると，東側に熊本城が位置する。これによって，イメージで描かれているガラス張りのコンコースから，熊本城が一望できることとなる（熊本桜町再開発株式会社, 2017）。

このように熊本の中心市街地における再開発事業の事例記述から，旧交通センターよりもはるかに充実した都市アメニティにより構成された，審美的な消費空間が，桜町に誕生することを，窺い知ることができる。通町筋界隈，上通，下通，熊本城ホールそしてJR熊本駅が，熊本都心のランドマークとなり得ることも理解できた。それでは，本稿の事例記述から，どのような考察が生み出されるのか。次節で検討を行う。

第6節　結論——本稿の考察

最後に，社会学的観点から熊本中心市街地の再開発についての考察を行う。熊本市の中心市街地では，震災発生前から再開発事業が着々と進められてきた。中長期的にみれば，熊本の再開発事業により，震災を乗り越え，九州の中枢都市として成長する機運が高まっていると解釈することができる。しかし基幹産業である農業の復旧が遅れている。農業，製造業に従事する人々の収入減により，中心市街地への消費需要の伸び悩みが，徐々に発生することも予想される。熊本県の農地等の速やかな復旧こそが，熊本の中心市街地の持続的成長

21）交通センターの運営会社は，九州産交ランドマーク株式会社。産交バスの他，都市バス（旧市営バス），熊本バス，電鉄バスが市内・市外路線。県外路線は，西鉄バス（にしてつ）が主たる事業者となる。

を可能にするのである。

　現代の都市社会学では，都市成長の原動力は何かということを追求する研究が蓄積され始めている。熊本の中心市街地における再開発を都市社会学のなかで考えると，審美的な都市アメニティの充実が，都市の文化的・経済的・社会的成長を促すという議論は，都市アメニティ論や創造都市論に該当する（Florida, 2002=2008）。

　空間の審美化や都市アメニティの充実化の必須要件の1つとして，ファッショナブルな雰囲気の店舗（ファッショナブルな衣料品店舗やスターバックス）の立地や集積を挙げることができる[22]。熊本の場合，通町筋と下通における，空間の審美化は，鶴屋，パルコ，鶴屋NEWS，BEAMSやユナイテッドアローズのほか，2016年にオープンしたCOCOSAのような商業施設が充実している。

　また上乃裏通りのような，小規模な高級衣料品店（セレクトショップ），バール，小規模なカフェやカジュアルな割烹料理店が集積することにより，都市細街路における審美的都市アメニティの充実化が進んでいるように考えることができる。

　今後，桜町再開発事業を通じて完成するバスセンター，商業施設や宿泊施設の開業が，熊本都心部における空間の審美化と都市アメニティの充実度を，さらに高めるであろう。熊本日日新聞が紙面で報道しJR九州がプレスリリースした，JR熊本駅在来線口の建て替えが実現するとすれば，熊本駅そのものと駅ビルが一体化し，審美的都市アメニティを拡充させるであろう。熊本における，空間の審美化と都市アメニティの充実度が高まることは，熊本中心市街地における都市の成長を促す大きな要因となるであろう。

　しかし，空間の審美化と都市アメニティを充実させる都市再開発事業だけでは，都市の魅力を高めることもできず，都市の成長を促すこともできない。なぜなら都市の成長は，経済的成長，文化的成長，そして社会的成長のすべてが

---

22) 米国の都市経済・地理学を専門とするリチャード・フロリダが，彼の著書 *The Rise of Creative Class*（Florida, 2002=2008）のなかで，企業選びや事務所移転先を決定づける要素として多様な価値観，人種・民族や下位文化（Sub Culture）が醸成されやすい寛容な環境であり，なおかつ「スターバックスコーヒー」やバー，カフェ，ラウンジやエクササイズスタジオなど，都市の文化的アメニティが充実していることを挙げることができる（Florida, 2002=2008）。

かみ合うことにより達成されるからだ。経済的成長のみが達成されることが都市の成長を意味するのではない。その場所のにぎわいを生み出す人々の集まりと相互作用が，経済的成長のみならず，文化的・社会的成長をも促し，こうして，ある場所の都市成長が進行する。

都市が時間を経て成長すると，都市の象徴が生まれる。ウォルター・ファイアレイという都市社会学者は，ボストンのコモンや，ノースエンドなどのボストン市民の精神を象徴する場所の重要性を説いた（Firey, 1945）。都市の成長が進むと，都市のシンボルが生みだされ，それを維持することの重要性が，市民により共有される。市民が都市の象徴を再開発から守り，その都市らしさを維持させる過程を明確にした（Firey, 1945）。

このことを熊本に当てはめて考察を行うと次のようになる。熊本における都市的象徴の代表格として，まず熊本城を挙げることができる。そして水前寺公園，江津湖や，動植物園，さらに河原町から慶徳校前までの電車通り沿いにある，城下町建造物を挙げることができる。そればかりでなく花畑公園や辛島公園などの市民の憩い場をも挙げることができる。これらは長い間，熊本のシンボルとして，市民に愛されてきた施設や商店である。

しかし，2016年4月14日（金曜日）以降に発生している1回目の激震により，いずれの施設や商店も甚大な被害を受けた。熊本城の天守閣だけでなく，水前寺公園と江津湖周辺も大きな被害を受けた。東区の神水（くわみず），出水（いずみ），秋津，沼山津は，1回目に発生した震度7の地震の震源地に近い。強い揺れにより，湧水の水流に変化が生じた。液状化現象も発生し，深刻な被害を受けた。長きにわたり熊本に住む人々に大きなショックを与えた。

熊本城に関しては，天守閣の上部を取り壊し，所有者である国が発注した修復作業[23]が開始されはじめている。巨額な費用をねん出してでも，熊本城を復旧する理由は，観光名所として熊本城を再生させるためではないのかもしれない。熊本の象徴であり，熊本市民の精神を支えるものとして，熊本城が位置づけられている。だからお金と時間をかけ，修復を行っていると解釈することができる。

---

23) 主要修復事業者は，株式会社大林組である。

現在進行している，熊本の中心市街地における空間再編は，熊本の都市成長を促す原動力を保有している。つまり，熊本城ホールの開業や，通町筋界隈の商業施設，そして上通，下通や，上乃裏通りの空間が審美的になり，アメニティが充実すれば，熊本の中心市街地における再開発は，熊本の都市成長を促す原動力となるものと期待される。

　ただ，都市空間の審美化と，都市アメニティの拡充のみで，熊本の都市成長が達成されることは，まずない。なぜなら都市成長や，震災からの復旧／復興を判断するのは，地元の人々であるからだ。熊本城の修復と熊本城ホールにおける大規模テラスからの観察を観光資源とすることは，非常に審美的なものであり，魅力的なものである。

　しかし，長きにわたり熊本に住んできた住民は，熊本の中心市街地の再開発が，過去と未来をつなぐ都市の成長過程であるかどうかを厳しく判断するであろう。震災からの都市の再成長は，古くから存在する都市の象徴と，新しいランドマークを融合していくことにより，達成される。それにより，住民や来訪客にとって快適な居住環境が創出されることにより，都市の再成長が達成されるものと筆者は考えている。

　熊本の都市再成長を結実させるためには，古くからの都市の象徴である，水前寺公園，八王寺公園，江津湖，動植物園や味噌天神等の完全復旧と再評価が求められる。こうした古くからの都市の象徴を完全に復旧させ，市民生活が安定化すれば，熊本の中心市街地における新しい商業施設を，熊本における新しい都市の象徴として市民に受け入れられるであろう。つまり，熊本震災以降の都市の再成長を市民は肯定的に受け入れるであろう。

おわりに

　冒頭で述べたとおり，熊本における中心市街地のさらなる成長のためには，熊本の基幹産業である農業，製造業が包括的に復旧することが求められる。熊本の基幹産業は，農業である。熊本県の農業従事者ばかりでなく，熊本都市圏における，製造業やサービス業に従事する人々の包括的な所得回復こそが，熊本の中心市街地における消費を促す大きな要件となる。それが熊本における都

市再成長の真の原動力となる。

【参考文献】

Baudrillard, J. [1970] La Societe de consummation, Paris: Gallimard. （今村仁司・塚原史訳［1979］『消費社会の神話と構造』紀伊国屋書店）

Firey, W. [1945] Sentiment and Symbolism as Ecological Variables, in American Sociological Review, 10: 140-148.

Fischer, C. S. [1975] Toward a Subcultural Theory of Urbanism, in American Journal of Sociology, 80: 1319-1341. （奥田道大・広田康生訳［1983］「アーバニズムの下位文化理論に向けて」『都市の理論のために』多賀出版）

―――, [1984] The Urban Experience, New York: Harcourt Brace & Jovanovich. （松本康・前田尚子訳［1996］『都市的体験』未来社）

Florida, R., [2002] The Rise of the Creative Class: And How It's Transforming Work, Leisure, Community and Everyday Life, Basic Books. （井口典夫訳［2008］『クリエイティブ資本論―新たな経済階級の台頭―』ダイヤモンド社）

熊本市［2014］『熊本市 MICE 施設整備基本計画』熊本市。

三菱東京 UFJ リサーチ＆コンサルティング株式会社［2015］『平成26年度総合調査研究（地域経済の将来動向分析に関する調査研究）』三菱東京 UFJ リサーチ＆コンサルティング株式会社。

熊本桜町再開発株式会社［2017］「NEWS さくらまちの再開発」熊本桜町再開発株式会社。

Wirth, L., [1938] Urbanism as a Way of Life, in American Journal of Sociology, 44: 1-24. （高橋勇悦訳［1978］「生活様式としてのアーバニズム」鈴木広編訳『都市化の社会学』誠信書房）

【参考資料】

九州産交ランドマーク株式会社「熊本都市計画桜町地区第一種市街地再開発事業」（九州産交 Web 資料）（http://www.kyusanko.co.jp/sakura_redevelopment/）［2017年6月1日参照］。

熊本日日新聞「熊本駅ビル21年春開業へ」2015.3.24紙面1頁。

COCOSA 熊本ホームページ（http://cocosa.jp/）［2017年6月1日参照］。

熊本桜町再開発株式会社プレスリリース資料（九州産交 Web 資料）「桜町再開発と熊本城ホールの建設状況について」（http://www.kyusanko.co.jp/landmark/tenant/concept/）［2017年7月20日参照］。

索　引

【英　数】

1948年医療法 …………………… 40
1950年医療法改正 ……………… 41
4疾病 ……………………………… 50
5事業 ……………………………… 50
6次産業化 ………………… 94, 121
GHQ（連合国総司令部） ……… 40
IPv6 …………………………… 221
KPI ……………………………… 11
MECE ………………………… 199
SDGs …………………………… 141
SPS措置 ……………………… 148
WBS …………………………… 208

【あ　行】

アート ………………………… 225
アレルギー物質 ……………… 139
医学教育制度の基本原則 ……… 40
意思決定マトリックス ……… 207
イベント ……………………… 160
医療介護総合確保推進法 ……… 36
医療計画策定 …………………… 49
医療周辺サービス ……………… 47
医療提供体制 …………………… 49
医療費抑制措置 ………………… 67
医療法 …………………… 39, 49
医療法人制度改革 ……………… 84
宇佐市 ………………………… 122
宇宙食 ………………………… 140
エンタテインメント ………… 225
大津町 ………………………… 156

【か　行】

海外展開 ……………………… 163
会計負担金 ……………………… 75
開示請求 ……………………… 172
階層化 ………………………… 189
各病院の病床別数 ……………… 77
稼げる農業 ……………………… 97
ガバナンス ……………………… 86
ガントチャート ……………… 210
官民協働 ……………………… 121
官民連携 ………………… 214, 221
管理委託制度 ………………… 122
基幹的農業従事者 …………… 132
行政訴訟 ………………………… 52
空間の審美化 ………………… 254
くまもと産 ……………………… 97
繰出金 …………………………… 75
グローバルGAP ……………… 150
計画裁量 ………………………… 53
現金主義 ………………………… 28
権利濫用的な大量請求 ……… 183
公益 …………………………… 190
後期高齢者医療制度 …………… 67
公共性 ………………………… 125
構造改革特別区域法18条 ……… 47
交通センター ………………… 244
高付加価値化 …………………… 98
公法学 …………………………… 49
公立病院改革ガイドライン …… 26
国民皆保険制度 ………………… 61
娯楽 …………………………… 227
根拠法 …………………………… 39
コンテンツ産業 ………… 229, 235
コンテンツ・ツーリズム …… 235

【さ　行】

在院日数 ………………………… 34

災害食 133
採算性 125
裁量権の逸脱または濫用 53
最良の判断条件充足義務 59
桜町再開発事業 242
サプライチェーン 124
残余財産分配請求権 42
自主組織権 191
実体的判断過程統制 54
指定管理施設 122
指定管理者制度 121
社会観念審査 54
社会福祉法人施設 84
社会福祉法人制度改革 84
社会福祉法人の制度改正 84
社会保障費 39
社会保障費と税の一体改革 23
熟いも 163
首長主義 186
需要拡大効果 148
情報共有 172
情報公開 172
情報公開制度 172
情報メディア技術 225
消滅可能性都市 3
剰余金の配当 39
剰余金配当請求権 42
食の安全性 148
食物アレルギー対応 139
人口ビジョン 3
人口ピラミッド 6
新公立病院改革ガイドライン 26
森都心 245
ストーリー 165
政策一般能力 196
生産性 150
製品差別化 146
全部適用 30

総合化事業計画 101
総務省繰出基準 27
組織共用文書 178
組織編成 185
組織連携 195

【た　行】

第7次医療法改正 83, 88
大豆加工センター 122
他会計繰入金 31
たけモンプロジェクト 102
多元主義 187
地域医療構想 36
地域医療連携推進法人制度 83
地域おこし 235
地域支援病院 76
地域の持続可能性 142
地域ブランド 156
地域包括ケアシステム 36
地方公営企業 31
地方公務員法 26
地方財政法 26
地方自治法 26
地方創生 3
デジタル・デバイド 218
テストマーケティング 163
当然適用 30
独立行政法人 24
独立採算の原則 27
都市社会学 254
都市成長の原動力 254

【な　行】

内部組織 188
二代目イモセガレブラザーズ 155
任意適用 30
ネットワーク 195
年齢別受療率 76

農業県	93, 121
農業所得	94
農業生産工程管理	150
農業の活性化	94, 121
農業法人化	98
農産物輸出	144
農地所有適格法人	114
農地中間管理機構	105
農地利用最適化推進委員	113
農林水産業・地域の活力創造プラン	105

【は 行】

バーチャルリアリティ（VR）	226
発生主義	28
バラエティ選好	147
判断過程の過誤欠落審査	54
非営利	39
非営利法人	42
非営利ホールディングカンパニー型法人制度	83
非参与観察	243
備蓄	135
ビバンテス健康有限会社ネットワーク	81
病床規制	51
病床利用率	34
ファッションストリート	243
フェルミ推定	204
不開示情報	179
フューチャーセッション	159
プロジェクションマッピング	226
ブロードバンド	213
分業化	189
平成21年改正農地法	106
平成27年改正農協法等	111
ヘリオス総合病院有限会社	81
貿易費用効果	148
貿易理論	144

【ま 行】

マイルストンチャート	210
見える化	166
民営化	78
民主党バラク・オバマ政権	62
無保険者	64
メディア・アート	226
メディケア	62
メディケイド	62
木構造／ツリー構造／樹形図	200
物語ブランド	167
問題解決フレームワーク	198

【や 行】

輸出可能性	143
ユニット	156
ユニバーサル・サービス	213

【ら 行】

ライン・スタッフ	190
理由提示	182
レーン総合病院株式会社	82
ローリングストック	136

■執筆者紹介

第Ⅰ編
- 第1章　澤田　道夫　　熊本県立大学 総合管理学部　准教授：博士（アドミニストレーション）
- 第2章　森　美智代　　同　上　　　　　　　　　　教授：博士（経済学）
- 第3章　吉村　信明　　同　上　　　　　　　　　　教授
- 第4章　佐藤雄一郎　　同　上　　　　　　　　　　准教授：博士（法学）
- 第5章　天野　拓　　　同　上　　　　　　　　　　准教授：博士（法学）
- 第6章　森　美智代　　前　出

第Ⅱ編
- 第1章　望月　信幸　　熊本県立大学 総合管理学部　准教授：博士（経営学）
- 第2章　伊佐　淳　　　久留米大学 経済学部　　　　教授＊
- 第3章　望月　信幸　　前　出
- 第4章　宮野　英樹　　地方経済総合研究所　　　　　主任研究員＊
- 第5章　本田圭市郎　　熊本県立大学 総合管理学部　准教授：博士（応用経済学）
- 第6章　丸山　泰　　　同　上　　　　　　　　　　教授

第Ⅲ編
- 第1章　上拂　耕生　　熊本県立大学 総合管理学部　教授：博士（法学）
- 第2章　井寺　美穂　　同　上　　　　　　　　　　准教授：博士（アドミニストレーション）
- 第3章　三浦　章　　　同　上　　　　　　　　　　教授：博士（工学）
- 第4章　藤井　資子　　同　上　　　　　　　　　　准教授：博士（政策・メディア）
- 第5章　石橋　賢　　　同　上　　　　　　　　　　専任講師：博士（知識科学）
- 第6章　三田　知実　　同　上　　　　　　　　　　准教授：博士（社会学）

＊本学COC事業における学外協力者

地方創生への挑戦

2018年2月25日　第1版第1刷発行

編　者	熊本県立大学総合管理学部 COC事業プロジェクトチーム
発行者	山　本　　　継
発行所	㈱中央経済社
発売元	㈱中央経済グループ パブリッシング

〒101-0051　東京都千代田区神田神保町1-31-2
電話　03 (3293) 3371 (編集代表)
　　　03 (3293) 3381 (営業代表)
http://www.chuokeizai.co.jp/
印刷/文唱堂印刷㈱
製本/誠　製　本㈱

©2018
Printed in Japan

＊頁の「欠落」や「順序違い」などがありましたらお取り替えいたしますので発売元までご送付ください。(送料小社負担)
ISBN978-4-502-25371-3　C3034

JCOPY〈出版者著作権管理機構委託出版物〉本書を無断で複写複製(コピー)することは,著作権法上の例外を除き,禁じられています。本書をコピーされる場合は事前に出版者著作権管理機構(JCOPY)の許諾を受けてください。
JCOPY〈http://www.jcopy.or.jp　eメール:info@jcopy.or.jp　電話:03-3513-6969〉

経営学検定試験協議会 [監修] 経営能力開発センター [編]

経営学検定試験公式テキスト

経営学検定試験（Management Qualification Test）とは，経営に関する知識と能力を判定する唯一の全国レベルの検定試験です。

1
経営学の基本
（初級受験用）
A5判・378ページ

2
マネジメント
（中級受験用）
A5判・272ページ

3
マーケティング
（中級受験用）
A5判・266ページ

4
経営財務
（中級受験用）
A5判・262ページ

5
人的資源管理
（中級受験用）
A5判・272ページ

キーワード集
A5判・272ページ

過去問題・解答・解説
（初級編）
A5判・344ページ

過去問題・解答・解説
（中級編）
A5判・664ページ

中央経済社